A PELICAN INTRODUCTION

Greek and Roman Political Ideas
政治的起源

[美] 梅丽莎·莱恩 著　　刘国栋 译
MELISSA LANE

上海文艺出版社

纪念彼得·利普顿（Peter Lipton）
他在哲学交流上无与伦比的技艺与热忱给人以恒久的启迪

目录 | Contents

1 导　言
权力及其目的的可能性

25 第一章
正义

61 第二章
政制

103 第三章
民主

141 第四章
德性

199 第五章
公民身份

235 第六章
世界主义

265　第七章
　　共和国

313　第八章
　　主权

347　结论
　　古代希腊与罗马的未来

357　致　谢
359　术语表
366　主要人物、事件与地点简介
376　参考文献与缩写

图表 | Figures

10   图表 1
人物与观念的时间轴

69   图表 2
波斯战争与伯罗奔尼撒战争概览

110   图表 3
雅典历史大事记

278   图表 4
此章所论罗马历史大事记

地图 | Maps

26   地图 1
希腊（约公元前 430 年）

142   地图 2
雅典（约公元前 460 年）

267   地图 3
罗马扩张图（至公元前 30 年）

导言
INTRODUCTION

权力及其目的的可能性

政治是权力的诸多可能性构成的光谱。它定义了人们之间的相互关系与他们所追求的目标。在光谱的一端是赤裸裸的剥削与权力支配，它唯一关注的问题是，如列宁所说，"谁（有能力统治）谁？"权力支配这一观念的诞生并不是单一与特定的，人类历史上，太多的社会都存在过权力支配的观念或现象。在光谱的另一端则是一个极其罕见的理想政体。它由享有决定权和行动权的自由且平等的公民组成，且其政治实践不存在垄断现象。这种理想政体在许多地方演化出许多种形式。但在某一特殊时期世界上某一处，产生了一系列具有深远影响的观念可用以界说这种理想政体，这一理想政体形态现在仍然能够引起我们时代强有力的共鸣。古希腊与古罗马人创造的词汇至今仍然被用于分析政治现象以及表达几乎所有人的政治诉求。

自治（self-government）的诉求与实践是希腊与罗马人发明的诸多政治观念中的重要内容，集中体现在雅典民主政治与罗马共和国的政治实践中。希腊与罗马时期的哲学、文学和修辞学时刻对自治（self-rule）的各种形式提出质疑和挑战，这赋予他们异常丰富的政治思想资源。演说家和作家们揭穿了自治、正义和平等观念的虚幻与剥削特性；其他人则认为自治在伦理领域比在政治领域更易实现，或者说在某种区别于现存政治共同体的团体中更易实现。也就是说，希腊与罗马的政治哲学同时包含了自治的具体实践及其对立面。这就使得它不仅成为当今那些政治乐观者的宝库，也成为那些政治批评者的有效资源。

本书认为，希腊与罗马世界所包含的相当宽泛的权力可能性光谱是我们思考事情的绝佳资源。因此，本书对历史实践和哲学反思都将展开进一步探寻。我们现代人可以对希腊与罗马政治，比如奴隶制、性别歧视、精英主义、帝国主义等等进行批判，但它们几乎无一例外地早已被先贤们批判过了。在每一种政体具体运行的过程中，总有一些针对其政体诉求的审慎批评。希腊与罗马人在发明民主与共和观念的同时，探究了"公民"这一政治观念的限度；考察了寡头制、王权制甚至僭主政体的政治诉求；怀疑将正义法则应用于公民关系的主张是否普遍有效。相较于把希腊与罗马的价值定义在政治光谱的某一特定节点上——例如那些引以为豪的大众自治原则，抑或对其所作的哲学反思——对希腊与罗马生发出的观念进行整体考察最为有益。

为了对批评作出合理的评价并回应旁观者的困境，为了考量政治的价值及其限度，我们需要弄清楚这些极具影响力的古典思想的发展过程。为什么要回溯这些古典观念和政治形态，而不是简单考察这些语词的当下内涵呢？从原初意义上来说，它们在希腊与罗马更具根本性。不管是在西方世界还是其他什么地方，它们是很多现代观念的根基（"根本性"一词的词源意义），继而在几个世纪的时间内演化为多种不同的形式。实际上，在古典作家作品被熟知或者古典政治实践曾经广泛实施的地方，这些观念被重新发现、修正和质疑。人们对这些观念的讨论随处可见，从马赛到阿富汗的阿伊·哈努姆（Ai Khanoum，亚里士多德的一个学生在此地把希腊著名的格言雕刻在一个墓碑之上），从突尼斯到大数（Tarsus），从拜占庭帝国到它的奥斯曼征服者们，以及在通过征服和殖民使希腊与罗马思想得以传播的地方。在非洲、亚洲和拉丁美洲的各个地方，它们同时被统治者和被统治者所接受。

根和它所长成的植物之间几乎没有明显的相似之处。我们有时会觉得希腊人、罗马人与现代各个民族是如此不同，以致于对我们当下理解事物的作用不大。或许他们无甚可鉴之处，是因为他们比我们好太多；就这一点来说，他们有时被赞誉为具有公共精神的良好公民，而现今的我们则是一些自私自利者。他们不可借鉴或许也是因为我们比他们聪明而幸运得多；就这一点来说，资本主义的自由和代议民主作为一种颠覆性的变革使得那些古典模式用处不大了。

以上两种观点混杂在启蒙哲学家让-雅克·卢梭对古典政治的批评之中。他认为古典政治在现代社会条件下毫无可能性。他的批评充满了怀旧的色彩,同时也暗含了他毫不妥协的态度。1764年,他警告日内瓦公民(从出生权来说卢梭也是其中一位),你们攀比古代民族的时候,不要因为自己是所谓"共和国"的公民而沾沾自喜。

> 古代民族再也不适合现代人了;他们在所有方面与现代人都不同……["你们"指代日内瓦人]你们不是罗马人、斯巴达人,甚至也不是雅典人。把那些伟大的、不适合你们的名字搁在一边吧!你们是商人、工匠、资产者,被各自的[原文如此]利益、工作、营生、利润牢牢占据;自由对你们来说也是唾手可得,高枕无忧的。[1]

总之卢梭认为,古今对比实际暗含的意思是说"现代人没有古代人的闲暇,不能始终参与治理事务"。[2]也就是说,卢梭暗示如果没有奴隶与战争的存在,希腊与罗马的公民就不会获得闲暇,他们广为人知的政治参与亦不可得,也就没什么可向

---

[1] Rousseau, "Ninth Letter from the Mountain", 1764, 英译文参见:Rousseau, 2001, pp. 292–3。

[2] Ibid., p. 293.

他们学习的了。但实际上，与卢梭的这种含沙射影不一样的，是古代和现代社会都会对政治事务投入一定的精力和闲暇，这并不是完全由经济因素决定的。奴隶制是一种（残酷而重要的）剥削性的财富占有方式，但仅存在于某些特殊领域，并非古希腊或罗马社会财富积累的首要手段；与此相反，很多其他人类社会形态也一样存在过奴隶，但它们并未发展出积极的政治参与。与此同时，现代社会积累了足够的财富、能源和生产能力（尤其通过劳动分工、非动物新能源和新媒体），如果他们（我们）如此选择的话，本可以促使更多人投身政治。

古代社会与现代社会在经济、技术、宗教和官僚体制方面的确存在着明显的差异。希腊与罗马的繁荣经济建立在农业、采矿业、手工制造业、贸易和战争掠夺的基础之上，但是他们没有指数般突飞猛进的经济或科技，也没有任何资本主义市场的观念。他们分享着众神崇拜的宗教仪式，而不是信奉某一个不受公众掌控的神。他们不会把国家视为抽象实体，也不会把国家与掌控、构成它的特定人群割裂开来。

毋庸置疑这些区别是真实的，不过它们更清晰地揭示了政治的某些重要特征。希腊与罗马的国家机器不够精细，没有完备的科层等级结构，他们把政治理解为共同体内部公民间的基本关系，以及公民与那些城邦内外没有公民身份的人之间的关系。实际上这就是为什么有时说，除了把政治理解为一般的共同体关切之外，希腊与罗马人没有任何其他关于"政治"的理解。政治对他们来说不是独立存在的某个专业领域，而是对共同体之公共事务的普遍与恒久的关切。[①] 这意味着古典观念能够为我们提供一个观察共同体之诸多政制形式与价值诉求的视角。这在现代社会常常模糊不清，因其拥有如此众多专业化的政治机器。这并不意味着希腊与罗马把公民之间的关系理想化了（或者说他们的社会仅由公民组成：排他性和包容性也是政治的应有之义）。相反，一些人认为公民纽带和公民事务天然地具有剥夺性，或者认为它没有其他生活方式那么有意义。这些对公民理念与理想的批评，同它们挑战的对象一样具有启发意义。

本书将探寻古典政治和现代政治的异同，然而问题的关键并不在于比较它们之间是差异更多还是相似更多，而在于揭示古典政治和现代政治的一系列前提，以使我们发现它们的共同立场，以及辨明它们立场间的差异。不管个人身处何种政治环境，这是帮助人们思考政治的最佳方式。无论从词源学的意义上，还是从它们所提出的深刻挑战的意义上，古典观念都被证明是根本而彻底的。比如，当今的网络和社交媒体增强了政治在今日受制于修辞这一认识，而雅典政治也曾受制于修辞；我们不断找寻新方法制造出来的社会知识也定会为雅典人所赞赏。被武断的意见充斥的社交网络空间使柏拉图和亚里

---

① Viroli 1992.

士多德的问题再度棘手——仅有社会知识就足够了吗？政治如何对待科学专业知识？同时，层出不穷的经济不平等与陷入停滞的社会阶层流动始终是古典社会所面临的众多挑战之一。这个问题如今又具备了新的力量：如果可能的话，如何以及在什么条件下可以使得富人和穷人在政治上成为平等的个体？

为了探索古典观念的现代回响，我选取了对当今政治思考至关重要的八个主题，它们都根源于希腊和罗马（即便不总是精确对应于古希腊文或拉丁语词汇）。如果不考虑当下，单只为反映希腊与罗马观念的历史意义而作一项更全面的复古考察，那么人们可能会选取一些截然不同的主题，比如，多神论或者罗马的庇护制（Patronage）。同样地，一个只关注时下政治的当代哲学家可能会毫不犹豫地选取另外一些主题，比如，权利或者合法性。我选取主题的原则是它们既能体现古典思想的主要内容，又能表现当下的反思。它们要能使人们了解古希腊和罗马700年政治思想与实践的重要方面，即从公元前6世纪末到公元2世纪末。我们尤其关注希腊和罗马所谓的"古典时代"，即大致从公元前5世纪到公元1世纪（注意公元前诸世纪从耶稣诞生之日起逆序纪年，耶稣的诞生标志着基督教时代的开始，参见图表1）。每章围绕一个主题展开，同时每个主题又代表但不局限于一个特定的时期、地点或思想家。

图表1 人物与观念的时间轴

时间	人物	时期
公元前6世纪=前500年	梭伦	
公元前5世纪=前400年	苏格拉底	希腊民主政治全盛时期
公元前5—前4世纪	柏拉图	
公元前4世纪=前300年	亚里士多德	
公元前4—前3世纪	芝诺、伊壁鸠鲁	
公元前2世纪=前100年	波里比阿	罗马共和国全盛时期
公元前1世纪=前99—1年	西塞罗	
1世纪=1—99年	塞涅卡、爱比克泰德	
1—2世纪	普鲁塔克	罗马帝国全盛时期
2世纪=100年	马可·奥勒留	

时代跨幅如此巨大，即便面对所选取的八个主题，一本简短的著作也不可能面面俱到。比如，没有讨论那些对希腊与罗马的重要政治思想进行重构的古犹太教和基督教思想家。本书主要关注公元前5世纪到前4世纪的希腊史，以及罗马共和国后期的历史；至于罗马帝国早期的历史，则只有局部简略地提及。即便面对希腊民主政治和罗马共和国的古典时代，本书也有所取舍，以使读者既能更好地理解希腊与罗马自身的政治，又能以之为鉴，对当今世界有所理解。为了使这两项计划关联在一起，按照权力与可能性的关系为线索，我将从希腊社会着手来阐明政治的五个维度。

政治是什么？五个问题

每一个政治观念都必须回应如何组织权力以达成特定目标的五个问题：谁？哪里？为什么？如何？何时？虽然希腊人缺乏"政治"的特定概念，没有把它与经济、军事等区分开来，但是他们的确意识到，并回答了"关于政治的条件"的问题。他们发展出了一些我们视作政治观念的观念，但是他们自己却称其为"政治事务"（*ta politika*）：与某一共同体——我们也可以说是政治共同体——有关的事物或事务。为了充分阐明他们发展出来的众多观念，让我们依次来考察这些观念是如何逐一回应上述五个问题的。

关心"政治事务"的人是谁？答案：公民们（*politai*, 即

polites［公民］的复数），①意指那些拥有相同处境与关怀的平等个体，即便他们存在着贫富差别。这种平等具有两面性。极少数幸运儿通过将其余的人（外邦人和奴隶）排除在公共权益之外，来获取自身的公民身份。最严苛的排外是针对被希腊社会征服和奴役的那些民族。即使在僭主的统治之下，公民们也认为每个人是相互平等的，至少在僭主把公民和奴隶进行区别对待的意义上。罗马人的共同关怀则是"共和国"（*res publica*），直译为人民的事物或事务，也是英文单词"共和国"（republic）的来源。与奴隶相对，一个罗马公民是自由的。他的个人事务受到保护，他享有涉及公共事物福祉的重要权力，即公共关怀。古典政体下的女性公民（被动意义上）享有一定的特权与义务，但是她们在重要的政治讨论中没有发言权。当然从更宽泛意义上来说，她们有时也是重要的政治主体。下面几章将会讨论女性公民的问题。

对"政治事务"的关怀发生在哪里呢？希腊时期，尽管不绝对，但主要是在城邦（*polis*）内部。城邦是特定的领土范围和人类聚居地，它的中心通常是一个被城墙所环绕的核心城市，外围则是占一定面积的农业区。在希腊遥远的古风时代以及我们所谓的希腊古典时代存在过约1000个城邦共同体。城邦的领土规模从不到12平方公里到数千平方公里不等——斯

---

① 希腊和拉丁单词的发音遵循发全部音节的原则（比如"公民"是 ho po-li-tes，这与英文单词"polite"的复数形式的发音不同）。关于古希腊和拉丁文拼写和发音的更多信息，请参考书末的术语表。

巴达的面积从最外围算起约8000平方公里（人口数量则相对较小）。城邦的人口数量少则几千人，多则不计其数。公元前5世纪，在政治家伯里克利担任雅典将军的全盛时期，雅典的人口从最外围算起约有25万人，男性公民约有6万人（雅典城邦的领土面积约有2500平方公里）。[1]

在实践与象征的双重意义上，尽管土地对城邦认同是重要的，但更重要的是来自城邦居民的认同。城邦之为城邦，最根本是在其人民。当希腊人从嘴里说出"雅典"或"斯巴达"这些字眼的时候，他们从来不像我们今天口称"法国"或"巴黎"这般简单；他们通常是在说"雅典人"或"斯巴达人"。城邦尽管会在紧要关头丧失一些土地，但保全了一同关心"政治事务"的人群就意味着城邦生命的延续（众所周知，公元前5世纪的某一时期，雅典与斯巴达发生了战争。在将军和演说家伯里克利的建议下，雅典人把乡村郊区丢弃给了掠夺者。以后雅典人就只能聚集在有高墙保护的城邦中心城区，但他们在那里继续一起关心"政治事务"）。城邦通常被译为"城市国家"（city-state），因为政治事务主要集中在公共城区的中心。实际上，城邦还可以被译为"公民国家"[2]（citizen-state），因为城邦之为

---

[1] 城邦领土面积的数据在Ober的著作中得到了很好的总结，参见：Ober 2008a, pp. 43-8, 84-6。Ober广泛收集了各种资料，包括1035个不同城邦（或者严格来说是一些共同体，人们"明确或大概可以"把它们定义为城邦。参见：Hansen and Nielsen 2004, p. 53）的目录。

[2] 这种新译法由Hansen提出，参见：Hansen 1993, pp. 7-29。

城邦更多的是基于人，而非地方。政治发生于城墙之内，随着本书论述的逐步展开，我们会发现这种政治观念后来在哲学上遭到了批判；关于伦理和政治共同体如何以及在何处产生，人们提出了更宽泛和更具包容性的想法。

罗马起初同样由一个中心城区和郊区腹地构成，但通过征服或协约的方式，它兼并了其他先前存在的政治共同体，很快发展成难以辨认的超大地域。随着战争和冲突的持续爆发，罗马人逐渐地、有时甚至并非自愿地把公民身份赋予扩张领地内的居民。最早，公民身份扩展到现意大利波河以南的几乎所有非奴隶人群；继而在公元212年，罗马领地范围内的所有自由民都被视为公民。在罗马早期的扩张过程中，公民身份有时被扩展至新涌现的"半公民权"（sine suffragio，没有投票权）阶层。

从另外一个角度来看，罗马的公民身份也极具延展和包容性，因为那些通过公认的程序而重获自由的奴隶也能够获得公民身份（这不同于希腊）。[①]尽管如此，这些重获自由或因罗马扩张而被新纳入的公民很少能亲赴罗马去实地出席官员选举和立法的政治会议。因此，公民身份的条件与真实的政治实践之间存在着不可逾越的鸿沟。在当今世界的很多地方，这条

---

① 关于罗马的奴隶解放的不同形式，须注意只有那些经过民事程序（区别于仅仅是奴隶主人的私人决定）的奴隶才会被授予公民身份，参见：Arena 2012, pp. 16-19 和 Bradley 2011, pp. 254-5。

鸿沟仍然同样难以逾越。

希腊公民为什么如此崇尚城邦并一同关心"政治事务"呢？他们追求被尊为平等个体（以及作为个体，他们被区别对待的可能性）的价值，同样他们也追求共同繁荣。城邦是一处可以定义、追寻与分享公共福利的所在。每一城邦共同体都极易受到外敌入侵的伤害，因此它们始终谋求对外的优势，甚至有时它们会一直压制邻邦。政治共同体能够指挥它的公民（与非公民、雇佣军一起，甚至有时也包括奴隶）与其他希腊或非希腊人作战。它们有时为战利品和朝贡品而发动进攻性的战争；有时则为反抗强权支配——被支配可能就意味着被劫掠、奴役，甚至死亡——而发起保卫城邦人民与资源的自卫战争。

尽管很多具有冒险精神的人不顾个人的安危，选择成为商人或旅行者，在外邦从事教育、贸易或政治顾问的行当，但是大多数希腊人极度依赖各自城邦的命运。在罗马，罗马公民的身份就意味着人身保护，他将免于随意的鞭刑、非法的囚禁等。如果被征召的话，很多罗马公民还有为军队服役的义务。在军队服役就意味着有望去谋求荣誉与好处，但当然也可能会承受战败的危险，以及战争所带来的恐怖。

希腊人关于"如何"的回应可能是他们最具创新之处：为共同商决"政治事务"，他们创造了多种决策与问责的政治机制。他们在政治会议与法庭中采取了正规投票的实践形式，甚至有时还使用纸质选票；在每年轮流执政的基础上，通过抽签与选举来任命官员；为保证官员对自己的行为负责，还要对他们进行审查。一些民主政体，尤其是雅典，则更为先进。它动用人数众多的公众陪审员来裁决几乎所有的法律案件，此举架空了专业法官的地位，继而剥夺了古老贵族机构的司法权力。这些政治机制兼具消极与积极的双重意义。它们一方面致力于保卫城邦及其各项制度免遭伤害或腐化，另一方面又能动用公共权力谋求繁荣。

在罗马，选任官员和制定法律都有精心设计的集体投票程序，继而成了一种独特的技艺。一些被特别选出的官员在立法过程中占有重要的地位，他们向政治会议提出法律议案，试图使之获得通过。雅典的穷人亲自去捍卫自己的利益，这在他们拥有人数优势的法庭中表现得尤其突出；罗马平民则不得不通过专门的民选官员（保民官）来保护自己。这些政治实践也向人们暗示了希腊与罗马政治在何时发生的问题：因为政治如果是一个关于权力与可能性的领域，它除了具备空间性的特点之外，还必须要有时效性。换言之，当政治的各项制度存在于一定的空间时，其中的行为与决策就必须要适时而为。政治实践就意味着决策与执行，或授权来执行，即运用多种权力形式使特定的可能性变为事实。希腊和罗马人通过多种多样的复杂形式掌握了政治行为的时间设置：比如，雅典人在陪审团法庭中使用水钟来为发言计时；为了获得上神的护佑，罗马人就重要的政治或军事行动向占卜师、牧师进行咨询，因为他们拥有决定何时开展这些活动的权力。[①]在政治体制内部，行为的最佳时机被小心地规定与配置着；在政治体制外部，野心家们可能需要明察秋毫、伺机而动，从而抓住重塑规则的最佳时机，然后以僭主或寡头的身份来掌握权力。不管是在政治体制内部还是外部，不管是在古典时代还是当今社会，政治在很大程度上是一门关于时机选择的艺术。

八个政治主题

八个政治主题构成这本书的核心内容，它们将帮助人们想象政治可能是什么。它们全部按照之前确定的两个维度来呈现：哲学反思的维度和政治实践的维度。两个政治观念回答了权力可能要达到的目标：正义（古典政制历史的特别关注点）和德性（哲学家们对此尤为关注，他们各抒己见，丰富了正义的内涵）。其他六个政治观念：政制、民主、公民身份、世界主义、共和国和主权，回应如何组织并驯服人际间的权力关系，以及应该对这些权力关系施加何种程度的控制。

尽管其他社会形态也存在与这八个政治观念相类似的一些观念，但是在希腊或罗马，或它们两者，这八个政治观念拥有极其特殊而鲜明的形式。尽管众多不同的思想家对它们的发展都有所贡献，但是我把每个政治观念集中地对应于特定时期

---

① 关于雅典水钟的信息，参见：Allen 1996；关于罗马占卜师的信息，参见：Ogilvie 2011。

的某一个或几个思想家，这是因为他们为该政治观念的发展贡献了丰富的素材。这种方法能够指引那些对希腊和罗马并不熟悉的读者顺利踏上一段相当漫长的历史旅程，同时也能够增强这些政治观念的理论力量。

当然除了我选定的八个政治观念以外，人们也可以选取其他的政治观念。从某种绝对的立场出发，希腊和罗马最重要的政治观念一定会包括下面这三种：平等、自由和法律（实际上这三者贯穿本书的大部分章节）；同样人们有时也会考虑另外的一些政治观念，比如友谊和社会性。我并不认为我所选定的八个政治观念是排他的或具有首要地位的，而是说它们是我所发现的最佳叙事方式，既能够阐释清楚古典时代的政治观念，又能够引起现代读者的共鸣。

第一章首先讨论八个政治观念中的正义，因为它是集体公民身份的根本而又充满争议的基础。设想如果富人能够剥削甚至奴役穷人，如果穷人总是担心会受到富人的教唆并陷入暴力或欺诈状态之中，那么这将是极端的支配状态，此时就不要指望权力还能有什么其他可能性了。为树立正义，就需要构建一种政制（politeia）。该单词在英语中通常被译为"constitution"（政制或宪政体制），然而在希腊文中，它的意思是公民身份的条件，包括了一个社会的生活方式的方方面面。在这一意义上，希腊人敏锐地观察到了相互竞争的各种政制形式的优缺点——对此，我们将在第二章中展开讨论。

第三章主要关注雅典的政治观念和民主的政制形态。在本章中我们将直接比较古典社会与现代社会。尽管人们在古典时代的民主政治下承担了比在现代各种治理形式中更为广泛与多样的角色，但是二者都承认责任、制约、评判等核心观念，即便它们在政治体制上采取了不同的方式。通过审视雅典民主政治的特殊品质———项必定会打破关于它的诸多迷信的工作，人们得以认真反思现代各民主政体多么好地收获了或能够收获它们最看重的诸种观念。它将向人们证明，当最富裕的公民不得借助财富力量去支配贫穷的公民时，或者说前者不得凭此在政治中构筑起持久而坚固的权力基础时，一个政治体系就能够存续下去。尽管雅典的富人们也可以充分利用一些特定的机遇与职权为自己谋取最大的利益，但是他们始终受制于更大的政治共同体的判断，因此大多数时候他们都受制于那个更大的政治共同体的利益诉求，而整个共同体的利益诉求则取决于哪个集团在共同体中处于支配地位。

有证据表明，古希腊拥有比当今文明的国际社会多得多的政制类型。雅典的三位哲学家——苏格拉底、柏拉图与亚里士多德，前后相继，历经三世，形成了一个哲学家的世代谱系。在他们生活的时候，希腊的政制类型并不那么丰富，因为真正有价值的政体形式并未包括在内。这些哲人通过不同的方式，都认为当时的各种政体充斥着贪婪与对权力的欲望，在各地引发不断的冲突，并未使自己的人民真正幸福。在第四章，我们将看到苏格拉底在世代谱系的开端，持续不断地向他的雅典同胞们质问正义、知识与德性的本质；接着是他的学生柏拉图，出身高贵却追随其貌不扬的平民苏格拉底，成为日后我们那些关于苏格拉底的卓越著述的来源。第五章将讨论谱系的继承者亚里士多德。他来自一个侍奉马其顿（位于古希腊北部）王室的家庭，后来加入了柏拉图在雅典开设的学园，但自己最终创立了与之相抗衡的学园。以更加深刻的正义观念为基础，以谋求更为真实的人类福祉为目标，每一位哲人都构思了别样的政制形式，即便是某种理想中的政制（英语中柏拉图著作《理想国》[Republic]的书名）。柏拉图和亚里士多德都认为在一个优良的政制中，德性与公民身份理想化地合二为一。

苏格拉底的后世追随者们把理想政制的幻景极端化了。它可能不采取任何传统的政制形式，而是一个恒久的伦理共同体。由此产生了世界主义的观念（第六章），它意指整个宇宙都被视为公民的领域。我们将会发现该观念可被用来达成极为丰富的伦理与政治目标。公元前4世纪末，亚历山大大帝死后，希腊政治进入了希腊化时期，人们一边争论着世界主义的观念，一边讨论着政治与人类整体的自然性。是否真如亚里士多德对政治所作的定义，基于人性的本质，政治是自然的？或者，政治是否可能只是一项权宜之计、一个有用的社会契约，并没有回应人类结成关系的最高潜能？

政治是源于人类的自然社会性，还是源于功利性？这两者之间存在着一定的张力。同样，政治体是在一定的空间范围内仅限于个人真实的公民同胞，还是只要拥有共同的德性，不管其人身处何方，都是自己的公民同胞？这两者之间也存在着张力。在希腊化时期，不管是同意还是反对苏格拉底观点的各家各派对这些张力进行了反复的推衍。正如我们将要看到的那样，希腊化时期的一派哲学家——斯多葛主义者们——认为人类具有自然的社会性，因此政治是一项有意义的人类成果，尽管最完美的政治状态是哲人的共和国。与之相对照的是另外一个哲学派别——伊壁鸠鲁主义。该学派把政治与人类更高的理想价值——友谊作对比，认为政治作为一种功利之物，它并非基于人性的本质而是源自于某种契约。通过这样的方式，公元前4世纪末期到前1世纪的哲学家们确定了政治论辩的基本语词，从而为罗马的政治铺平了道路。当罗马人开始从政治上支配希腊时，他们只需把希腊卓越的哲学成就重新搬出来加以改造或利用，用以管理领土不断扩张的共和国与帝国——对此我们将会一直追踪至公元2世纪。

历史学家波里比阿（Polybius）对罗马共和国崛起的原因进行了精到的分析，并亲身经历了它的衰落。通过他的视角，第七章描述了罗马共和国的政制状况。"Republic"（共和国）是对拉丁词"*res publica*"（公共事务或公共关切）的直译，它是罗马人所发展出的政制形态的核心内容。波里比阿曾经在罗马充当人质，但作为希腊历史学家，他对罗马的政制状况进行了分析。他发现罗马政制在执政官、元老院和平民三者之间达到了某种程度的平衡,而它们分别代表了希腊人所熟悉的三种最基本的政制形式(君主制、寡头制与民主制)。以多种方式分割与平衡(以及一些混合)政治权力的观念最终发展成为"制约与平衡"的共和主义理想,被美国的国父们以及他们的追随者们所借用。争取平等自由权的斗争反复引发了政治上的紧张关系,它内在地要求尊重哪怕最普通、最贫穷公民的人身、财产和权力。然而,对穷人的尊重必然还要考虑精英们的特权。精英之为精英,在很大程度上是基于或继承或自谋的财富。雅典人通过民主的各种权力来约束他们的精英,但是罗马人允许他们掌握更重要也更独立的一系列政治权力。罗马人利用政治精英(与经济精英相重合)制衡普通罗马百姓,而雅典的民主派则允许穷人通过各种重要的途径控制与评判精英们的主张。

在公元前 2 世纪罗马崛起之际,历史学家波里比阿用希腊文写作,他目睹了罗马共和国的鼎盛时期,但也预言共和国不会长久。如果要保卫"共同体"(共和国),那么罗马人必须不断地履行自己的公共义务,全身心地实践自己所理解的德性,然而这些内容终将慢慢地消逝。一个世纪以后,哲学家和政治家马库斯·图里乌斯·西塞罗(Marcus Tullius Cicero)就目睹了共和国衰落的全过程。全凭自己公共演讲的才能,西塞罗顺利攀上了权力与荣誉的巅峰,但与此同时他也研究了罗马、雅典各哲学流派的思想,不遗余力地与那些哲学家展开了各种各样的辩论。与之前的柏拉图与亚里士多德一样,随着对现实政治的不断反思,西塞罗发现自己走上了一条构想更好的共和国,使之拥有更完善的法律体系的道路。然而在西塞罗刚开始将之付诸笔墨的时候,现实中共和国的完美品质就在一系列的权力斗争与流血冲突中——他自己也于这一时期被谋杀——慢慢消逝了。这幅图景使人们重新思考自由的内在核心条件以及个人财产的重要性,使人们重新认识了法律与德性在支持共和国政制中的重要地位。

西塞罗死于共和国最后的动乱时期,接着罗马人就任命了一位"第一公民"(*princeps*),并最终在公元前 27 年擢升其为新的"奥古斯都·恺撒"。在下个世纪的斯多葛主义哲学家吕齐乌斯·安涅·塞涅卡(Lucius Annaeus Seneca)生活的时代,"第一公民"则彻底变成了今天我们所熟知的罗马皇帝的头衔——尽管"主人"(*dominus*)的头衔仅只在公元 284 年被正式授予给罗马皇帝。共和国的政治实践在帝国时代发生了重大的畸变(第八章主权),此时人们关于政治的想象也随之发生了变化。

与西塞罗一样,塞涅卡也是一位身负要职的政治家和作家,但最终暴死于尼禄之手。塞涅卡并不幻想理想的共和国,反而寄希望于一个理想的君主。他把希腊早先的君主制的观念重新装饰了一番,想象如何在"第一公民"身上培养起仁慈与慷慨的德性。此处我们可以发现,希腊和罗马的政治理想并不仅限于民主或共和国政治。通过"帝王之鉴"(mirror for princes)的方式,塞涅卡与其他一些帝国作家们开启了数世纪的关于君主制之价值与德性的争论。

不远万里前往罗马去参观古代遗迹的人们会发现,现在赫然矗立的元老院遗迹并非由罗马共和国所建。它确为这一目的但由一位后世的罗马皇帝建造。年代久远的古代社会就像一些馈赠给我们博物馆的马赛克拼图:支离破碎且杂乱无序,或者是被重塑过一番了,但原始图案的各部分依然清晰可辨。当今天的政府官员在计算选票或者发表公共演说时,当人们投票来选举"参议员"或"总统"时,当联合国争论着如何在一个饱受战争摧残的社会中建立起法治时,我们发现古典的模式与现代的反思、古老的观念与它们的新实践方式在同时起作用。通过与希腊、罗马政治观念的对话,我们能够赋予自己力量来发展出我们自己的焕然一新的政治理念。

第一章
CHAPTER 1

正义

地图1 古典时代希腊地图（约公元前430年）

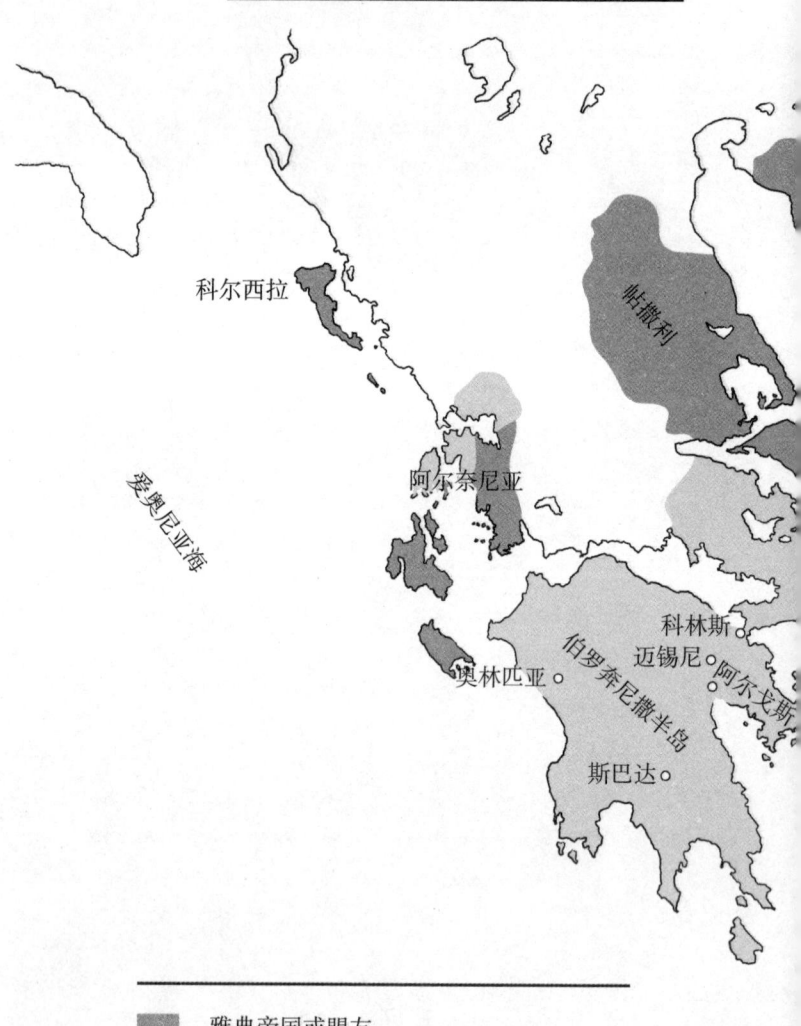

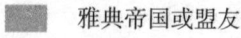

科尔西拉

帖撒利

爱奥尼亚海

阿尔奈尼亚

科林斯
迈锡尼
阿尔戈斯
奥林匹亚
伯罗奔尼撒半岛

斯巴达

■ 雅典帝国或盟友

■ 伯罗奔尼撒同盟或斯巴达盟友

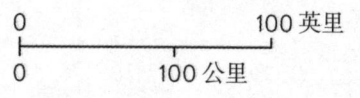

0 ──────── 100 英里

0 ──── 100 公里

地图

- 黑海
- 色雷斯各城市
- 拜占庭
- 赫勒斯滂
- 爱琴海
- 刘斯堡
- 尤卑亚
- 奇奥斯
- 雅典
- 提卡
- 萨摩斯
- 爱奥尼亚
- 夕克拉底斯群岛
- 卡利亚
- 罗得岛
- 克里特海
- 克里特岛

从僭妄（*hubris*）到文明

"在他们看来力量就是正义"，[1] 古希腊诗人赫西俄德（Hesiod）在公元前 700 年前后的某一天，如此严厉地控诉底比斯（Thebes）山区——他一生居住于此——的贱农们。小农场主赫西俄德与哥哥在家庭土地继承的问题上产生了官司纠纷，他最终败诉而心生怨恨。不过赫西俄德宣称自己从丧失土地的失落情绪中走了出来，踏上了写诗的积极道路。为指导哥哥经营好一个农场，他雄心勃勃地写了一首题为《工作与时日》（*Erga kai Hemerai*）的长诗。除此以外，他也对当时像他哥哥那样的人的不义之举严加训斥，把当时的人们同传说中的黄金时代的理想正义相对比，尽显自己的厚古薄今之心。

赫西俄德是古希腊最重要的两位史诗诗人之一，另一位是荷马。他创作的年代属于我们现在所谓的希腊古风（archaic）时期，大概从公元前 8 世纪至公元前 6 世纪。荷马与赫西俄德都记述了为希腊社会各阶层的人们所熟悉的众神的所作所为（其中一组神是以宙斯为首的奥林波斯众神，在与以克洛诺斯

---

[1] 这一节译自一个古希腊文单词，*cheirodikai*，字面的意思为"hand-justice"，即从拳头的力量中获取的正义。关于这个词的注释和翻译参见：*EGPT*, p. 15。——原注
《工作与时日》第 189 节原文如此，在中文版的《工作与时日》中，该引文见于第 190-195 节。参见：赫西俄德著，张竹明、蒋平译，《工作与时日、神谱》，商务印书馆 1991 年版，第 7 页。——译注

为首的另外一组神的权力斗争中获胜；众神之间、众神与他们所垂青的凡人之间存在着复杂的家族与情感关系）。两位诗人也都记述了数代人类的政治情形，但人类的政治与神的干预相互交织在一起。人们认为荷马的诗所描述的年代要早于赫西俄德，他追溯到诸王统治的青铜时代；赫西俄德的《工作与时日》则主要关注希腊古风时期——贵族家庭相互联盟以及内部权力斗争横行的时代——的政治状况。这些"寡头"政体时而会因某个家族或个人取得强势地位而变作专制政体，但其本身却是技术和社会组织发生剧烈变革的大熔炉，例如造币术、文字书写以及新军事技术的发明和传播都在这一时期。各种政体之间与政体内部的权力斗争开始吸纳了一股新的力量，即那些相对而言较为贫穷、非精英的平民大众。他们在公元前5世纪（通常认为希腊的古典时代从此开始）建立起了民主政体，第一次出现在雅典的政治舞台上。

正义作为一个基本的政治观念，最早被发现于希腊古风时期的诗学之中。我将从这里开始我们的探索，往后会涉及到它在诗学和哲学中的衍生发展，尤其是在雅典古典时期的演变。在合理或公平对待的意义上，希腊人普遍认识到了正义对文明发展的重要性。希腊人分散生活于一千多个大小不等的共同体之中，这大大小小的共同体则又散布于内陆山区、伯罗奔尼撒半岛以及数百个海洋岛屿之上。他们都称自己为"希腊人"（Hellenes），但却讲着不同的方言。希腊人明确地意识到了人类社会文明开化的时间是如此之短，文明成果的延续是如此不易。与早已长期定居下来的美索不达米亚或埃及的人类群体相比，希腊人知道自己是后来者，为此希腊人向他们不断学习。文明把人类从单纯的生存需要中解放了出来，继而发展出了众多的艺术与科学形式，比如农业、冶金术、航海、建筑以及赫西俄德所从事的诗歌。赫西俄德通过诗的形式切实反映了希腊古风时期的众多观念。对他来说，正义使一切艺术与科学成为可能。为什么这么说呢？因为如果没有正义的观念，人类的状况正如被鹞鹰捕获的夜莺。赫西俄德在一首充满寓言意味的诗中写道："我只要高兴，可以你为餐，也可放你远走高飞。"老鹰对着它利爪下的倒霉受害者如是说（*WD* 209）。如果没有正义的观念，人类绝不会脱离这种无休止的杀戮或被杀戮状态。

我们可以把正义置于僭妄的对立面来理解，后者在希腊意味着对个人地位或身份的亵渎，对个人应得之物的不尊重。正义是给予别人以应得之物，然而僭妄中所包含的不敬则搅乱了自然秩序，违背了神明的惩罚原则。从本章开头引用的赫西俄德那段辛酸的控诉话语来看，希腊人深深地迷恋着正义，但正义又极易受到人们的伤害。尽管并非只有希腊人才有正义的观念，但是他们对正义的必需条件有着最深刻的理解，特别是如何在穷人与富人之间维持正义。正义在任何情况下都值得被遵守，但希腊人同时也提出过很多针对正义的挑战。我们将一边探究希腊人渴望正义的叙述，一边探究他们对正义的本质与价值所提出的种种挑战。

富人与穷人

古典社会里，公民间的正义具有重要的意义，但它在富人与穷人的对比关系中经常受到威胁。每一个希腊城邦既包括了为数不多但相当有权势的富裕家族，又包括人数众多的穷人群体。一些富人依赖于财富的继承，主要包括土地，以及土地上生产的谷物、葡萄或橄榄。另外一些富人可能会从事商品贸易，投资往来于希腊、波斯和埃及各港口的商船，或者（特别是公元5世纪以后）直接投资于制造业，比如造船业。希腊陶瓶上的图案向人们展示了那时富人们的优越生活：美酒美食，举行宴会；雇佣乐师，享受曼妙音乐；金银玉石，装扮身体。与此相对的则是很多处于生活边缘的穷人们——没有土地的贱民或者城市乞丐，除此之外还有工匠或小农场主这样的体面人。无论他们的实际收入或财富如何，被视为"多数"的穷人无法像"少数"富人那样拥有奢侈的生活与良好的社会地位。富人继承家族的财富，那些地产精英的财富则尤为稳固。

精英们认为自己是"最优秀的人"（*hoi aristoi*），这是贵族制（aristocracy）一词的起源；在雅典，他们的家族被视为出身良好的"贵族"（*eupatridae*）。[1]他们有时也视自己或被旁人

---

[1] Ryan 也注意到了这一点，参见：Ryan 2012, Vol. 1, p. 13。

称为"少数人"(*hoi oligoi*)，以与"多数人"(*hoi polloi*)相区别。只有少数的人才是富裕的，乃至可以把富人定义为"少数人"；剩余的大量人口则注定是相对或绝对的穷人。此种把贫富与人口数量的大小对应起来的等式并不严格符合逻辑，因为从原则上说为什么富人不能占人口总数多一些呢？尽管此种情形多见于古希腊历史，但它仍然是很多现代社会的真实写照。当然也可以有另外的选择，正如日后亚里士多德所意识到的那样，社会存在富人阶层和穷人阶层，但建立在中产阶级的基础之上。美国20世纪二战后的繁荣恰如其分地证明了这一点。尽管如此，现代社会的财富两极分化现象却更加严重，因此从公元前600年开始，希腊政治曾面临的严峻问题就不断回响在人们的耳畔：富人和穷人依靠什么共存于同一个政治体之中？

穷人不能持续威胁富人的生命或财产安全，否则就无法形成稳定的社会局面；但除非法律对穷人足够的公平，否则他们为何要尊重法律（历史表明此处所需的公平在量上远少于一个中立旁观者的想象）？为了维持平衡，一些政体在实施法律的时候简单地诉诸暴力，即便如此，统治者们也要定义某种"正义"，并声称法律体现了该正义的原则。在富人与穷人之间建立起某种正义的斗争，或将一方强加给另一方的制度安排贴上"正义"的标签，自古至今都是经济权力与政治权力相互博弈的交会之处。

在梭伦（公元前630—前560年）的事迹中，我们找到了理解正义的建立过程的最佳角度。梭伦出身于雅典贵族，作为一位"智慧之人"和诗人建立起了自己的名声，但他更多地是作为一个立法者而被雅典的乡下人所熟知。他努力缓和富人与穷人间的激烈斗争，把雅典带上了一条全新的道路。梭伦建立了我们可以称之为政制（第二章的讨论主题）的新法律。[1]通过赋予穷人以明确的政治角色，他终结了贵族的绝对统治。这标志着希腊的政治从古风时期向古典时期的转型。

梭伦是如何创造公民间的和平的呢？他集中处理了公民间的经济关系。正如其他古代社会的立法者和统治者做的那样——包括近东地区一直与希腊人进行商品贸易和观念交流的埃及和腓尼基，他废除了穷人借债行为中的人身抵押权，因此在无法还债的时候，穷人再也不能作为债主的奴隶而被任意占有或出售。[2]这显然是对穷人契约自由的限制——他们不能用人身作抵押而签订债务契约，即便他们的孩子快要饿死了；

---

[1] 关于梭伦的功绩，参见：Wallace 2007。
[2] 亚里士多德或其学派的著作《雅典政制》（Constitution of the Athenians，该著作成于公元前4世纪中晚期，在19世纪被重新发现；该书解读与分析了雅典的政治史以及政治制度史）描述说梭伦"禁止以人身为担保的借贷"（《雅典政制》，6.1）。我采纳了Harris（2002）的观点认为梭伦废除了债务奴隶制（debt-slavery），但这并不意味着债务约束制（debt-bondage）的废除，借债人仍然有义务按照债主的意愿提供自己的劳动直到债务还清为止，但这属于学术争论的范畴（关于梭伦实际上是废除了债务约束制的观点，参见Finley 1985, p. 166；我非常感谢Paul Cartedge与我这些就问题展开的讨论，尽管我们的观点并不完全一致）。对城邦来说，债务奴隶制仍然继续存在。另外一个存在争论的地方在于《雅典政制》同一章节文本中提到的梭伦对公私债务的废除，也就是所谓的"解负令"（seisachtheis，即卸下重担，与"地震震动"［seismic tremors］或地震拥有相同的词根）。

但对穷人契约自由的限制是为了保障他们的政治自由，正如梭伦所言，它是为了正义。当穷人签订易沦为奴隶的契约时，他们不会被视为平等的公民，因为他们的公民地位根本得不到保障。他们在此种契约情形下始终面临着某种被奴役的风险。梭伦废除穷人借债行为中人身抵押权对正义的建立至关重要，因为它使穷人像富人一样成为完全的雅典公民。

一个不平衡的政体如果不赋予穷人以一定的政治地位，那么穷人将始终受到富人的摆布。法律是一个城邦谋求正义的最主要方式。通过建立起"优良秩序"（eunomia），或者说良法与守法的优良环境，梭伦声称僭妄——威胁正义的暴力与轻慢——被制服了。他在自己的诗中自豪地说："这些东西盛行了，我把权力与正义（dike）捏合在一起，从一开始时我就成竹在胸。我还制定了对穷人与富人都适用的法律（thesmoi），法律体现了双方都认可的正义。"（W 36）为了结束公民间的争斗，穷人与富人双方都同意遵从梭伦的政制设计，尽管实际上双方也都不怎么喜欢它，但这正是梭伦的成功之处——正如他自己解释说，他为任意一方对抗另一方构筑了"坚固的盾牌"而"不允许任意一方对另一方谋求不义的胜利"（W 5）。

谁之正义？

希腊世界的部分人群缺乏正义的完全保障，对希腊社会的奴隶们来说尤其如此。奴隶主要来自非希腊世界（尽管希腊人在特定情形下也可能沦为奴隶,比如他们在国外战争中战败,或者仅仅因为国外的某种不幸遭遇。据说柏拉图曾因为在叙拉古与一位僭主产生龃龉而被出售)。大多数奴隶来源于战争或海盗行为,他们或者因城市被攻陷而被统一出售(通常是女性与未成年人,因为所有的男性已经被屠杀),或者是单独的囚犯(其中的一些可能被朋友或家人赎回)。

从概念上来说,奴隶是自由人的反义词。据说,自由的概念恰恰产生于希腊人对奴隶不公正的社会定位,以及他们拥有奴隶制的过往经验。[1]《罗马法律汇编》(*Digest*)第一条堂而皇之地确认了奴隶(制)与自由的概念对比意义,它丝毫不掩饰奴隶身份的约定而非自然的起源(改编了古希腊文中的一对概念,"习俗"[*nomos*]与"自然"[*phusis*]):"奴隶制是一项万民法(对所有民族一视同仁)的制度,基于此可以违反自然而把一个人归属于另外一个人。"[2] 尽管希腊与罗马的法律体系关于奴隶的条款规定并不一致,但是奴隶在广义上仍然被视为一种可被转让的财产而非人。当奴隶几乎缺乏任何法律的保护或稳定的权利时,正义就基本上被抛弃了。

比如,雅典的奴隶几乎被彻底排除在正义场所——法庭之外。他们一般无权提起法律诉讼或充当证人,他们的证词也

---

[1] 参见:Patterson 1991, p.viii("自由来源于奴隶制的经验")以及 p.xv("自由作为一种核心价值从社会的意义上而言,首先在古雅典得以确立");鉴于 Patterson 相当宽广的历史学与人种学研究范围,这些结论尤为引人注目。

[2] 参见:Florentinus, *Digest* 1.4.5.1,英译文参见:Garnsey 1996, p.14。

不会被采纳，除非证词通过酷刑来获得，并且得到诉讼双方当事人的同意。[①]没有他们主人的允许，奴隶不能结婚，从这个意义上说，与后来人们对罗马奴隶的观察一样，雅典的奴隶并非"自权人"（*sui iuris*）而是"他权人"（*alieni iuris*）。雅典奴隶从事多种多样的劳作，一些奴隶在城邦条件恶劣的银矿中劳动，但也有一些奴隶为他们的主人料理家务，甚至会被任命为城市的公共管理者。

尽管奴隶的社会地位已经有了明确而正式的规定，在理论上他们不受法律的保护，但实际上在雅典纷繁复杂的集体生活以及一些非正式的场合中，他们一般也会得到一定的法律保护。[②]比如，雅典和罗马共和国的奴隶的日常穿着跟自由人并无二致。[③]除此以外，雅典——像其他大部分的希腊城邦一样——的宗教习惯法禁止杀害奴隶（或任何人）。在这一点上雅典与罗马形成了鲜明对照，后者所有家庭成员的生命——包括妻子、奴隶与未成年人——都处于大家长或家庭领袖（*paterfamilias*）的绝对控制之下。不过即便罗马允许对奴

---

① 关于雅典与罗马共和国的奴隶制的权威论述，请参考 Rihill（2011）和 Bradley（2011）在 *The Cambridge World History of Slavery*, Vol. 1 中的诸章节。除此以外，Hansen 还提供了一份十分有益的简短论述，参见：Hansen 1991, pp. 120–23。他在第 24 页上指出公共奴隶（demosioi）可以向法庭提出诉讼。

② 参见：Ober 2000，以及 Vlassopoulos 2007。

③ 关于公元前 4 世纪雅典的情况，参考 Rihll（2011）第 4 页上对 "Old Oligarchy" 1.10 的引用；关于罗马的情况，参考 Bradley（2011）第 261 页上对 Appian, B. Civ. 2. 122 的引用。

隶处以极刑（死刑），罗马的奴隶主也可能对意外死亡的未成年奴隶表达哀思。在一尊现存的罗马时期的半身雕像上——大概在公元98至117年的某一时间内由一位奴隶主出资制作——刻着一段这样的文字："最亲爱的马夏尔，一个未成年奴隶，仅活了两年十个月又八天。"[1]尽管如此，从总体上来说我们的基本判断仍然没有改变，奴隶制从概念上来说是不容于正义的。

希腊人一边把正义视为文明社会的基石，一边默许奴隶制这样的非正义，这如何理解呢？我们可以采纳英国道德哲学家伯纳德·威廉斯（Benard Williams）的观点，他认为奴隶制在当时被认为必要的。[2]希腊似乎一般不把奴隶制视为"不正义"（un-just），而是"不适用正义"（non-just）。正义的适用范围存在一定的界限，界限之外纯为必要性事务。威廉斯指出即使现在的富裕民主社会也容忍一定的不正义现象。全球范围内广泛存在的贫穷现象是资本主义或封建主义经济关系令人遗憾的副产品，但无论如何人们也不能作这样的理解，即它可以被改造成完全公正或正义的。奴隶制被当作一种必要的或至少是不可避免的机制。[3]任何一个人如果被奴役则意味着背上了残

---

[1] J. Paul Getty Museum object 85. AA. 352.
[2] Bernard Williams 1993, pp. 111–17, 124–9.
[3] 理论上不太能接受，但在实践中大量存在的事实是，当今世界很多地方普遍流行着各种现代形式的束缚，体现在一些特定群体之中，比如家庭佣工、性工作者，以及各种形式的契约劳工，特别是那些被贩卖或带入到他国的群体。

酷与悲惨的命运。大多数奴隶实际上来自战争中不幸被俘的囚徒，因此大多数的评述者不把奴隶制视为自然的，而是某种不幸命运的结果，正如索福克勒斯的一段残篇所述：

> 那时你我都来自同一个人类部族，
> 人人由自己父母所生；无人比别人出生更优等。
> 然而命运乖张，有人惨遭厄运
> 有人飞黄腾达，却有另一些人被迫
> 带上了奴役的枷锁。①

总体而言，与其说希腊人把奴隶制视为不正义，不如说正义仅在自由人当中才会被当作一个问题，奴隶不属于正义完全保护的范围。虽然奴隶确实得到了法律最低限度的保护，但是他们自己不能合法地向法律要求这些保护。尽管如此，在一些特殊的情况下，人们也可以把法律的庇护作为奖赏而赠予奴隶，正如感恩的雅典人曾经把人身自由和政治上的公民身份赠予奴隶一样——公元前406年在阿吉努萨（Arginusae）战役中，奴隶曾帮助雅典人操控舰队，雅典人以此作为报答。

城邦中的其他群体与正义也有一定的距离，但不像奴隶那样完全被排除在正义之外，比如雅典拥有人口数量庞大的外邦

---

① *Tereus, TGF*, p. 591, 英译文参见：*EGPT*, p. 56。

自由人群体，他们主要来自希腊其他诸邦。另外一些人如漫游各地的"智者"（知识分子和论辩家）或过访的客商，则往往来去匆匆。尽管如此，也有一些外邦人在城邦中定居了下来，如果他们能找到一位公民作担保或赞助，那么就可以获得"梅迪克"（metic）的合法身份。概括而言，外邦人身份介于奴隶与完全的公民身份之间。外邦人需要缴纳特殊的税收以及履行兵役；作为外邦驻雅典的荣誉代表，他们被允许加入宗教游行的队伍；他们与其他公民平等地进行商品贸易（但如果要在市场设立摊位，那么他们需要缴纳一笔特殊的费用）。[1] 尽管如此，他们在政治会议上仍然没有投票权，也不能担任公职与法庭的陪审员。他们可以向法庭提出法律诉讼来寻求正义，但他们的证词仍可能需要经过酷刑拷问才会被采纳，一些针对外邦人的罪行在量刑时比针对公民的罪行要轻。

柏拉图的《理想国》就是以雅典的一个最富有、最显赫的外邦人家庭为故事背景，其中一个儿子将为恢复民主制而献身，另一个日后则成了著名的演讲稿撰写人。正如对话录对这个家庭的描述（赛法鲁斯［Cephalus］来自叙拉古），虽然外邦人无法享有彻底的政治正义，但他们可以在与他人的经济关系（偿还债务）以及与众神的关系（也可以说是偿还债务，但偿还的是贡品）上来理解正义。亚里士多德可能算是雅典历史上

---

[1] Hansen 1991, pp. 116–20.

最有名的外邦人了，他做出了人是政治动物的著名断言，然而自己却背井离乡远离自己的政治共同体，无法彻底实践自己公民的本性。

女性与未成年人也被系统地排除在政治正义之外。在某种意义上说，女性也是公民——在伯里克利时期的雅典，以及斯巴达与罗马，只有父母都是公民的未成年人才被直接算作公民。斯巴达的女孩被当作公民公开地接受教育和训练，一直到青春期来临。在古代世界的所有城市中，女性作为女祭司在特定的公共与宗教祭祀活动中发挥着重要的作用。斯巴达与罗马的女性可以拥有财产，即便她们行使法律事务的能力受到了一定限制；雅典女性的情况则与此相反，她们不能拥有财产，在非家庭事务的经济领域内的能动性也小于罗马女性。从政治的角度来看，雅典与罗马的女性尽管在宗教活动中发挥着重要的作用，她们还生育了未成年的公民（与其他男性公民结婚），但是她们在公共决策的制度性的政治讨论中仍然没有发言权。

虽然雅典禁止成年女性出现在市场（agora）与政治会议上，但是雅典的剧作家们在戏剧作品中把女性塑造得楚楚可怜，让人难以忘却——即便女性角色在舞台上是由男性演员来反串。逆来顺受的女性角色置伦理道德于危险的境地，像美狄亚那般，她们最终猛烈地控诉着自己遭受的残暴与专横。这些故事情节占据着悲剧作家作品的主题。通过观察希腊悲剧作品的剧名与人物角色：《请愿妇女》(*Suppliant Women*)、《腓尼基妇女》

(*Phoenician Women*)、美狄亚、淮德拉（Phaedra）、安提戈涅，我们就能发现剧作家们尤其关注着女性特殊而痛苦的处境。尽管斯巴达与罗马的女性（大多数情况下）可以继承与拥有财产，但是女性的公民身份仍然是特殊的，她们大多与正义绝缘。她们可能会介入法律诉讼中，她们的社会地位也可能会受到法律的确立与界定（比如斯巴达与罗马曾一度痴迷于女性继承人），但是她们无法积极参与政治来界定关乎自身的正义条款。男性未成年人在适当的时候自然会被赋予完全的公民身份，但是他们在未成年时期被排除在外的情况仍然是很严峻的。罗马的父亲们在理论上掌握着未成年人的生死大权，雅典的奴隶主对奴隶也不曾拥有过这种权力。

正义：自然还是约定？

让我们再回到本章开篇的赫西俄德。与同时期的其他诗人们一样，赫西俄德在希腊古风时期与古典时期之间创作了众多史诗和说理诗作品，以劝导与塑造国民同胞的价值观。赫西俄德还力求解释人类正义法则的起源，他把人类的正义法则与众神的意志、目的联系在一起，把其视为众神赐予的法律。他宣称人类的正义法则是由众神所护佑的，起初是前奥林匹亚神的首领克洛诺斯，然后是它的奥林匹亚替代者宙斯：

这是克洛诺斯交付给人类的法律（nomos）[①]；
由于鱼、兽和有翅膀的鸟类之间没有正义，
因此他们互相吞食；
但是，宙斯已把正义这个最好的礼品送给了人类。
因为任何人只要知道正义并且讲正义，
无所不见的宙斯会给他幸福，
但是，任何人如果考虑在作证时说假话、设伪誓，
伤害正义，他将无可挽救地导致自我毁灭（*WD*, 276-283）。[②]

作为人类正义法则的源泉与捍卫者，众神在上述文字描述中表现良好。在希腊传统神话与诗篇中，虽然人们正式地把正义捍卫者的角色赋予了众神，人们在各种宗教仪式中也期望众神能发挥出这种作用，但是关于众神的不光彩行径也是各类故事的主题，这些内容伤害了人类对众神作为正义捍卫者的信任。人们把众神形象化、拟人化，认为众神之间，以及众神与普通人类之间，都会产生复杂的情欲纠葛与持续不断的争斗。因此众神对人类事务的介入对人类的正义而言就既是一种保护，也可能是一种妨碍或伤害。如果宙斯强暴了诸如丽达、欧

[①] Nomos 通常被译为"法律"（law），但还有"规则""习惯"或"生活方式"的意思；在希腊思想中，这些意义极为紧密地联系在一起。
[②] 这是我自己的译文。Balot 同样引用了此段文字，参见：Balot 2006, p. 21。Balot 认为正义及其对压迫的拯救是希腊政治思想的核心，我在此也同意这种看法。

罗巴这样的女性；波塞冬神为复仇而制造海难；雅典娜女神因为自尊受损而在特洛伊战争中协助希腊人打击特洛伊人，那么人类能彻底相信众神是惩恶扬善的吗？

大约在公元前8世纪到公元前5、6世纪之间，随着希腊政治的动荡以及军事、经济状况的变化，诸如此类的问题层出不穷，扰乱着人们的心神。分散于希腊大陆以及各岛屿之间的一些思想家开始做出自己的回应，他们把正义置于更广阔而牢固的基础上：不仅把正义视为众神赠予人类的礼物，而且把它视为宇宙自身的内在秩序（希腊词"kosmos"的英文对应词为"宇宙"，字面意即"秩序"）。如果说希腊古风时期的诗人，比如赫西俄德与荷马诉诸神话虚构的甚至有时充满争议的众神的语言与行为，那么这些晚近的"智者"在更抽象的意义上提出了自己的论证。通过宇宙基本元素的运行来重新思考神与自然。他们不再形象化、拟人化地来记述众神的善举与恶行，他们记述由对称性、平衡性等原则支配的自然世界，继而认为人类社会也理应受到这些原则的支配。

让我们来考察一下阿那克西曼德，他公元前6世纪出生于小亚细亚的米利都，是希腊最早的哲学家之一。他认为宇宙各种元素"按照时间的秩序对它们彼此间的不正义作出补偿"。[1]关于宇宙万物平衡性特征的研究使其他希腊思想家——如公

---

[1] *KRS* 101A.

元前5世纪与4世纪之间，毕达哥拉斯的追随者们在意大利南部各城市建立起多个团体组织——进一步对世界和谐的秩序做数学公式化的探究，并使之同样能应用于建构音乐与政治。通过这些哲学先驱的努力，人们——不论男女——找到了新的确证，认定世界确实从根本而言是被正义所支配的。僭妄或贪婪之人如果违背了世界的平衡秩序，那么他必将遭受惩罚。

尽管如此，正如那些希腊的诗人一样，这些哲学家并没有成功地解决正义问题。希腊人也不是唯一对正义之传统辩护深感不满的民族。无独有偶当赫西俄德进行创作的时候，《圣经·约伯记》的作者或编撰者也感觉到了传统正义辩词的无力。不义之人因他的恶行必遭惩罚的理由听起来是多么的空泛无味。希伯来诸经典通过民族的神圣历史与宗教律法来界定正义，而希腊人则发展出了一种特有的写作与表达方式去探寻正义的起源，即希腊悲剧。作为公民宗教节日中的一种制度化的舞台艺术形式，希腊悲剧起源于公元前6世纪晚期的雅典，然后慢慢扩展到整个希腊世界与日后的罗马。通过对各种传说与历史人物命运的戏剧呈现，以及舞台歌队演员对戏剧剧情的反思，希腊悲剧着重呈现了一些人如何渴望不义，其他人则不自觉地成为帮凶，以及正义之人经常遭受与不义之人相同甚至更恶劣的命运的剧情。[1]悲剧作家们同样提出了正义界限的问

---

[1] 关于希腊悲剧的政治背景及其贡献的概述，参见：Hesk 2007；详细论述，参见：Goldhill 1986。

题：谁被排除在正义之外？尽管一些悲剧作家坚持正义的神性特质及其对人类的基本意义，但是其他一些悲剧作家开始挑战社会长期以来对正义的定位，怀疑正义的神圣起源及其自然性。

公元前5世纪，亦即希腊古典时代的早期、民主政治的全盛时期，雅典产生的三部悲剧作品表现了上述这些主题。希腊古风诗人赫西俄德把宙斯视为人间正义的总起源。在此基础上，悲剧作家埃斯库罗斯把雅典娜女神——宙斯的女儿，雅典城邦命名的来源及其保护神——视为正义在雅典的特殊起源。公元前458年，埃斯库罗斯完成了《俄瑞斯忒亚》（*Oresteia*）悲剧三部曲的最后一部《欧墨尼德斯》（*Eumenides*）。该剧向人们描绘了正义如何在"阿雷乌泊果斯"（Areopagus）——雅典贵族法庭，承担宗教与司法功能——得以确立的过程。雅典娜女神在剧中创立了法庭，并且在它的第一桩案件中担任12名陪审员的一员。她并排坐在雅典其他11名凡人陪审员旁边，与他们共同审理阿尔戈斯国王俄瑞斯忒斯谋杀母亲及其情人一案。尽管俄瑞斯忒斯实际上已经承认了其谋杀行为是为了替自己的父亲阿伽门农报仇，但是雅典娜女神投下了关键的一票赦免了俄瑞斯忒斯，以期打破仇杀的恶性循环，代之以新的正义法则。[①] 雅典娜女神与其他凡人陪审员一同商议法律案件的景象突显了人类

---

① 之前已然约定平局的票数就可以算作无罪判决，因此雅典娜投下的所谓关键一票也就可以被理解为她最后一个进行投票，恰好是宣布俄瑞斯忒斯无罪的第六票。

正义观念的神性光环。如果人类社会关系要承受对正义的众多颠覆与违背，而这在日常生活中是不可避免的，那么正义就必须具备某种使人敬畏的神性特质。

《俄瑞斯忒亚》系列悲剧向人们展示，尽管正义受到了众神的支持，或者说正义源于自然，但是人类仍然需要通过自己的政治行为来达成正义之判决。它也表明程序特别是司法判决程序，在希腊法律中是何等地重要。如果人们把法律视为一项解决冲突的公共正规程序，早期的希腊法律对程序的重视程度超过了法律的实际规定本身，此事显得极不寻常。[1]"公正的法律诉讼程序是正义的必备条件。这种观念深深地扎根于希腊人的内心深处，可以追溯到荷马。"[2]法律条文被雕刻在石板、木板或青铜板上（最早关于希腊成文法律的考古学成果是在德列罗斯［Dreros］发现的一块公元8世纪的石刻）。尽管这种法律被视作人为制定的——由立法者、国王或某个政治会议机构制定，但是它们通常也被认为具有某种终极的神性授权或渊源。赫西俄德把不义之人定义为法庭上作伪证的人，看来这并不是什么巧合。柏拉图以后的希腊哲学家都把息讼视为一个良好社会的重要标志。

埃斯库罗斯的悲剧作品上演五十年之后，希腊新生代悲剧作家欧里庇得斯（公元前484—前406年）崭露头角。他曾

---

[1] 参见：Gagarin 1986, pp. 12-14, 19-20, 和 *passim*。
[2] Gagarin 2008, p. 155.

二十多次在雅典戏剧节上获奖,与他的戏剧前辈们相比,他笔下的众神要正派得多。他的作品《腓尼基妇女》(Phoinissai)描述了正义之源于自然,以及正义为何易被伤害。该剧的舞台歌队是一群腓尼基妇女,她们正在前往德尔菲神庙奉献祭品的路上。因为战争的原因,她们无法离开忒拜,在这里她们目睹了剧作的主要场景。该场景以神话人物忒拜的王后伊俄卡斯忒为中心。她既是俄狄浦斯王的母亲,同时又在不知情的情况下成为他的妻子。该场景还展现了因这段乱伦与亵渎神灵的婚姻而造就的各个孩子的命运。

虽然伊俄卡斯忒目前的命运并不如意,但是她证明了正义的自然起源及其价值,她赞美说:"公平把朋友与朋友、城邦与城邦、盟友与盟友团结在一起。"[1]尽管如此,剧情很快向人们展现了正义的人类关系如何因自身的疏忽大意或暴力行为而轻易崩溃的事实。伊俄卡斯忒与俄狄浦斯王所生的两个儿子原本情同手足,并且兄弟二人约定以一年为期,轮流统治忒拜,但是他们之间的兄弟情谊很快因为一方违反约定而破裂。一方引起的不义行为以兄弟二人双双毙命收场:两人在决斗中

---

[1] Euripides, *Phoen.* 536-8, 我自己的译文。这里被翻译为"公平"(fairness)的单词实际上是"isoteta",字面意思即"平等"(equality)。当 ison 指代数学上的精确性的时候,更倾向于译为"平等"(euqality),但包含 ison 的一些单词有时也指更宽泛意义上的"公平"(fairness)。——原注

中文版此处为"平等",参见:译林出版社,张竹明译本《古希腊悲剧喜剧全集:第4卷:欧里庇得斯悲剧(中)·腓尼基妇女》,第363页。但根据以上作者注,此处更应该译为"公平"。——译注

同时负伤而亡。该剧告诫人们，人类的贪婪或欲望经常使正义的计划落空，脆弱的敬畏心与正义心无法约束背信弃义的行为。尽管如此，正义法则仍然备受尊崇，即便是在被违背的意义上。通过呈现不义行为的不良后果，欧里庇得斯反而突显了正义的意义。

在欧里庇得斯的剧作中，伊俄卡斯忒与俄狄浦斯王的一个女儿活了下来，她与眼睛失明并已身患重病的父亲相依为命离开了忒拜城。欧里庇得斯版本的《安提戈涅》没有雅典第三位伟大的悲剧作家索福克勒斯版本的《安提戈涅》那么出名。大约在公元前441年，索福克勒斯的剧作《安提戈涅》向人们展示了一个令人难忘的案例，即与神圣律法相比，人类的法律是多么地专横。在把城邦的公共正义法则与自然的亲情关系以及神圣的律法相互对比的意义上，该剧作对城邦的公共正义法则提出了严峻的挑战。

索福克勒斯从安提戈涅的两个哥哥相互杀死对方后开始写起。极具讽刺意味的是，其中的一位（厄忒俄克勒斯）虽然违背了分享忒拜统治权力的誓言，但却得到了厚葬；他死后王位发生转移，新的继任者克瑞翁褒奖了厄忒俄克勒斯（其实是他的尸首），以使自己统治的合法性与前政权拉上关系。另外一位（波吕涅克斯）因为兄长的背信弃义而惨遭厄运，不得不暴尸荒野。克瑞翁以波吕涅克斯对城邦前任统治者的叛逆为由，禁止为他举行体面的葬礼仪式，甚至是任何形式的埋葬。

对波吕涅克斯的苛待是不正义的吗？根据克瑞翁的法律，甚至根据他自立为王之后所颁布的法令来看，显然不是这样。但安提戈涅认定，按照众神的"不成文律法"，这么做确是不正义的。因为众神的律法规定埋葬亲人是一个人重大而不可亵渎的义务。[1]

安提戈涅把神圣律法称为"不成文的"，这反映了索福克勒斯时代人们关于正义问题的争论。雅典人通过晚近的民主政体人为地制定了越来越多的法律，但是这些新的法律——同时也是《安提戈涅》的隐晦意义——都轮不到被镌刻到石板或青铜板之上。它们可能更像是一个僭妄的政治共同体的自命不凡的命令，正如克瑞翁所颁布的那些政令。它忽视了一个基本的判断，即当与宗教习俗中的日常古老法律相比，权力与人为法律的有效性是第二位的。安提戈涅英雄般地死去了。她的死亡导致了克瑞翁的儿子（安提戈涅的未婚夫）殉情自杀，同时也使克瑞翁的妻子陷入长久的悲痛之中，最终也自尽而亡。狂傲的克瑞翁因此遭受了更为悲惨的命运。他曾经发号施令的政治权力现在显得多么空虚而无力，在众神与命运那无可逃脱的训令面前，克瑞翁终因自己傲慢地行使政治权力而自取其辱。通

---

[1] 古希腊人尤其看重兄妹之间的亲情关系。希罗多德（3.119）告诉我们这样一个故事：大流士王允许一位波斯妇女只能从她的哥哥、丈夫和儿子们当中拯救一位男性亲属的生命。这位波斯妇女选择了自己的哥哥，原因是她可以再婚，然后再养育更多子女，但是鉴于自己父母已经过世，她无法再有一位兄弟了。大流士王褒奖了这位妇女的决定，既赦免了她的哥哥，也赦免了她的长子。

过挑战人为法律与命令的有效性，安提戈涅强化了人们对正义的信仰，即正义是一种神圣秩序。

智者的挑战：正义是自然的吗？

索福克勒斯的剧作《安提戈涅》使人为法律在与神圣律法相对照时，变得微不足道，但是它并没有质疑正义的本质或价值，正义仍然源于神圣律法。后来的一批"智者"思想家与教师开始公开质疑：法律与正义是否仅仅不过是专横的人类约定？他们向早先时候诗人们对正义的辩护提出了更加严峻的挑战。这些晚近的智者们既不向自然学习，也不继承先辈哲人的衣钵，他们反而特别向人类社会本身学习，然后又自命为师而传道授业。他们着重关注人类自身之事务而非宇宙秩序的具体构造，因而成为最早一批政治学理论的贡献者。智者虽然不是唯一对政治进行思考的人群，但是他们采取了一种非同寻常的"准专业"的方式，对自己进行了重新的定位，通过出售自己所学来谋求利益。

这些智者既向他们各自的城邦与政治会议机构免费提供知识与建议，也游走于希腊各地，向富人们兜售自己的知识，希望得到雇佣而成为富家子弟的家庭教师。智者们向富家子弟传授修辞学，声称掌握着这项技能，可以帮助他们赢取权力或名誉。他们试图影响政治，但他们既不承担明确规定的政治义务，也不介入各自城邦已有的正规机制，而是炫耀拥有教别人如何从事政治活动的本领，并且从中收取报酬。这是一幅颇具争议的景象。比如西西里岛的智者、教书匠高尔吉亚（Gorgias，公元前486——前376年），他在希腊各地四处游走，不断发表着一种套路式的言论，叫嚷说海伦并非特洛伊战争的罪魁祸首。人们在传统上认为修辞总能导向正义的决定，但是如高尔吉亚这般的智者搅乱了这种看法。

众多智者授业的中心内容是一组明确的对比关系，即"习俗"（nomos）与"自然"（phusis），或法律与自然。[1]在这种对照的语境下，他们并不用"法律"（nomoi）指称神圣律法（安提戈涅就是在这个意义上使用的），而是指人类自己制定或统治者制定的各种法律，无论统治者是个人还是团体。人为制定的法律只不过是人们约定俗成的惯例。在这个意义上，"法律"是人类自我创制、自我发明的结果，不管它来自一位僭主某一刻的奇思妙想，还是政治会议机构涉险票决的结果，因此它与事物的真正本质形成了强烈的对比。事物的真正本质由某种正义或某种完全不同于人为法的律法所支配。"习俗"与"自然"的对照关系引发了人们对人类创制物、人类后天约定惯例的重

---

[1] 不是所有我们现在称为智者的哲学家都认为人类的正义与法律不源于神灵的意图。比如普罗泰戈拉（Protagoras）就采取了一种赫西俄德的路径，通过一则神话讲述了正义的起源。他认为宙斯把正义和"敬畏"（aidos）一同赐给了人类。正义规定了人类的公正条款；敬畏则让人类害怕神，以及感觉到违反法律与习俗的羞耻。法律与习俗都是正义法则的体现。正义与敬畏一起"给城邦带来秩序，同时是友谊的共同纽带"。柏拉图《普罗泰戈拉篇》中认为这是普罗泰戈拉的观点，参见：*Protagoras*, as translated by Lombardo and Bell in Cooper 1997。

视，它们并非不可改变的真实。"习俗"与真实自然相比起来，它们多半糟糕、低级得多。

智者认为"法律"是人为创造的，这是一种颇具争议的观点；然而更具争议的是他们认为，法律是"一些人"强迫"其他人"的结果——法律使统治者处于绝对有利的位置，而其他倒霉的受害者只能处于不利的位置。与后来早期的社会达尔文主义者类似，这些智者认为野蛮而残忍的冲突与竞争是"自然的"，为了达到自己的目的，强者可以无所不用其极，伤害弱者以满足自己的欲望，并且还不用承担后果与责任。柏拉图对话录中出现过一个这样的人物角色，雅典人卡里克利斯（Callicles），他就以这种论调给人留下了深刻印象。

即便如此，如果强者的统治是自然的，那么人们就不得不面临一个问题，即人类的各种约定应如何对此做出回应？它们的价值又该如何评价呢？一个人是否可以攻击强者说他对弱者形成了剥削，然后用自然正义这一工具来揭露人类法律的剥削性质呢？历史记载的最早关于奴隶制的批评即遵循这样的思路，奴隶制作为正规的政治或社会机制（不是个别的虐待现象）具有不义性。奴隶制仅仅是一项人类法律，而众神赋予每个人以符合自然秩序的自由。"神灵把自由赋予所有人，自然使任何一个人都不是奴隶"，这是阿尔西达马斯（Alkidamas）的一条谚语，被一位不知名的读者记录在亚里士多德《修辞学》(Rhetoric)一书的页边空白处。[1]

然而,这种借用"习俗"与"自然"的对比关系来对奴隶制或任何其他人类法律进行激烈批评的思路并没有得到多少人的认同。更为普遍的看法是,大量存在的法律确实有助于人类的一般利益,但它们仅仅是次优的,并不足以促使人类达成最大可能的目标。[2] 每个人在追求自然正义的过程中才能得到最大的满足,自然的正义允许强者统治弱者,但前提是正义得到强者的保证或首肯。自然正义的困难最终导致人们偏向于一种次优的解决方式,即保证人类法律能够给个人某些好处,而不至于使他一无所得。对个人而言,最好的情况是能够支配或统治别人而免于处罚;最坏的则是试图支配或统治别人,但被抓住并遭受处罚。因此,正义是两者的折中,一种次优路线。个人放弃成为支配者或统治者的奢望,不要那些好处,但他也因此而免于遭受被支配或被统治的伤害。[3] 柏拉图的《理想国》中出现过一个这样的人物,即格劳孔(Glaucon),他就持这样的看法(虽然他自己不承认)而认为正义是"最优与最差的中

---

[1] Garnsey 指出他此处可能是在为美塞尼亚(Messenian)的奴隶们进行辩护;公元前369年,美塞尼亚的很多奴隶从斯巴达主人手中获得了自由。同时,Garnsey 指出亚里士多德在其《政治学》1253b20-23 中认为有一群人也持有这样的看法,但他没有指出是哪些人(参见:Garnsey 1996, pp. 75-6)。
[2] 根据亚里士多德的记述,我们知道这是智者吕哥弗隆(Lycophron)的看法(参见:《政治学》1280b10-12),同时很显然这也是智者安提丰(Antiphon)的看法(参见:DK 87 B44)。我们在本书第4章将会看到,这种观点在柏拉图《理想国》的第2卷中受到了驳斥。
[3] 这是 Denyer 的观点,参见:Denyer 1983。

间状态。最优的情况是行不义而免于惩罚；最差的是遭受不幸却无法报复。正义是这两个极端的中间值。它并不被人们视作好的，而是说人们的力量太弱小，不能行不义而同时免于惩罚"。[1]

如此说来，正义是人类一种有益的妥协或退让，而并非某种人类固有的最优路径。正义可以通过以下方式来达成，即赋予法律以"保证人"的地位，使其确保人们能够公正地对待任何其他人，即便它无法使人们内在地更好或更正义。尽管如此，这种解决方式本身仍站不住脚。如果正义仅仅是解决人类如何相处这一问题的次优方式，那么当一个人可以逃避惩罚的时候，他为什么不去行不义呢？此时他既能够收获不义行为最有可能带来的好处，同时也能从别人的守法行为中获益。

如此对正义的价值作相对化的处理，导致正义成为人类在必要时不得不忍受的东西，而非人类自我幸福之最有益的实现。本章开篇提到的希腊古风时代的诗人们曾经全心全意地（但愿如此）捍卫着正义的价值，他们因此就受到了这种相对主义正义观的严峻挑战。我们可以发现，随着希腊社会的公共生活舞台上不断出现新鲜的角色——从早期的诗人、哲人到悲剧作家，然后是智者——人们关于正义的一致看法开始发生分化。正义是人类文明的中心吗？还是富人对穷人施展的骗局？

---

[1] *Rep.* 359a, Grube 译文, Reeve 校订, 参见 Cooper 1997。

希腊的思想家们把这些问题提了出来，无论是围绕真实或虚构人物展开的激烈论辩，还是关于他们的激动人心的戏剧故事以及他们各自遭遇的悲惨命运，皆成为希腊思想家们的实验园地。

强者与弱者

我们已经发现城邦的奴隶、外邦居民、女性和未成年人仅拥有一种有限的正义。那么正义在城邦之外的状况如何呢？一个希腊城邦与另外一个希腊城邦，或者一个希腊城邦与其他类型的政治体，比如希腊诸邦东部强大的波斯帝国（从公元前6世纪开始，它就由帝国的开国之君居鲁士大帝的后裔们所统治）之间的关系如何呢？当多个政治体通过条约与联盟而互相结合在一起以后，正义就以一种清晰可见的方式被用来讨价还价，以保证缔约各方履行相关条款。尽管此时关于一个城邦的政治行为应该遵从正义与不义还是利益原则的争论并未尘埃落定。当一个政治体没有同盟并且有希望运用强力的情况下，政治体之间能否达成正义的问题就是毫无意义的了。

公元前416年，在民主政治的雅典与寡头色彩浓烈的斯巴达之间爆发伯罗奔尼撒战争期间，雅典选派数位大使前往米洛斯岛（Melos）签署后者的战败协议。此时雅典的大使们就持上面的观点，尽管米洛斯人对雅典人并没做什么坏事，并且在战争中已经宣布中立（但雅典人认为他们已经与米洛斯人宣

战)。正如历史学家修昔底德的记述,雅典大使们宣扬了他们看待人类事务的一个赤裸裸的基本事实:

> 我们双方都承认,只有在双方平等的情况下,人类才有必要在争论中确定什么是正义的。只有当双方处于同等的强制条件下,人类协商才能够产生关于正义的决定;但是,如果存在占优势的一方,强者可以做能做的一切,那么弱势的一方必须默默接受必须接受的一切。(5.89)

这个所谓的"米洛斯人的论辩",修昔底德历史记述中精心设计的片段,主要专注于当时的国际背景因素。它声称在所有的战争中,或至少是在强大帝国与受帝国(即便由于偶然因素)支配的政治体之间的战争中,正义没有自己的位置。民主政治的雅典一边乐于在帝国中充当暴君的角色,一边则歌颂着城邦内部维系的正义,这确实使当时很多的观察者与亲身经历者都大吃一惊。然而,在雅典人对米洛斯人的最后通牒中,一桩更令人不安的事是:只要存在强势的一方,正义无论如何都无法达成。如果存在强势的一方,它就将得到一切,弱势的一方则只能接受别人的剥削或压迫。

真是这样吗?本章已经论述过希腊人极为重视正义对规范富人与穷人关系的重要性。有人或许认为在米洛斯一例中,恰好存在着一方为强者一方为弱者,因此在这种情况下,雅典大使们的声明就既可以击碎国际正义的希望,又可以击碎城邦内部对正义的希望,或至少是在有实际需要的任意情形下这么做。即便如此,雅典大使们也为人们提供了一点解决此问题的线索。我们需要重新思考一个粗浅的假设,即富人是强者而穷人是弱者的假设。在富人与穷人的个体遭遇中,穷人几乎总是更容易受到伤害的一方;但是随着债务约束制的废除,以及穷人与其他穷苦兄弟的拉帮结伙(毕竟是"多数"),穷人也可以,至少在某些时刻,宣称拥有某种集体的、更为强大的力量。穷人可以拥有数量上的优势权力,以及如果适当武装的话(有时也无需什么适当武装),也可以拥有军事上的权力。

我们不能简单地把其视为暴民的统治。多数人能构成一种更强大的力量,不仅仅是因为数量,还因为在一定数量的基础上进行自我组织以产生集体行动的能力。民主(*demo-kratia*)一词并不仅仅指纯粹的力量,还指基于行动能力而形成的"人民"(*demos*)的权力(*kratos*,字面意思为"抓住""紧握")。[1]因此,在规范穷人与富人之间的公平关系的时候,穷人需要受到一定的保护以防止个体的依附与附庸;富人则需要认可穷人集体行动的权力。正义保护弱者来对抗强者,但是弱者需要组织起自己的力量来才行。

---

[1] 参见:Ober 2008b。

如果我们把"米洛斯人的论辩"视为一个明确而清晰的案例，其中一方占据着绝对的统治地位，那么我们可以发现它更多是一种不常见的军事情形，而非人类境况的常见模型。尽管帝国的少数统治者利用派系的说服及其所拥有的专横强力，使被统治各方屈服于自己，但是被统治各方仍然拥有经济、政治以及道德等各种形式的权力。多数人的权力（无论它如何被恐吓、割裂与破坏）在所有政体当中都会对不义的契约构成潜在的威胁，进而能够刺激公正契约的构建。正义是一个激进的概念，因为如果人们对公平的诉求过于强烈，那么他们对政治共同体的归属与认同意识就可能会突然崩裂。

本章已经考察了希腊古风时期人们如何把正义视为众神统治的神圣秩序之组成部分；以及在希腊古风时期，特别是后来的希腊古典时期，诗学、智者与哲学的著述如何挑战了人们对神圣正义的信任，并由此引发了探索人类正义与神圣正义之关系的新方式。对希腊思想家来说，正义的观念支撑着人类文明，但是它也极易受到众神与人类之恶行的伤害。因此，正义的建构不仅需要神性力量的支持，它还需要人类创造出自己的政治或社会制度，以确保那些最容易受到伤害的参与者受到正义的眷顾，特别是那些受到富人的经济与政治支配的穷人。我们接下来将探讨希腊不同政制的政治体如何用不同方式尊重或限制多数人的权力，如何对待精英的诉求，也就是如何在对政制形式的考量中将正义付诸实践。

第二章
CHAPTER 2

政制

政治的及其他形式的组织

什么是"constitution"？现如今我们把它视为规范政体内权力分配关系的基本法律，有时汇集成单独的法律文件。美国宪法的手写原稿现如今被陈列在华盛顿特区的国家档案馆大厦的圆形大厅内，相反，英国宪法不体现为任何单一的法律文件，而是经过长期发展形成重要的法律、习惯以及条约的集合体。

希腊与罗马共和国的政治语言中没有"constitution"一词，即便是在英国非法典化的意义上。英文"constitution"一词源于拉丁文"constitutio"（组织、确立），指后罗马共和国时期皇帝所颁布的法令，它并非全面或基本的法律。[①]然而，现在被广泛使用的"constitution"一词指称的是古希腊人所

[①] 公元2世纪，哈德良赋予了皇帝颁布的法令（constitutiones）以法律（lex）的效力（参见：Stein 1999, p. 28）。公元529年查士丁尼把它们汇编成统一的法典，经过修改之后再版于公元534年（参见：Humfress 2005, pp. 162–6）。

谓的"politeia"(政制)①。现如今人们主要在政治层面上使用"constitution"一词,但人们可以从更根本的层面上使用它。因此把"politeia"翻译为"constitution",并把它作为本章的标题也就是合理的了。"politeia"从更深层次的意义上而言是一种特殊的秩序与结构(法语中称为 regimen,政体、制度、章程、食谱),是保证身体处于健康状态的特定组成方式。哲学家亚里士多德最终既在最广泛意义上也在最狭隘意义上使用"politeia"一词。他有时把"politeia"视为城邦的一般"生活方式",②但有时也把它定义为一种狭隘的"公职分配制度"。③

政制在广泛的意义上是一种特别设置的秩序,既可以指自然身体,也可以指政治体。这个对比说明了为什么"政制"可以超越狭隘的政治界定而成为一种生活方式。当一个人的身体可以抵抗反常细胞与其他有害物质的入侵而避免丧失自身秩序的时候,他就能保持良好的内部平衡与秩序,因此也就拥有了强壮的"政制";当一个政治体能够抵抗无赖分子、不满集团与其他国外势力的侵犯而避免政治体失序的时候,它就能保持良好的内部平衡与秩序,因此也就能拥有强大的政制。"政

---

① 根据作者此处对 politeia、constitution 的区分,我们没有按照现代汉语的通常译法,把书中的英文词 constitution 翻译为"宪法""宪政"或"宪制",而是借鉴亚里士多德《雅典政制》书名的翻译方法把其译作"政制"。——译注
② *Pol.* 1295a40.
③ Ibid., 1290a7–8.

制"的这两层含义存在着一定的关联性。只有存在一群这样的公民群体,他们形成特定秩序结构的习俗与价值,才能维持政治体的各种惯例与原则以激活特定的生活方式。

这就解释了希腊词"*politeia*"(英文通常译为 constitution)为什么最初被用来描述公民身份的条件。历史学家希罗多德(稍后将详细介绍)用这个词描述公元前5世纪斯巴达的一个外邦人的各种诉求。这个在斯巴达的外邦人声称自己愿意在斯巴达的军队中服役,只要他和他的兄弟能成为斯巴达的公民。[1] 在这一关于斯巴达公民身份的特定事例中用到"*politeia*"这个词,具有深远意蕴。因为斯巴达极为重视"政制"的双层意义,在这一点上,斯巴达超过了希腊的任何其他城邦。"政制"在斯巴达既有狭隘的政治意义,也有广泛的生活方式的意味。成为一个斯巴达公民,不仅意味着他被赋予了一定的特权与义务,也意味着他融入了一种整体的生活方式之中,一种显然与希腊其他城邦截然不同的生活方式。从公元前5世纪开始,关于斯巴达政制的各种研究——研究成果统称为"斯巴达人的政制"(*Politeia of the Spartans*)——就充斥着对这种生活方式的描述:为了快速地投入军事战斗,他们经受着极端严苛的身体训练,同时实行共餐制度,以及遵循抚育儿童的特殊习

---

[1] Hdt. 9.33. 更为准确的是,这是"现存的第一件(围绕政制)而发生的事件,它源于具名的作者之手,并且还不是什么残篇"。Harte 与 Lane 在其著作中对该段的引用更加详细,参见:Harte and Lane 2013, p. 1。

俗。广义概念的政制超越了政治组织的意义，包含了广泛的社会劳动分工，即为了对社会有所贡献，如何生养、教育与训练公民。这种广义概念的政制成为希腊很多有关"最优政制"[①]的讨论的典型特征。

本章的主题是讨论政制双层含义之间的关系——作为公民身份、生活方式的政制与作为特殊政治结构的政制。一个政治体的生活方式与其特殊的政治结构之间的关系如何呢？希腊人对这个问题的回答并不一致。每一种政治体——每一种不同的政制形态——各自都给出了自己的答复。这些答案尤其体现于公元前5世纪曾经震动整个爱琴海世界的两次大战乱，并在战乱之中得到了检验。这些大战乱源于不同政制形态之间的激烈冲突与碰撞。对亲身参与战争的希腊人以及战后对史实进行编纂整理的人们来说，现代学者所谓的政制大碰撞在当时首先是各种意识形态论争，继而是更加冷静客观的分析。在历史学家对希腊跌宕起伏的战争编年记载中，我们发现相互敌对的城邦表现出的各自政制的优势与缺陷；我们也能发现对不同政治体的政制的分析与归类，即一人、少数人和多数人统治的三种基本类型。从实践上，然后从理论上考察各种政制形态的冲突与碰撞是本章要完成的任务。

[①] 我这里的几点想法归功于 Schofield。他在其著作中讨论了克里提亚斯（Critias）名为《斯巴达人的政制》（*Politeia of the Spartans*）散文诗作品的残篇、色诺芬的同名散文作品，以及米利都的希波达莫斯（Hippodamus of Miletus）关于"最优政制"的论述（参见：Schofield 2006, pp. 30–35）。

希罗多德与波斯战争的政治

公元前5世纪希腊社会的第一次大战乱是其与波斯的战争（公元前499—前479年，战争在此后绵延数年）。在波斯战争中，希腊的众多城邦联合起来反抗波斯国王的入侵，当时波斯国王控制了希腊大陆爱琴海沿岸的大片土地。希腊历史学家把这场战争定位为自由对抗奴役的战争，即希腊各自由城邦对抗波斯国王的奴役与专制的战争，但是我们将发现历史学家对战争的描述并不像结论显现的那样简单。

公元前5世纪希腊社会的第二次大战乱是伯罗奔尼撒战争（战争的早期阶段发生于公元前460—前445年，之后严格意义上的伯罗奔尼撒战争是从公元前431年到公元前404年）。希腊各城邦联合起来成功地抵御了波斯的入侵之后，自身却陷入了分裂的局面，最终形成了以斯巴达与雅典为首的两大阵营。历史学家把这场战争定位为以斯巴达为首的寡头政治与以雅典为首的民主政治之间的斗争，但他们的描述以及战争的进程同样不像结论显现的那么简单。

反观这些战乱，当时的历史学家与剧作家们把它们视为政制的相互碰撞。针对不同政治体各自所做的政治选择，以及它们各自所推崇的生活方式，历史学家与剧作家们对它们要么过度赞美，要么严厉刁难。为了理解公元前4、5世纪希腊人所面临的各种政治选择，我们需要理解不断发生的政制大碰撞中的核心观念——这些观念激发了不同城邦政体之间,以及它们与帝国政体间的不同生活方式的持续竞争。历史学家希罗多德关于波斯战争的记述,以及其间夹杂的政制分析,最能帮助我们实现这个目标。

希罗多德出生于公元前 484 年,可能死于公元前 430 年后不久(他在其著作《历史》中最后提到的事件发生于这一年),家乡是小亚细亚半岛上的哈利卡那苏斯(Halicarnassus,现为土耳其博德鲁姆市 [Bodrum])。[①]希罗多德来自希腊最东边的殖民地,但日后却生活于希腊最西边意大利半岛上的一块新殖民地。他一生游历颇丰,富有同情心,并且拥有大量的读者。希罗多德是一位对希腊边疆社会非常熟悉的作家,他记述下波斯战争中(战争在希罗多德童年时代就已结束)关于希腊的辉煌军事胜利的不朽篇章,同时他也以敏锐的视角揭露了战争双方的自我欺骗与各自的权力欲望。雅典联盟与斯巴达联盟之间的战争爆发时,希罗多德大约二十五岁。两军激烈交锋,希罗多德对此也做了详细记录。

希罗多德告诉我们,他曾在埃及各地广泛游历,远至孟斐斯(Memphis),并且认为埃及历法胜于希腊历法。他以宽广的胸怀与视野(或批评或赞扬)考察过异域的风俗;他曾经描述过巴克特里亚人(Bactrians)的服饰、骆驼的习性以及塞西

[①] Fornara 做出了有影响的分析,参见:Fornara 1971。

图表2 波斯战争与伯罗奔尼撒战争的概览

公元前 5 世纪

前 499—前 494 年	希腊爱奥尼亚地区诸城邦反抗波斯统治
前 490 年	波斯第一次入侵希腊大陆；雅典人赢得了马拉松陆战
前 480—前 479 年	波斯第二次入侵：公元前 480 年，斯巴达与其他城邦输掉了温泉关（Thermopylae）战役，但是雅典率领其同盟赢得了萨拉米（Salamis）海战；公元前 478 年，雅典、斯巴达与其他城邦联手赢得了普拉提亚（Plataea）陆战，同时在米卡列（Mycale）击败了波斯舰队
前 465 年	拉科尼亚（Laconia）大地震，导致众多斯巴达人丧生；奴隶暴动
前 460—前 445 年	斯巴达与雅典（以及各自盟友）爆发军事冲突
前 431—前 404 年	斯巴达与雅典（以及各自盟友）之间的伯罗奔尼撒战争：公元前 404 年，斯巴达获胜

亚人（Scythians）的传统风俗。他对波斯的专制主义与希腊的自由作了极为重要的对比，但是他也指出了希腊各政体的自我矛盾之处——在城邦内部崇尚自由，但在城邦之外则推行专制。他同时也对斯巴达与雅典在组织力量反抗波斯的战争中表现出的截然不同的政治习惯与政治观念进行过研究。

民族志学者、道德家、历史学家、讲故事的旅者，在记载波斯战争的过程中，希罗多德把这些角色融于一身。这是第一部用希腊文写成的"历史"，书名来自希腊文 *historia* 一词，意思是探究或调查。希罗多德创造了新的历史规范，他通过对历史事件亲历者与文献的"探究"，达到了解读与纪念重要人类行为的目标。这种新的历史规范与现代的调查性新闻报道或当代史的研究在精神旨趣上有着异曲同工之处，但是它仅适用于相对较近发生的历史事件。如果要记述遥远过往的历史，这种规范方法是不可能的（修昔底德自命为希罗多德的继承者，但当他记述遥远过往历史的时候，他把它们从自己著作的主体中隔离出去，使其单独成为一个序言）。希罗多德对那场在其童年早期就已结束的战争进行了探究与调查，他通过对历史见证者的询问以及证据的搜集，开创了审慎评判史料来源（"我不相信它，但别人可能会相信"，5.86）与议论式评价（argumentative evaluation）的先河。与此同时，这位"散文界的荷马"（希罗多德去世3个世纪之后，他家乡的人民在铭文中赋予他的称号)[1]在传统史诗诗人当中占据着重要位置，他发明了历史，却以诗文的形式被吟咏。据说年轻的修昔底德因听说希罗多德在奥林匹亚吟诵他自己的著作而流下了羡慕的眼泪———一个煽情但可能是捏造的故事。[2]

我们首先了解一下希罗多德对人类多样习俗的观察，然后再集中关注他对波斯战争中的不同治理形式（一人、少数人与多数人的统治）的描述。在智者学派对"习俗"（法律、习惯）与"自然"所作的区分（第一章已做介绍）以及医学著述关于人类心理多样性的研究潮流的共同影响下，希罗多德极为重视已知世界上的人类生活方式的多样性与差异性。其中最著名的是他批评一位波斯主子在埃及亵渎了当地宗教习惯的例子（3.37）。他在此评论说，所有人都坚持认为自己的法律与习惯是最好的。他还描述了早期波斯国王大流士的故事。大流士把一伙希腊人与一伙印度人召集在一起，希腊人有火化尸体的习惯，印度人的习惯则是把死去的父亲的尸体吃掉。大流士问希腊人愿意收多少钱才肯吃掉他们死去的父亲，问印度人愿意收多少钱才肯焚烧他们父亲的尸体。希腊人与印度人听到这样的问话后都被激怒了，继而奋起反抗大流士（3.38）。数世纪之后，蒙田在对这些故事进行反思时表示，当人们面对不同的民族习惯时，不要追求一种最好或最正义的生活方式。希罗多德

---

[1] Hornblower 2006, p. 306.
[2] Winton 2000, p. 102.

借用这些风俗习惯来说明希腊人凭什么打败了波斯人,然而他也敏锐地分析了战争双方的缺陷与偏见。

要了解希罗多德包罗万象的故事的整体轮廓,最恰当的方式是考察他的创作背景。希罗多德记述了关于他出生前后的波斯战争(公元前499—前479年)。这是一场约三十个希腊城邦联合起来反抗波斯的战争,它由斯巴达领导,但雅典人在战争的关键时刻做出了决定性的贡献。然而,希罗多德却是在斯巴达与雅典(及其各自盟邦)冲突期间以及之后才写作的。这些纷争占据了他青年与成年的大部分时期(公元前460—前445年;就在希罗多德死前不久,公元前431年伯罗奔尼撒战争正式爆发,一直持续到公元前404年雅典战败)。雅典与斯巴达在纷争中互成敌手。

当时的争端使得希罗多德在《历史》中的态度愈发地尖酸而刻薄。因为在他进行编年史创作的早期,雅典与斯巴达还并肩战斗在一起,与其他重要的希腊城邦团结一致,共同抵御了强大的波斯帝国。然而,尽管斯巴达人在令人难忘的失败战役——比如温泉关战役,以及最终起决定性作用的普拉提亚陆战中做出了重大的贡献,但是雅典人却在重要的马拉松陆战与萨拉米海战中证明了自己才是不可或缺的力量。因此,斯巴达人虽然在名义上率领希腊联军反抗波斯,但是战争的实际结果却既展示了雅典人的权力,又进一步增强了他们的力量。

雅典是使希腊世界摆脱被波斯统治厄运的救世主。希罗多德意识到他的这个观点不会被同时代"大多数人喜欢"（7.139）。因为与作品从古典时代一直流传下来的大多数作家不同，希罗多德不是雅典人，甚至也不是在雅典写作的——即便有证据表明希罗多德的著作影响了自《安提戈涅》起的雅典戏剧，因为在还没有完工的时候，他的著作就已经断断续续流传开来了。[1]尽管如此，作为旁观者的希罗多德能够更好地进行观察，他分析了雅典的新霸主地位如何助长了雅典公民自负傲慢的心态，以及他们对权力的贪得无厌。当雅典崛起成为一个非正式的帝国的时候，它不断壮大的力量引起了斯巴达的担忧。双方不断产生一些小的摩擦，相互之间的信任关系也逐渐破裂，最终不得不兵戎相见。

希罗多德把波斯战争视为逐渐展开的伯罗奔尼撒战争的断点或插曲，这必然是一项承载着多种复杂信息的工作。他的历史著述唤起了人们关于整个希腊曾经团结一体的记忆。然而，他也十分注重分析雅典帝国主义的起源。如同上个世代整个希腊世界联合起来反抗波斯的侵略与扩张一样，雅典的帝国主义看起来也相当不可思议。他同样向人们展示了斯巴达的自我矛盾之处。斯巴达在城邦内推崇自己的自由，然而却对毁灭国外民主政体的自由乐此不疲（公元前404年，斯巴达联盟对抗民主雅典的伯罗奔尼撒战争结束，但是一年以后，雅典的民

---

[1] Hornblower 2006, pp. 306–7.

主势力成功地组织了反击,使斯巴达最终认可了它们的民主政治)。我们在下文将会看到,雅典与斯巴达都是希罗多德历史叙述中危险的伪君子。它们言行不一,前后矛盾,一方面极力宣称要坚守某些价值,另一方面又为了自己或他人而肆意地践踏这些价值。然而,我们将首先考察一下希罗多德历史著述中关于政制形态的分析。他清晰地阐述了一人/少数人/多数人统治的三种基本政制形态,准确地反映了希腊人对政制形态的思考。

一人/少数人/多数人:三种政体

希罗多德的历史记述采取了双时间线索的形式,他在记载波斯战争的同时,隐隐地意识到了日后的伯罗奔尼撒战争;除此之外,他还使用了另外一种独特的戏剧叠加(dramatic overlay)的手法:在公元前 6 世纪的波斯安排一场"政制大辩论",但却使用了公元前 5 世纪雅典与希腊的语词。[①]这是希腊一次重要的关于政制形态的思考。根据希罗多德的记述,公元前 522 年七个波斯贵族刚刚挫败了一伙王位篡权者,他们正在商量以后应采取什么样的统治形式,于是展开了一场大辩论

---

① 毫无疑问的是众人在此处讨论各种政治观念与制度时所使用的语词,特别是欧塔涅斯的演讲中关于平民政体的论述属于公元前 5 世纪的希腊,而非公元前 6 世纪的波斯。这与 Keane 的观点相反(参见:Keane 2009)。Evans 极为客观地研究了公元前 6 世纪波斯贵族对平等的关切,除此以外他还对希罗多德该章节(6.43)的内容做了最好的解读(参见:Evans 1981)。

(3.80-82)。他们中的三人发表了自己的看法。每一个人偏爱一种政制形态而批评其他人的看法,他们争论的语气、语词与约七十年后希罗多德笔下的希腊人,特别是雅典人有着惊人的相似之处。实际上希罗多德——可能以略带挖苦的口吻——表示当时的读者并不认为波斯人的辩论具备历史准确性:"所发表的意见在某些希腊人看起来并不可信;但这些意见是发表了的"(3.80)。因为我们感兴趣的是希腊的政制形态,这个表面的时代错乱反而使得它们更加重要。

波斯人欧塔涅斯(Otanes)首先发言,他批评了君主政体,亦即波斯日后所实行的政制形态:

> 我认为我们必须停止由一王进行的统治,因为这既不是快活事,也不是好事……我不再同意从我们之中选择一位统治者了,因为一人的统治既不是快活事,也不是好事……当君主可以为所欲为而又不担负任何责任的时候,怎样谋划才能使君主政治运转良好呢?(3.80)

欧塔涅斯解释说,君主制有两个致命的缺陷:它既助长了君主的傲慢与自负,又激发了臣民的嫉妒——嫉妒是人性的基本元素。傲慢的君主在臣民中间飞扬跋扈,实行专横与任意的统治,以至于"扰乱或任意改变"了"祖先的法律与习俗"。君主制的基本缺陷在于缺乏责任控制。任何人都没有权力促使君主担负责任，进而要求他妥善行使权力，否则将遭受处罚。欧塔涅斯的批评意见是中肯的，因为民主派在希罗多德的时代曾经骄傲地宣称责任是他们政制形态的主要成就之一。[①]

戳穿了君主制的谎言之后，欧塔涅斯主张实行"多数人"（*to plethos*）的统治形式。因为在多数人统治的政制模式下，一切官职（*archas*）都由抽签决定，公众对官员进行审查，所有官员都要担负责任，任何人都无法如同君主制下那样扩张自己的权力或者任意使用手中的权力。公元前5世纪（约从公元前430年代开始）的希腊人把这种政体称为"民主"（*demokratia*）。[②]可能是因为故事场景发生在公元前6世纪的波斯的缘故，希罗多德没有让欧塔涅斯说出这个词语来（尽管他自己在6.131中使用了该词）。欧塔涅斯反而把这种由多数人统治的政体冠以"法律面前人人平等"（*isonomia*）的称谓。

"法律面前人人平等"包含"平等"与"法律"两层含义，因此它最好被理解为"依据法律的平等"。欧塔涅斯所描述的

---

① 参考本书第三章，以及 Hoekstra 即将发表的研究成果 *Athenian Democracy and the People as Tyrant*。
② 现存的三部最早使用"民主"一词的著作分别出自"老寡头"（Old Oligarchy）、希罗多德与德谟克利特之手；尽管在他们何时使用该词的问题上略有争议，但是从他们著作的创作与流传时间来看，他们使用"民主"一词的时间很可能都在公元前430年代或稍晚的时候。具体情况参见 Raaflaub 2007, p. 108，尽管他提出了一些间接的证据说"民主"一词在雅典从公元前460年代就已经开始流传了。

由多数人进行统治的政制模型与公元前5世纪时希腊人所定义的"民主"有重要的关联，这既可以通过词语本身，又可以通过两者之间的相似特征体现出来。尤其重要的两点是，所有人甚至包括穷人在内数学般平均地（ison）共享权力，以及所有人每年轮流掌握公共职位，以防止滋生专制权力。这些正是后人从大约公元前430年代以后称颂的民主政治的主要内容。欧里庇得斯的剧作《请愿妇女》（Suppliant Women）——可能在公元前420年代后期[①]就被搬上了舞台——描述说，传说中的雅典国王提修斯（以及在另外一部剧作中）因为以上同样的内容称赞了雅典的政治实践，尽管实际上数世纪之后它们才被付诸实践，那已经是提修斯死后的事了（如果他真的曾经存在过的话）。提修斯说：

> 这里没有一人的统治：这是一个自由的城邦。这里的人民是主人，大家每年轮流执政，富人并不能获得太多的好处，穷人甚至也平等地参与其中（404-8）。[②]

他还为这样的公平与平等进一步增加了条件：

[①] Morwood 2012, pp. 557–8.
[②] 在 *EGPT* 译本中，ison 的翻译从"公平"（fair）变成了"平等"（euqal），句法结构因此也得到了调整。

> 当法律通过以后,弱者与富人拥有平等(*isen*)的正义:弱者一样可以对富人恶言相向,正如富人对他们所做的那般。小人物能够战胜大人物,只要他是占有正义的一方(*dikai*)(433-7)。[①]

希罗多德笔下的欧塔涅斯热情称颂着多数人统治的理想政制形态,因为它赋予富人和穷人同等的正义,这也是公元前4、5世纪雅典作家们所承认的民主政治的精髓(他们同样把民主投射于更早年代的历史人物)。当希罗多德在其他地方以自己的口吻(不通过欧塔涅斯)描述公元前5世纪雅典的民主政治的时候,他强调了权力所赖以建立的基础,即 *isegorie*,"平等的言论"。[②]因此,我们发现希罗多德对民主政治的理解与他作品中的欧塔涅斯所热情称颂的"法律面前人人平等"的政制形式如出一辙。

欧塔涅斯认为多数人统治的政制形态是合理的,因为它既不会产生专横权力,也还是平等的法治状态。此种观点立即遭到另外一位参加辩论的波斯人美伽比佐斯(Megabyzos)的攻击。他抨击欧塔涅斯把权力赋予"多数人"。美伽比佐斯认为,多数人是"一无是处的群氓,没有谁比他们更愚蠢与蛮横无

---

① 参见 *EGPT* 的译文。
② Hdt. 5.78. 此处他使用了一个与动词"在政治会议中发言"和名词"agora"(政治会议的地点)拥有相同词根的单词。

礼了"(3.81)。欧塔涅斯认为君主是傲慢与专横的；而美伽比佐斯把这种批评转移到了"人民"的身上。为什么？因为"群氓"(mob，美伽比佐斯的判断)"毫无教养，对什么是最好与最适宜的一无所知"。精英主义的论调中反复出现着一组对比关系，即无知的多数人与文明的少数人，这可以算作是希腊版本的"反动的修辞"(rhetoric of reaction)。[1]希罗多德又一次利用一个波斯贵族之口讲出了公元前5世纪希腊人的看法——尽管美伽比佐斯流露出的精英主义式自信不受时间的限制。美伽比佐斯最后认为——展示了后世反复出现的精英主义的高傲——"最高明的决定应来自最优秀的人"(3.81)。

最后一位发言的波斯人是大流士，他话锋一转表示三种政体形式各自都声称是最好的(3.82)，但是君主制在实践中是最好的——仅当统治者自己是那个"没有比他更优秀的人"的时候(3.82)。此时君主的品性就等于他的判断力，因此欧塔涅斯对君主的傲慢与专横的担忧就是不必要的了。更重要的是，一人统治比任何多人的集团，不管是少数人还是多数人的统治更具结构性的优势，因为集团必然会导致分裂。在寡头统治下，分裂以相互敌对的精英"派系"(stasis)的形式出现；希腊世界饱受其苦，它最终导致了希腊世界"侵入骨髓的派系与内部斗争"——正如公元前7世纪晚期的一位希腊古风诗人

---

[1] 该词组来自 Hirschman 对当代政治与意识形态争论的分析，参见：Hirschman 1991。

在密提林（Mytilene）发出的哀叹。[1]在民主政治下，"派系"以穷人与富人间的相互斗争的形式出现。富人凭借金钱获得了巨大的利益，穷人则致力于谋求或维持其政治与意识形态的权力。"一人统治"是避免这些典型冲突的理想方式。我们下面将依次考察一人统治与少数人统治这两种政制形态，而在下一章里详细讨论民主政治。

一人统治

希腊思想家们对"一人统治"的政治观念有着多种相当不同的联想，这是因为他们生活的年代与地点都各不相同。可以确定的是他们能够看到君主政体的波斯帝国横亘在达达尼尔海峡周围的广袤区域。从公元前6世纪开始，世代相承的波斯国王们就把自己万能的权力行使于帝国的每一个角落。希腊思想家们还可以把"一人统治"的政治观念追溯到遥远的荷马时代的传奇国王们，比如阿伽门农与奥德修斯，或者讲述着由神或神一样的国王统治的"黄金时代"的神话故事，比如"克洛诺斯的时代"。

然而，众多学者怀疑古希腊的统治者们是否曾经拥有后世所想象的那种除宗教以外的"绝对的世袭的权力"。[2]尽管如此，希腊世界确实存在过很多有影响力的国王，主要是在斯巴

---

[1] 阿尔凯奥斯（Alcaeus），诗文残篇 70.10–11，英译文参见：Anderson 2005, p. 182。

[2] Morris 2003, p. 1.

达与希腊北部。斯巴达存在一个，有时甚至两个世袭的国王，斯巴达的国王拥有重要的影响力。[①]从公元前4世纪开始，位于希腊北部的马其顿的诸王们骤然跃上世界舞台，他们的政治与军事雄心引起了人们的广泛关注。[②]只有到了这个时候，希腊的思想家们，比如色诺芬和伊苏克拉底（Isocrates）才开始专门讨论君主政体。色诺芬记述了当时人们对马其顿国王腓力二世（Philip II）的各种看法，只是他把它们隐藏在更早年代的波斯国王居鲁士的背后；伊苏克拉底则更为直接地记述了腓力二世的故事。除了斯巴达与马其顿，希腊其他主要城邦都没有强大的王权，这可能跟读圣经或晚期欧洲史的期望并不一致。

从公元前约650年开始，希腊主要城邦的"一人统治"的政制形态在实践中主要与一个被称为"暴君"或"僭主"（*turannos*，一个外来词汇，可能来自吕底亚语［Lydian］或者小亚细亚的另外一种语言）的统治者联系在一起。"*Turannos*"当然是英文词"tyrant"的词源，在公元前4世纪中期的希腊，作为贬义词的"*turannos*"被确定意义并开始流行起来。然而

[①] 斯巴达最强势与最有影响力的国王是克利奥米尼斯一世（Cleomenes I，约公元前590–前490年在位）与阿格西劳二世（Agesilaos II，约公元前399–前360年在位）。
[②] 殖民地昔兰尼（Cyrene，当今的利比亚地区）也由世代相承的希腊国王所统治（尽管从公元前6世纪的最后25年起一直受波斯人的控制），直到约公元前440年君主被废黜而建立起了民主政体（参见：Sacks 1995, pp. 73-4）。塔拉斯（Taras，意大利南部一城市）自视为斯巴达的殖民地，似乎也实行君主制（参见：Hall 2014, pp. 116-20）。

在公元前7世纪，"僭主"还不是指创立独裁政体的人，他也不一定必然会受到人们的唾骂。一个"僭主"只在一段时期内控制着寡头集团，强迫他们服从自己而使冲突与复仇的恶性循环得以缓解，但他并没有如此行动的世袭权力。[①]"僭主"甚至还可能被人们视为仁慈的，因为他有时能够为人民创造正义、秩序与保护，使人们免于遭到富人的压迫。总之，早期的"僭主"更像是意大利文艺复兴时期威尼斯共和国的总督（doge）——作为相互间平等的多名贵族中排名第一的贵族而控制政治权力，他不像是一个把自己置于威权政体之顶峰的独裁者。

希罗多德再次提供了反映上述词汇变迁的好素材，他描述了一个与"僭主"同属一类的古老人物的故事。他并不是希腊人，但关于他的故事取材于公元前5世纪希罗多德创作时希腊的各种辩论活动。希罗多德的这个故事可能过于应景，但它的确具有启发性。据他著述，一个叫戴奥凯斯（Deioces）的美地亚（Mede）人想成为"僭主"（1.96-100；美地亚人自己拥有一个国家，王国的权力起初受到波斯王朝的庇护，然后被其所灭）。为了获得无与伦比的权力，他钻研了界定正义（dikaiosune, 1.96）的法律，然后在自己的村子里担负起法官的

[①] 我借鉴了Anderson的观点，但与之有所区别。Anderson（2005, p. 177）说："希腊古风时期的大部分时间内，僭政根本就不是一种'政体'。作为一种领导方式，它符合经验传统而遍布于希腊早期的各寡头政体之中，并不拥有异乎寻常的支配力量。"

角色来。因行事公正，他赢得了人们的赞誉。当人们依赖于他的审判与裁决的时候，他反而以甩手不干来威胁别人，试图迫使人们立他为王（他使用了一个更加荣耀而古老的头衔）。他的王位是自己任命的，但仍然是公平的。他以"严厉的正义卫士"的角色掌握着政治权力，他监视着自己的人民，力图发现不法分子与惩罚不法行为。因此我们在此处看到了一个自我任命的"僭主"：施展计谋以获取权力，尽量使自己表现得像一个老式的理想国王（但监控人民的技术手法却是崭新的）。

从"僭主"（*cturannos*）向我们今天所谓的暴君（tyrant）——残暴、专制与非法的政府形式的统治者——的转变大约发生于公元前525—前480年之间，此时我们根据多种证据来源发现城邦树立起了对先前敌对的贵族精英的权威，并确立了自己的身份。[1]在此期间，公民组建起来的军队与城邦的集体身份终结了个人相互复仇的恶性循环，并且禁止公民在神圣的公共空间内携带武器。历史通常是由胜利者书写的，只有在推翻了僭主之后，这个单词才被赋予了谴责的意义。自从柏拉图在《理想国》中把叙拉古的狄奥尼修一世及其儿子狄奥尼修二世描绘成嗜欲贪婪的"暴君"以后，他们本来良好的声誉就不会再流行了。他们尤其喜欢西西里岛的海鲜，以及混合的戏剧样式，并且专门赞助外邦的喜剧演员，这些内容在柏拉图的《理想国》

---

[1] Anderson 2005, pp. 211–14.

中都遭到了批评。柏拉图说他们腐朽的生活激起了荒淫的激情与放纵的生活方式。[1]

实际上,跟他的前任国王赫农一世(Hieron Ⅰ)一样,狄奥尼修一世在当时的叙拉古也是一个相当复杂的人物。赫农一世赢得了全希腊的战车大赛,他的王宫也吸引了很多像埃斯库罗斯一样的剧作家。狄奥尼修一世自己就是一个剧作家,并最终在公元前367年的雅典小酒神节(Lenaea)上获得了头名,他还四处网罗有名的数学家与哲学家。(公元前413年,雅典在与叙拉古的战争中惨遭失败。据一些被俘的雅典人说,如果他们能够背诵任何欧里庇得斯——见多识广的叙拉古观众喜爱的雅典剧作家——的剧作,那么他们就会被释放。)[2] 不管在现实与回忆中,还是在以后的各种政治体中,一个值得称道的艺术赞助人与一位剥削人民的霸主之间的界线很容易混淆在一起。

从仁慈意义的"僭主"向邪恶意义的暴君的转变集中反映在雅典的历史中:梭伦所创立的包含穷人与富人在内的温良政体被继之而起的两代僭主政治所代替。第一位是庇西特拉图(Peisistratus),据说他是以人民的支持者的面貌出现的。这种说法来自于亚里士多德学派,该学派曾对雅典政制的历史与特性进行过专门的研究,并在公元前4世纪写下了《雅

---

[1] 参见:Monoson 2012。
[2] Plutarch, *Nicias* 29.2–3, 转引自 Bosher 2012, p. 116。

典政制》（该著述在 19 世纪被重新发现；本段与下段的引文均来自这一著述）。[1]根据《雅典政制》的描述，庇西特拉图用尽各种计谋，数次掌握又丧失了权力。首先他把自己弄伤，谎称是他的政敌所为而诱骗人民为他配备侍卫；然后在公元前 560 年，他利用侍卫的支持从人民的手中"夺占了雅典卫城"（14.1）；此后他被赶走，但当他再次回来的时候，执意要求一名妇女扮演雅典娜女神伴其左右，以彰显他得到了神灵的足够庇佑，这不过是他引诱雅典人民把自己请回来的计谋罢了（14.4）。

就我们现在的论述目的而言，最有趣的部分在于他被描述成（此种说法同样源于公元前 4 世纪的亚里士多德学派）按照"政制而并非暴君的方式"进行统治（16.2）。这个稍晚的评价说明"僭主"一词当时就已经被赋予了如此多的负面意义，以至于再也不能对雅典历史上的典型僭主做望文生义的理解了。这是因为庇西特拉图在当时的统治被视为是节制而仁慈的，他设置了地方的执政官，甚至还为破产者提供借款支持（16.1-10）。不少雅典人似乎已经认可了，甚至很喜欢他当时的统治。

---

[1] 19 世纪亚里士多德学派的《雅典政制》（*Constitution of the Athenians*）被重新发现。不过不要把它与另外一部有争议的佚名著作（有时它也被冠以《雅典政制》[*Constitution of the Athenians*]的名字，它的作者现在被认为是"老寡头"，但早年的学界把其视为色诺芬的作品，因为它与色诺芬的作品一起被保存了下来）相混淆。

与此相反，在后世雅典人的记忆中，人们对僭主的无情责难与庇西特拉图的一个儿子，即希庇亚斯（Hippias）紧紧地联系在一起。希庇亚斯刚开始与其兄弟希帕尔库斯（Hipparchus）共同执政。希帕尔库斯卷入了一场单相思的情感纠葛之中，最终导致了十分严重的侵害与争执。那个被爱恋的对象对希帕尔库斯的求爱行为十分蔑视，于是就与他的恋人及其他公民密谋推翻"庇西特拉提斯"（Peisistratids，庇西特拉图及其两个儿子的统称）家族的统治。在一场公众游行的过程中，他们以为遭遇了泄密而十分恐慌，于是提早发难杀死了希帕尔库斯，但他们自己也在行动中遇害（其中一位当场被杀，另外一位遭到酷刑的折磨而死）。自此以后，希庇亚斯的统治变得更加严厉了，成了被现代人所不齿的典型暴君的角色。斯巴达人在神谕的招引下出兵推翻了希庇亚斯及其家族的统治，但允许他们在雅典之外安全行动，前提是他们必须交出雅典卫城的控制权，那是城邦公民进行集会的主要场所，也是祭祀众神的神圣之地。此后，僭主的支持者与先前的显贵家族之间不断爆发冲突，此时斯巴达人反而掉过头来驱逐了反僭主的派系。然而，那时人民已经在卫城包围了支持僭主的势力，提议把流亡者重新召回来，并把权力授予其中的一位，即克利斯提尼（Cleisthenes）这个"人民的朋友"（Hdt.5.66）。

人民通过此举展示了自己的权力，然后克利斯提尼又通过了一系列的法律改革措施，雅典的"民主政治"由此开始，继而被世人所熟知。[①]新的民主政体为了使那两位杀死希帕尔库斯的弑暴君者名垂千古，在城市广场为他们树立了两尊雕像。雕像被偷之后，人们重新又修建了两尊新雕像（具有讽刺意味的是，他们的雕像被安放在波斯国王薛西斯的雕像旁边，而薛西斯在很多希腊人的印象中是一个十足的暴君）。此举为民主政治打上了反暴君统治的烙印，尽管"人民"自己开始在城邦外——也可能在城邦内——扮演起暴君的角色：他们行使着不受限制的权力，但却要求自己的官吏与盟友们承担责任。[②]

到公元前5世纪的时候，僭主基本上已经名誉扫地而被湮没于历史，尽管一些强人仍然可能梦想着成为僭主，或者为之孜孜以求而让人对他们的目的产生怀疑。希腊世界成功阻击了强大的波斯入侵势力（先是大流士，然后是其继任者薛西斯）以后，斯巴达与雅典接着又各自纠集起了相互敌对的同盟势力，此时存在寡头制（斯巴达表现出一种相当奇特的样式）与民主制（雅典自豪地宣称是其代表）的两种政制选择。在详细考察民主制以前，我们将首先具体讨论寡头制及其在斯巴达的特殊样式。然后，根据斯巴达与雅典在波斯战争中各自不同的表现，再总结一下希罗多德对寡头制与民主制所做的对比分析。

[①] 第三章将详细考察雅典民主政治的发展历程。
[②] 参见 Hoekstra 即将发表的研究成果 *Athenian Democracy and the People as Tyrant*。

少数人的统治：寡头制

寡头制是指某些人或少数人的统治，它通常暗示着少数人对多数人的统治，意味着一部分贫穷而土生土长的公民被排除在公共职位与公共荣誉以外，有时甚至也意味着某些人没有公民身份。[1]各个寡头之间的政治地位相互平等，但是他们不断别出心裁以谋取相互竞争的优势。然而，在面对城邦内不具备公民身份（通常包括众多穷人）的人群，以及外邦受奴役的人群的时候，寡头们通常能够团结一心，否认这些人具有与他们一样的平等地位。因此，寡头制与民主制一样都承认平等，尽管在平等的覆盖范围上有所不同。

一个拥有公民身份的人不一定有资格担任公共职务，至少不能随意担任一切公共职务。对寡头政治来说，这个区分尤为重要，因为那些公共职务通常都依照财富的多少而定。在公元前4世纪的经典文本《亚历山大修辞学》(*Rhetorica ad Alexandrum*)当中，我们发现了如下关于寡头制的描述：

> 在寡头政体中，法律应当规定，在所有参与政制的公民中均等分配官员名额。大部分官员由抽签占阄任命，但最重要的官员必须经过伴有起誓的秘

---

[1] 正如第一章所述，包括成熟的民主制在内的希腊所有政体都把奴隶与外邦人排除在公民身份以外，女性则是被部分地且有疑问地排除在外。

密投票和最严格的表决来委派。在寡头政体中,对侵犯公民利益者应给以重罚。因为平民宁肯忍受因自己的官职被剥夺而产生的恼怒,也不愿遏制因自身的利益受侵犯所爆发的愤慨。①

根据这段话也就可以认为,寡头政体下的平民可被算作"公民",但是他们被排除在"公共职位"之外,因为公共职位是"在所有参与政制的公民中均等分配"的结果,比如那些分享寡头统治权力的少数人。

我们注意到寡头制与民主制都采用了抽签的方式,尽管在下一章我们会发现,为达成特定的目标,抽签尤其与民主政治联系在一起。根据上述引文作者关于寡头政体的论述,"最重要的官员"(*megistas*)需要通过投票的方式选举产生(雅典民主政体的很多重要职位也是如此)。②寡头制与民主制在实行选举的同时,各自都以不同的方式在不同程度上规定了财产的限制条件。这两种政制形态拥有不同的政治机制,但它们更为重要的区别是政治文化上的。寡头政治孕育了更多的服从与尊

---

① 2.18–19,希腊文本参见 *TLG*,英译本参见 Benson and Prosser(1972)。翻译修正:我自己译为"所有参与政制的公民",而不是"所有享有公民权的公民"。他们的译文是不正确的,因为该段引文结论是说寡头制下的多数人是公民,只是被排除在公职之外。除此以外,我还对他们的译文做了其他一些修正。该文本的作者现在被认为是兰萨库斯的阿那克西美尼(Anaximenes of Lampsacus)。更进一步的讨论,参见 Lane 即将发表的成果。
② Gabrielsen 1981, p. 113.

敬，它试图限制人民参与政治的机会，比如第一章讨论的"米洛斯人的论辩"——发生在掌权的寡头官员和雅典大使之间，前者不允许后者向"民众"发表演说。[1]与此相反，民主政治则倾向于坚决施行严格的民主责任与大众评价机制，即使它也仅允许从富人阶层中选拔掌权者。

斯巴达：特殊的寡头制？

斯巴达是否可以被归为寡头制是个复杂的问题。诚然，在伯罗奔尼撒战争期间，斯巴达人对寡头政体更加友善，与它们结成同盟，并且在战时运用各种政治手腕，尽可能地在外邦支持建立或维持寡头政体的统治。然而如前所述，斯巴达也属于君主制，一种拥有两个国王的双头君主制（dual monarchy）。更加有悖常理的是，斯巴达的国王主要掌握着军事上的权力，而其他重要的权力则分别由以下几个机构掌握：选举（口头表决）产生终身任职的元老委员会、每年一选的五名"长官团长官"（最重要的公职人员）以及其他一些官员和公民大会。自从希罗多德提出了一人／少数人／多数人统治的政制形态分类以后，希腊的观察者就不断援引此类型学分类方法去解读斯巴达，然而显而易见的是，斯巴达是独一无二的。从它政治机制的设置来看，斯巴达无法被简单地归于任一类别的政制

---

[1] Thuc. 5. 84. 3.

形态。①

然而，人们有理由认为斯巴达拥有强烈的寡头倾向，包括它乐于在外邦支持一些寡头政体。斯巴达仅拥有数量相对"较少"的公民，公民之间相互视对方为平等的"同类人"(*homoimi*)。公元前5世纪的斯巴达仅拥有约8000名公民，但它却拥有相当广袤的疆域，很少数量的公民支配着规模庞大的人群（尽管我们并没有准确的数据）。被斯巴达征服的各地方人民（虽然斯巴达允许其他地方的人民自由地生活，但却支配着皮里阿西人［*perioikoi*］，或大致所谓的"边区居民"，即城市中心以外的乡村地区）②成为其农业的劳动力而受到斯巴达公民的剥削。因此某种程度上，斯巴达政治共同体中没有所谓的"多数人"，因为城邦疆域内的大部分人口整体上屈从于斯巴达公民群体的统治，他们根本不能算作公民。斯巴达对奴隶(*helot*)暴动的担忧导致了其军事上的恶性循环。因为对奴隶暴动的担忧，斯巴达不断维持与加剧对他们的剥削，而剥削的强化反过头来又引起了斯巴达对奴隶反抗其残暴统治的更大担忧。这种对军事训练持续不断、彻头彻尾的需要使得斯巴达的军事统治权力得以维持，也塑造了斯巴达独一无二的生活方式——它如此生动而鲜明地融合了"政制"的政治体制与生活

---

① 关于斯巴达独特政制样态的概述，参见：Cartledge 2001, pp. 21-38。
② 尽管在斯巴达的支配之下，但是一些拉科尼亚居民（皮里阿西人）拥有地方自治的多种形式。

方式两方面的意义。

斯巴达政制的基石是吕库古（Lycurgus）创立，吕库古可能是一位传说中的人物，如果历史上确有其人的话，那么他可能生活于公元前7世纪。他是某位年幼的斯巴达国王的监护人、叔伯，他自己本身并非国王，但却以立法者的身份自居。然而，我们现存的所有文字资料都来自于相对较晚的时代（希罗多德与修昔底德都生活于公元前5世纪；色诺芬的儿子们在斯巴达接受教育，他自己生活于公元前4世纪；普鲁塔克生活于公元1世纪到2世纪之间）。[1]因此，虽然数世代的斯巴达人都认为他们完全沿袭了吕库古的法律，但是人们对古斯巴达状况的描述也是很成问题的，实际上有足够的证据表明斯巴达有很多法律制定于多次政治改革之后。另外，我们也可以确定斯巴达政制形态的中心是让所有男人与女人都随时准备投入战争状态，其内容包括：镇压奴隶暴动的持续不断的军事活动；自卫性的，有时也可能是攻击性的外邦军事远征；有时也会有以个人身份组建的为外邦而战的斯巴达雇佣军。

---

[1] 注意尽管迷信着一种流行的观点认为斯巴达的政制是一成不变的，但是希罗多德至少提到过一部波斯战争中期某一特定时间内制定的法律：当一个国王在外开展军事活动的时候，另一位国王必须待在城邦之内（5.75）。很多学者认为普鲁塔克描述的其他一些吕库古式的习俗实际上是后来公元前3世纪的新发展，参见：Flower 2002。

在加入聚餐会以前,[1]所有斯巴达男孩在国家监督官的指导之下都要经历长期而艰苦的历练过程,即"教育"(agoge);历练过程尤其注重通过竞技体育运动来锤炼孩子们的身体素质,以及向他们灌输服从的意识。斯巴达这种对公共教育的重视与雅典的私人教育方式——富人的特权——形成了鲜明的对比。斯巴达女孩也参加城邦的竞技体育活动,甚至接受军事上的训练,她们凭借自己的能力也能合法地继承财产。这些都是雅典女性所无法匹敌的。这表明斯巴达人的确拥有私有财产:"同类人"的平等主义无法避免财富占有的不平等,以至于当斯巴达男性无法承担共餐所必须的费用时,他们也就丧失了自己的公民特权。然而,据说吕库古禁止斯巴达人使用金银货币,以避免人民从外邦引入与积聚奢侈品。[2]

城邦的多项措施被认为塑造了极具自我否定精神的模范公民,这让普鲁塔克与其他后世的作家们赞叹不已。普鲁塔克提到的最著名的一个故事说斯巴达有这样的做法,即在男孩教育的某些阶段,故意夺走食物让他们挨饿,以此让他们学习如

---

[1] 作为斯巴达的多立克血亲的克里特也拥有共餐制度(实际上据说吕库古在斯巴达实施的很多法律都来自克里特)。亚里士多德在其《政治学》(1271a–1272a)当中对斯巴达与克里特共餐的方式进行了对比,认为前者不如后者。因为斯巴达的共餐建立在个人的贡献之上,而克里特拥有公共的土地与供应品,这使克里特共餐的"公共性"更为真实。
[2] 柏拉图与亚里士多德在公元前 4 世纪指出这项禁令并未实行。斯巴达人秘密囤积着金钱,他们可能在外邦的军事活动中积聚起了金钱,比如参见亚里士多德,*Pol.* 1271b5。

何为了生存而不择手段；但如果因偷窃被抓住的话，那么同时对他们施以严重的惩罚。因此就有了这样一个故事：一个斯巴达男孩把偷来的一只狐狸藏在了自己身穿的斗篷之下，他为了否认偷盗而获利的行为，宁可让斗篷之下的狐狸啃噬自己的肠子，直至身亡（*Apophth*[①] 234a-b）。普鲁塔克还记述了另外一个故事：一个斯巴达妇女有五个儿子在外打仗，她问战争信使的第一个问题不是儿子们的安危，而是城邦是否打赢了战争。还有一个更令人震撼的故事：一个斯巴达妇女杀死了从战场上活着回来的儿子，因为他报告说其他人都（以更荣耀的方式）战死沙场而马革裹尸了（*Lacae* 241c）。这些故事——尽管可能并不属实——引发了后世人的无限畅想，强化了人们关于斯巴达是一个独一无二、极具政治德性的城邦的印象。

自由的价值在斯巴达城邦所崇尚的诸德性之中占据着中心位置。据说曾经有一名斯巴达妇女不幸沦为奴隶被待价而沽，当"被拍卖师问及掌握何种技能"时，她非常自豪地说："做自由人"（*Lacae* 242d）。这种自由被理解为城邦之独立与斯巴达公民相互之平等的结合体。任何其他人不能对斯巴达公民指手画脚；他们自己做自己的主人。然而，吊诡之处在于他们为了保持自我做主的能力，把自己整体地置于最严苛的纪律之下。作为政治体制的政制的自由，与公民个人的自由都依赖于

[①] 本段所引 *Apophth* 与 *Lacae* 均载于 Plutarch 1931。

政制在更宽泛的意义上，即在特定生活方式意义上的维持。

具体维持这种生活方式的权力——对军事备战、婚姻行为以及财产占有情况进行监督——被委任给了五名每年一选的长官团长官。他们的主要职责包括：监督青年人的训练，监督财产法规的实施，以及严格要求斯巴达人按照城邦政制关于个体与集体价值的要求去生活。设置一种政治机制来直接监管公民的道德价值与生活方式，这在后世的思想家看来，与罗马的监察官制如出一辙。如果有人斗胆公然违反了约定俗成的道德习俗，那么罗马的监察官们可以降低其品阶与职位，因为他们原本被期望在公共生活中成为彰显德性的好模范。我们已经考察了政制序列中的核心价值，诸如平等、自由、正义与责任，现在还可以再加上德性，第四章将对苏格拉底与柏拉图所构想的德性做更进一步的考察。

多数人的统治：寡头政治的视角

尽管我们下章将着重考察多数人统治的政制形态或希腊人所谓的民主政治，但是我们发现对希腊民主政治最雄辩的分析来自与其竞争的寡头政治，这可算作沟通民主政治与寡头政治的一座桥梁。因此我们可以从寡头的视角来着手考察多数人统治的政制形态。恰好有一份精彩的文本资料为我们提供了这样的角度。它的作者是一位居住在雅典的寡头政治的支持者，他在城邦内外四处发表着旨趣连贯的演说,时间可能是在公元前425到前424年之间(此时雅典仍然对斯巴达占有明显的竞争优势)。[1]这位作者现在作为"老寡头"而被人所熟知,尽管他的年纪一点也不老。他立场坚定地提出了一个我们至今还未讨论的问题,即作为"所有人"或"多数人"统治的"民主政治"与少数富人的统治形态是相互对立的(以及前者潜在地反对后者)吗?

因为"人民"(*demos*)既可以是整体的"人民"(people),也可以是"平民"(common people,与"少数人"相对的"多数人"或"民众"),"人民"这个词语的意义本身就是模棱两可的。民主政治的政治家与修辞学家们可以利用这种模糊性来争辩说整体意义上的人民利益不可以与平民利益相悖,或者不能忽略平民的利益。然而,寡头政治的政治家与支持者们,比如这位"老寡头"却赋予词语的模糊性以更为严峻的意义。他们争辩说尽管民主派谎称追求所有人的利益,但是"民主政治"仅仅是挥舞政治权力的幌子,它是以少数人为代价来追求多数人的利益。

在古希腊世界与以后的诸政体之中,整体而言"多数人"

---

[1] 参考了一些早期学者的观点之后,我同意Marr与Rhodes(2008, p. 5)所界定的日期,尽管他们也认可其他学者所提供的很多其他日期(pp. 31-2)。该文本与色诺芬的著作一起被保存了下来,从古典时代晚期开始它就一直被认为是色诺芬的作品;因此它的作者有时被认为是"伪色诺芬"(pseudo-Xenophon),尽管当今大部分学者(包括Marr与Rhodes,参见Marr and Rhodes 2008, pp. 6–12)认为色诺芬不可能是该文本的作者。

比"少数人"更贫穷、更缺乏教养。(在雅典,自从梭伦重新设定了包括出身、财富在内的一系列政治特权的基础之后,就更是如此了)。与希罗多德的"波斯人政制大辩论"中的美伽比佐斯一样,"老寡头"强调多数人的贫穷与缺少教养将导致穷人在道德与政治上都存在自身的缺陷。这些精英分子并非认为穷人天生具有缺陷,但考虑到他们的经济情况,他们因而坚称穷人一般而言都缺乏教养,在道德上也缺乏德性。正如这位"老寡头"所言:"最优秀的人身上沾有最少的放纵与不义,而拥有对有价值之物最多的审慎;然而'人民'拥有最多的无知、散漫与粗鄙。"这是为何呢?因为"贫穷通常会使穷人行厚颜无耻之事,贫穷有时也是一些人缺乏教养与粗陋无知的原因。"(1.5)[1]

自命不凡的精英分子可能就此认为由无知穷人统治的政体注定无法达成自己所设定的目标,但是"老寡头"并不这样看。从审视民主政治致力于维持平民权力的目标开始,他坚持认为民主政治通过安排各项事务达成了自己所设定的目标,并且表现得异常优秀——无论民主政治在多大程度上触及了精英分子的神经。通过让所有人在政治会议上发言,民主派确保了凡是发言的人一定是有志于促进人民利益的人(1.6-7);然而与此同时,他们也把最重要的公共职位留给了富人,因为富

---

[1] Marr 与 Rhodes(2008)根据希腊文本译出。

人拥有更好的教养，他们能够选择最佳的方式来达成那些人民利益代言人所设定的目标。不管富人们如何不喜欢民主政治——就像"老寡头"自己也不喜欢一样，民主政治并非注定会失败。他公道地表示他之所以"不支持"民主政治是因为它赋予低等阶层比上层优秀人士更多的特权与福利，尽管他也不情愿地赞颂了民主政治的长久性（1.1）。[①]

从寡头政治的批评角度来看，民主政治下富人与穷人间的关系是不正义的。上层优秀者被低等阶层所统治是不正义的。民主政治是多数人对少数人的压制。从民主派的角度来看，寡头政治是少数人对多数人的压制。这两种政体形态的争斗定义了希腊各城邦的政治选择。

总结：各政制形态优势与缺陷之比较

在总结本章关于政制形态讨论的时候，让我们回到希罗多德。我们通过考察知道希罗多德有意设置了"政制大论辩"的场景，让一人／一些人／所有人统治政制形态的各自支持者在其中各抒己见，然后他在自己的著作中生动有力地揭示了每种政体的优势与缺陷，并且让它们在波斯战争中暴露无遗。比如，当波斯国王薛西斯考虑是否派遣一只强大的远征军入侵希

---

① 同上注。

腊的时候，据说他被自己的幕僚们"强行说服了"（*anapeise*）（7.6）。此举巧妙地揭露了政制大论辩中大流士点明的君主制的缺陷，因为该政制形态过分依赖于君主个人的超凡品性与能力，尽管它也宣称要更多地依赖于"事实"而非"论辩"。因为对于一个不是那么卓越超群的君主比如薛西斯，或者一个更差劲的君主而言，君主可能受到幕僚们的唆使而误入歧途。然而，希罗多德非常警觉地表示同样的危险也可能发生在民主政治的身上（此时会产生糟糕的集体决策，正如美伽比佐斯所预测的那样）。在决定同波斯宣战之后，雅典人被米利都——希腊最东部最有可能被波斯奴役的城邦——的一位代表"强行说服了"（*anapeisthentes*——用来形容薛西斯的同一个词的另外一种形式），它继而决定派遣二十艘战船协助包括米利都城邦在内的爱奥尼亚同盟（1.97）。正如君主制一样，民主政治也极易受到花言巧语的修辞术的迷惑。

希罗多德因此巧妙地表示任何一种政体形态——君主制、寡头制与民主制——都无法保证良好的统治。阿谀逢迎和修辞术对宫廷、封闭的寡头集团与民主政治同样都是威胁。这是希罗多德站在任一政体形态之外冷静观察而得出的结论。然而如果说民主政体与君主政体都拥有一些类似的缺陷，那么希罗多德表示寡头政体至少在某一方面更为脆弱，它被一个基本的自我矛盾所困扰。寡头政体渴望不受外邦的支配，渴望城邦的独立与自由。然而，它在城邦内否认多数人的自由权，把他们排除在公民身份之外；同时它也无法容忍外邦的民主政体，因为民主政体把权力赋予多数人，并把可以视作寡头在意识形态上（实际情况也经常如此）的近亲的"少数人"置于多数人的统治之下。

希罗多德不断地借用斯巴达的种种行为来表现这个基本的矛盾。我们已经知道斯巴达曾在公元前512年巧施谋略入侵了雅典，接着又在公元前510年赶走了"僭主"希庇亚斯。然而当克里斯提尼结束随之而起的骚乱，建立起崭新的更为民主的政治体制时，斯巴达人后悔当初对雅典人的援助，继而两次试图——虽然最终并未成功——颠覆新建立的民主政体。公元前504年，当斯巴达人向它的盟友提议试图第三次复辟希庇亚斯做"僭主"时，一个叫索克列斯（Socles）的科林斯人发现了斯巴达政策中的一个明显矛盾之处：斯巴达人提议"摧毁平等人的统治"（isokratia，"平等政体"——一个斯巴达与雅典都熟悉的理想，尽管它们对谁才是平等的人有不同的理解）。相反斯巴达人正在各个城邦试图恢复"僭主政治"（5.92a）。

对索克列斯而言，斯巴达此举近乎颠覆天空与大地的自然秩序，以至于试图"让人住在海里，鱼住在陆地上"（5.92a），因为这与斯巴达自己标榜的政治自由的理念是如此地矛盾：

> 如果要僭主统治城邦在你们看来真正是一件好事的话，那么就首先在你们中间立一名僭主，然后

再设法给其他城邦立僭主吧。然而现在如何呢,你们自己不去试着立僭主,并且用一切办法防范不要任何僭主在斯巴达起来,可是你们对你们的盟国却是不正当的(为他们立僭主;此时雅典被正式归于斯巴达的同盟之列)(5.92)。

在城邦之内自由被视为政制的价值,然而在城邦之外它却经常演变为专制,这是寡头制的典型缺陷。类似的情形也发生在民主政治身上,我们在第一章末尾讨论的修昔底德的"米洛斯人的论辩"同样展现出了这一状况。民主政治的雅典人坚称他们拥有可以随意处置米洛斯人的不可限制的权力,并且认为强者与弱者之间的关系不受正义法则的约束。历史学家们思考着希腊的各种政制形态,把它们同时视为意识形态与历史事实的问题。不同政体通过自己特别的方式掌握了政治权力,以实现了正义、平等或自由而沾沾自喜,但是它们的受害者或旁观者们仍然可以不断地质问它们:代价是什么?谁承担了这种代价?你们取得成功的策略能维持多久?任何政体所鼓吹的官方价值几乎总是与价值的实践之间存在着矛盾。无论是在政治制度,还是在生活方式的层面上,任何一种政体也同时拥有它所塑造的公民的特有优势与缺陷。下一章将对一种特别的政制形态(双重意义上的),即雅典的民主政治做一些深度的考察。

第三章
CHAPTER 3

民主

古希腊的民主政治在当时是一种全新的政制形态，但这并不是因为平民在政府当中承担一定的角色，甚至也不是因为他们在政治会议机构中承担着一定的角色。一直到公元前5世纪，民主政治对希腊或更广泛的地域来说都是未知事物。多种形式的政治会议与决策咨询机构普遍存在于希腊世界以及其他与之交往的周边社会。公元前5世纪的雅典出现的新情况是平民——包括最贫穷的公民——开始掌控（不仅仅作为决策咨询的对象）政府权力。他们在政治会议机构中制定政策；在法庭中裁决公民间的争端；以及审查（在政治会议机构、各委员会与法庭之中）官员的行为——很多官员从相当广泛的民众中通过抽签或选举的方式产生，并且由他们自己来担任。把所有这些因素组合在一起即是"人民"（demos）掌握着全部"权力"（kratos），进而创造了一个新词汇"民主"（democratia）。民主政治首先出现在雅典，然后地中海世界与希腊大陆的数十个其他政治体也实行了类似的体制，它们都因拥有民主的名号而颇为自豪。历史争论中一些相对来说比较重要的因素导致了民主的新发展，比如变化了的军事战略（军队在传统上依赖于富人们，因为只有他们才有足够的财富提供武器装备或马匹；但是在海军战舰出现以后，穷人亦可被充配到战舰之上。这使得海军战舰变得与传统军队一样重要了），以及当时其他的一些社会与经济变革。我们此处关心的是新出现的"民主政治"的政治机制设置。很多时候，民主政治由僭主或寡头政治中的政治动乱演变而来，人民的权力在随之而起的斗争中得以确立。一个政治体的权力重心由人民——平民或穷人——所掌握，这意味着什么呢？

前章我们接触到希腊的一系列政制形态，根据城邦公共职位的掌权者（*tas archas*）与统治方式（*archein*）的差异，它们各自得以命名："君主制"（*monarchia*）由一人掌握城邦公共职位（"*mon-*"的意思是一人）；"寡头制"（*oligarchia*）由少数精英掌握城邦公共职位（"*oligo-*"的意思是少数人）。相比之下，民主制下人民的权力是无所不包、至高无上的，它并非局限于掌握公共职位——实际上的确有一些职位是人民无资格担任的。民主政治下人民的权力并不仅限于掌握公共职位，相反它的范围从直接制定政策延伸到了诸多领域，比如裁决几乎全部的法律与政治争端；任命某些政治官员；最终使所有选任的官员承担责任。因此，民主制并非仅仅是把公共职位分配给特定人的另外一种政制形态。它是一种崭新的政制形态，以崭新的方式来配置政治权力。

古希腊民主可以被视为某种极端的人民主权：它把旧的与新的权力赋予人民；把公民身份广泛赋予城邦内出生的男性自由民，这就囊括了大部分或几乎全部的穷人、下层阶层的人民以及教养最差的一批人。[1]平等地行使或掌握政治权力就构成了政治自由，以至于最显赫的政治官员的最重要行为在某种程度上也受到了人民的控制。民主政治同时激发了新的创造性，因为先前受压制的人民开始探索并创造了前所有未的艺术与文化样式。民主政治在公民生活中激发了个人对财富、知识以及公共荣誉的渴望，因此它允许较大程度的财富不平等，只要财富差异无法转化为不可控制的政治权力的基础，继而脱离民主政治的控制。富裕的公民可以享有乐善好施的美名，他们甚至必须是乐善好施的（加之于最富裕人口之上的特定税收与义务），但是他们不能利用自己的财富获取任何方式的社会影响力，以使得自己完全摆脱人民权力的控制。

因为雅典是整个希腊世界最早、最大以及最有影响力的民主政体，同时它还是整个希腊世界繁荣的经济与文化的发动机——它的货币最受欢迎，它举办的戏剧竞赛闻名遐迩，因此作为城市国家的雅典最能反映古希腊民主政治的全貌。[2]我们十分庆幸现在仍有丰富的资料证据来证明其灿烂的文化与政

---

[1] 关于把雅典民主视为一种人民主权形式的观点，参见 Lane 即将发表的成果。
[2] 关于雅典的经济与文化影响力的著作，参见：Ober（2008a）。

治成果。在公元前5世纪早期的波斯战争中，雅典在几场关键的战役中发挥了决定性的作用，此后雅典逐渐崛起，它民主政治的故事就由此开始了。此后雅典与斯巴达之间爆发了数十年的斗争，最终在公元前404年屈辱地败给了对手。

雅典战败以后（以及此前七年），一群寡头密谋发动了政变。在经历了一段短暂的寡头统治之后，雅典的民主政治得以恢复。在公元前4世纪以前及该世纪的漫长时期内，雅典的民主政治经历了政治体制与法律上的重大改革，一直到亚历山大大帝的帝国征服迫使其最终废除了民主制度（它后来对民主政治的恢复并未成功）。那时雅典的马其顿主人强行设置了公民身份的财产限制条件，把其高位设定在了2000德拉克马（drachmas）的标准之上，而当时一个普通工人一天只能赚1德拉克马。[①] 穷人被排除在公民身份之外的事实标志着民主政治的结束。

雅典民主的起源

如果说穷人被排除在公民身份之外标志着民主政治的结束，那么这对我们理解民主政治的起源及其发展意味着什么呢？

雅典民主起于何时？我们在第二章给出了关于此问题最简洁的回答：它起于公元前508/7年的克里斯提尼改革之时，

---

① 新设置的财产限制条件的具体内容存在争议；关于这方面的简短概述，参见：Williams（1983）。

那时人民起义推翻了僭主的统治，进而把克里斯提尼推上了权力的宝座。[1]然而，这个简洁的回答存在两方面令人不满之处。首先，雅典人并不认为民主政治的建立是一蹴而就的，这跟斯巴达人把自己的政体归功于莱库古立法行为的做法不同。其次，当翻阅雅典政治史的分析材料时，比如第二章提到的分析性历史叙事著作《雅典政制》，我们找到了不只一个而是十一个不同的政制样式。它们可以向上追溯到雅典城的创建者伊翁（Ion）以及提修斯等传说人物的时代，然后经过有迹可循的历史演变，一直到文字书写的时代。

在上述雅典政制的发展脉络中，我们发现民主政治并非是在某一特定时刻内建立的。相反它是逐步成形的，经历了四个重要的时期。梭伦的政制改革标志着"民主政治的发端"；克里斯提尼的政制改革"比梭伦更加民主"；厄菲阿尔特（Ephialtes）则更进一步，他"剥夺了最高法院（Areopagus）的权力"（最高法院是贵族法庭，曾一度独揽政府大权）。从公元前403年开始，雅典的第十一个同时也是最后一个政制形态被描绘成"人民相互之间共同掌握权力"；以至于在公元前4世纪晚期，"'人民'使自己成为一切的主人，他们通过'政治会议机构'（*ekklesia*）推行政令，通过'民众法庭'（*dikasteria*，

---

[1] 实际上，学者们对这是否是最佳答案存在争论，比如参见：Christian Meier 1990, pp. 82–4，以及 Kurt Raaflaub 2007。他们认为最好把"民主政治"的开始时间定义为公元前460年代厄菲阿尔特的民主化改革时期，见下。

图表3　雅典历史的大事记

公元前 7 世纪

前 621 年	德拉古（Draco）成文法典

公元前 6 世纪

前 594 年	梭伦成为执政官，开始了最早的民主化改革
前约 546—510 年	"庇西特拉图"家族的暴君统治时期；公元前 510 年被斯巴达人推翻，斯巴达人继而支持建立了寡头政治
前 508 年	寡头被推翻，民主政治恢复；克里斯提尼改革

公元前 5 世纪

前 490 年	雅典在马拉松战役（陆战）中击败波斯
前 487 年	开始用抽签的方式产生执政官
前 480 年	雅典在萨拉米战役（海战）中击败波斯
前 462 年	厄菲阿尔特的民主化改革

前 460—445 年	雅典的提洛同盟与斯巴达及其盟友间的战争
前 431—404 年	雅典联盟与斯巴达联盟间的伯罗奔尼撒战争
前 430 年	雅典大瘟疫
前 429 年	伯里克利去世
前 404 年	雅典向斯巴达投降：三十僭主统治
前 403 年	民主政治恢复，雅典实施大赦

公元前 4 世纪

前 399 年	苏格拉底的审判与行刑；柏拉图离开雅典
前 384 年	柏拉图四十岁时回到雅典，创建学园
前 370 年代	柏拉图可能正在创作《理想国》；斯巴达与雅典再次爆发战争
前 338 年	雅典在喀罗尼亚（Chaeronea）战役中落败；马其顿统治
前 322—321 年	马其顿为公民身份设置了财产限制条件，雅典民主政治随之结束（虽然之后短暂复兴）

人民担任陪审员的法庭)做出决策,'人民'就是权力"(所有引文均出自 AP 41.2)。

这个政制发展的序列向人们提供了相当有益的指引。梭伦确实为民主政治创造了基础或前提,最重要的是他废除了债务奴役制(参见第一章);其次他设置了民众法庭以取代"最高法院",使人民的大多数诉辩请求可以诉诸于民众法庭;另外他还使最穷的公民群体得以"充当'政治会议机构'和'民众法庭'的成员(意思是不能执掌权位)(AP 7.3)。雅典公民在驱逐了僭主以后(参见第二章),克里斯提尼被赋予了雅典领袖的地位,他把雅典人重新编入一系列新的政治身份,从而创立了更为严格意义的民主政制:从大海到城市中心,十个部落依次分布,每个部落又被划分为地方性的"村社"(demes)以作为行政和宗教事务的中心。①就厄菲阿尔特来说,他是一位有影响力的雅典人,他在公元前460年代毅然反对贵族精英所主张的与斯巴达联盟的倡议,并且在被暗杀前剥夺了"最高法院"剩余的大部分权力,从而进一步削弱了贵族精英的霸权地位。通过抑制"最高法院"的权力,他实际上创立了不一样的民主政治。

伯里克利是继厄菲阿尔特之后雅典更为彻底的民主政治

---

① 克里斯提尼之后,雅典的公民以"村社"为基本单位,比如莱库古控诉莱奥卡雷斯(Leochares)的演说中提到的"Xypete 的安提贞尼斯"(Antigenes of Xypete)。《雅典政制》还提到说克里斯提尼推行了"陶片放逐"(ostracism)而发展了雅典的民主政治。

的领袖，他因长期担任雅典将军与领袖而闻名遐迩，他在伯罗奔尼撒战争刚开始的时候一直激励雅典人参战。尽管雅典的十一个政制样式清单里没有提到他的名字，但是《雅典政制》在其他地方提到说伯里克利同样实施了重要的民主改革措施，这包括重新定义了雅典的公民身份，即只有父母同为公民的人才算作雅典公民。[①]尽管此种措施听起来更像是对民主的限制而非发展，但是它的目的是为了限制贵族精英在不同城邦之间的攀亲联姻，因为民主派认为这种行为削弱了贵族精英对城邦的忠诚度，以至于降至十分可疑的地步。（极具讽刺的是，雅典人最终还是特别授予伯里克利的私生子以公民身份，而与伯里克利生下这个私生子的是美丽聪慧的阿斯帕西娅[Aspasia]。她本身出生在外邦，并且也不是雅典公民）。[②]

总而言之，梭伦奠定了雅典民主平等的基础；克里斯提尼（伯里克利步其后尘）为人民创造了民主身份；厄菲阿尔特（在梭伦与克里斯提尼法律的基础上）创立了民主责任制。当然，他们仅仅是赫赫有名的一批人。如果没有人民的广泛支持，他们的法律不可能获得通过，他们也就无法执掌大权。雅典人民集体行动，不断积累起多种多样的权力形式（但并非权力不可制约），他们——多数的穷人拥有决定性的声音，但富裕的贵

[①] 另外据《雅典政制》的描述，波斯战争中马拉松战役的一位英雄阿里斯提德（Aristides）后来倡建了为士兵、水手以及一些特定行政官员支付报酬的做法，费用全部来自其他城邦对帝国的供奉。

[②] *Per.*, 37.

族精英也承担鲜明的政治角色——得以抵抗僭主，两次挫败寡头阴谋家的统治，甚至曾一度支配一个广袤的帝国。他们之所以获得如此的成就是因为他们运用基本的民主权力去做决策、进行审判以及让官员承担责任。

实践中的民主观念

雅典人民在什么地方，以及如何行使权力呢？他们主要是在政治会议上做决策的，而政治会议则向一切有意出席并表决的（男性）公民开放。尽管古希腊世界的大部分政体——民主的或非民主的，都有自己的政治会议，但是雅典与其他民主政体的政治会议是最为出色的，因为它们不受公民财产或社会地位等任何形式的限制，凡是公民即可参与。设在普尼克斯（pnyx）山的公民集会地可容纳6000名公民（公元前430年代在雅典人口高峰的时候，这大概是所有男性公民的十分之一还要多；公元前404年雅典战败以后，可能不到五分之一）；在裁决一些特殊公民的身份的政治会议中，6000人是最低的法定人数，此时集会可能改在市场举行。任何男性公民可选择在任意一天参会。更有甚者，任何人原则上都可发言（或至少在时间允许的时候，任何人都可以迈步向前以备被点名发言）：传令官在会议伊始会问"谁愿发言？"然而并非所有雅典公民都会有所回应。大多数公民在其一生中不见得发一次言。相反，发言者一般是毛遂自荐，他们都是一些胸怀大志的人，有志扬名于公共生活大舞台的少数人。

这些"发言人"（rhetores）是雅典最接近于职业政治家的人。他们的政治地位是不稳定的：除非他们被另外选为任期一年的将军（比如，阿里斯提德［Aristides］、提米斯托克利［Themistocles］以及伯里克利），否则他们实际上并无正式的公共职务。他们的影响力与权力仅仅足以保证向人民劝进一言，即便他们的建议获得了采纳，也仍可能满肚子苦水而愤愤不平。那些冒险在政治会议上发言的人知道自己有可能在任何时刻遭到发言对象的拒绝、惩罚或抛弃。他们所主导的政策如果失败，那么他们有可能为此而遭殃。

根据修昔底德的历史记述，一位名为狄奥多图斯（Diodotus）的发言人极为愤怒地指出了雅典政治会议的不对等性（3.43）：据他观察，发言人对其所提供的意见承担（法律上的）责任，而广大的听众却不对自己的决策向任何人负责。发言人为自己的意见负责意味着他们可能遭到任意旁人的起诉，只要有人认为他们提供的意见有悖于法律，或者（在公元前4世纪的时候）对城邦不利。然而，参加政治会议的人民却不对自己的投票行为负责。投票以举手表决的方式进行，它只记录最终的票数而不记录投票人的名字，除非恰好坐在你身旁的人记住了你投过什么票。

尽管任何人都可以在政治会议上投票，但是从公元前460年代开始在大众法庭中掌握了大部分司法权力的陪审员们则需要在每年年初的时候进行宣誓，以期成为潜在的法庭陪审员。宣誓完毕之后，在开庭的时候他们之中的任何人都有资格出席，但开庭当日（最终演变成为每桩案件）的陪审员则需要通过抽签的方式产生。陪审员甚至比在政治会议里投票的人更不用承担责任，因为至少从公元前458年开始，法庭实行了陪审员的无记名投票，尽管他们都已经在神灵面前发誓要公正裁决，在担任陪审员的时候要承担重大的道德责任。他们不对自己的裁决结果进行辩论或讨论，他们仅聆听辩控双方的意见就进行无记名投票。这能够保证他们进行独立地审判，同时也能够保证他们的审判免于周遭环境的干扰，以保护命运被攥在他们手中的被告们的利益。[1]

任何担任陪审员的公民都可以进行审判；任何公民也都可以提起诉讼或检举。提起诉讼或检举的权利为一切有志于此的雅典公民所享有。大部分的诉讼或检举都由普通群众发起，可能是由公认的受害者自己提出，在一些案件中也可能是由与受害者相关的人来提出，或者是为纠正一人对另一人的不义行为，为公共利益而提出。通过这些方式，普通公民拥有了直接发起政治行为的权力，即便大多数人惯于评头论足远甚于付诸实际行动。

政治会议的议程，以及其他事项比如接待大使、特定官员

---

[1] 关于雅典（以及稍差的斯巴达）的投票方法的事实与意义的研究，参见 Schwartzberg 2010。

的选举等,都由一个名为500人议事会的机构所掌握。十个部落,每个部落贡献50人,它们各自都从部落志愿者(人数不够时,须得强迫代表)当中抽签产生,任期为一年。500人议事会通过举手表决的方式决定事项,这与普通政治会议的决策方式相同;法庭在裁决事关公民个人的品行与名誉的时候也采取陪审员无记名投票的类似程序。[1]与参加政治会议的公民和法庭陪审员不同的是,500人议事会的成员被当成掌握公共权力的人,这也就意味着他们必须年满三十岁,并且在就任议事会成员前有义务接受审查,以检查他们个人的品行与名誉,以及他们各自公共义务的履行情况;除此以外,他们在离职以前还要接受审计,审查他们在位期间行使公共职权的时候是否廉洁奉公、刚正不阿。

除了这500名议事会成员以外,雅典在公元前4世纪的时候每年还有约700名的在役官员,这样每年的官员总数占到了所有三十岁以上男性人数的8%。[2]无论如何,梭伦颁布的禁止最穷的一批雅典人担任官职的命令从来没有被正式推翻过,且有一些官职明确地被预留给了富人阶层。不管禁止最穷的一批雅典公民担任官职的命令是否彻底地变成了"一纸空文"——如一些历史学家所指出的那样,它在名义上一直存在,这就使得人们无法把担任官职视为民主权力的最终决定

---

[1] 关于雅典投票程序的基本研究,参见:Staveley 1972, pp. 93–4 & 78–100。

[2] Hansen 1991, pp. 153, 166–7.

因素。[1]广泛（如果不是普遍的）而轮流担任公共职务确实是引人注目的，但更为重要的是全体人民，包括最穷的那些人在内，在政治会议与人民法庭上做出评判时所扮演的角色。

政治会议在高峰的时候每年要召开40次，议事会除了在特定的节假日之外每天都要开会，法庭每年则可能要开庭300次。一百多个的地方"村社"也各有自己的政治会议与法庭，为有志投身于此的公民提供了更加积极而广泛的政治参与机会。"沉默的雅典人"的情况也是可能的，除了必须要去参加自己"村社"的活动或无奈地被卷进法律案件以外，一个人可以与政治保持较大的距离。[2]雅典的民主政治给予参与政治而履行公民义务的公民，或者至少是有志投身于此的公民以极大的优待。政治会议包含了当日选择出席会议的所有公民，法庭与议事会成员从所有候选人当中随机抽选（公共与宗教性的戏剧竞赛活动的评委同样也是从每一个部落提名的候选人当中随机抽选）。在这些场景之中，所有参与其中的雅典公民行使着主权者的权力而自由地制定政策；当不愿冒险（大多数情况下如此）亲自发言的时候，他们就对别人的言论或行为进行

---

[1] 正如Lane即将发表的成果所述，"一纸空文"（dead letter）一词出自于Rhodes 1981, p. 146（*AP* 7.4），Sinclair 1991（1988 edition），p. 17, n. 64，以及Hansen 1991, pp. 88, 107, 227。然而所有这些作者所倚重的两段引文——*AP* 7.4与*AP* 47.1——指出禁止最低等阶层（*thetes*）担任公共职位的命令是一项官方政策，尽管在实践中它有时或总是被人们置之不理。
[2] "沉默的雅典人"是Carter（1986）著作的标题。

评判。

这种评判的主权意味着人民群众——包括其中最贫穷的人——在关键的方面相较于富人拥有人数、政治以及意识形态上的支配地位。[1]穷人团结一心视自己为城邦的一部分,而富人精英们则倾向于把自己视为与穷人的权力必然相对立的特殊群体。然而也并非所有拥有财富或出身高贵的精英都蔑视平民,比如第二章里我们提到的"老寡头";也不是所有的政治精英都非富即贵。在民主的雅典以及现代民主社会之中,这些优势通常相互重合,并且易于相互强化,但是也总有例外。公元前5世纪重要的领袖中,阿里斯提德的家庭出身就一般,死的时候也很贫穷;克里斯提尼与伯里克利都来自于高贵的阿尔克迈翁(Alcmaeonid)家族,在雅典僭政以前,他们的家族统治着雅典,并且在推翻雅典僭政的过程中发挥了重要的作用,然而在政治上他们都选择与穷苦的人民大众保持同一条战线。

其他出身一般或没有可继承的财富的人因为公共发言人或将军的身份而扬名,他们毛遂自荐而成为政治领袖集团的成员;他们挺身而出,积极争取民众的支持;他们因人民的决定而生或死。无论白手起家自己创造财富,还是继承家族财产;无论权力全部得益于政治上的成就,还是辅之以财富的手段,雅典的精英们没有根深蒂固、独立而统一的政治基础。他们拥

---

[1] 参见:Ober 1989。

有特别的职责,他们也能为自己创造特别的机会,但是他们的命运关键最终还是掌握在人民的手中。

作为生活方式的雅典民主政制

正如第二章我们讨论的其他非民主政体一样,雅典的民主政制既具有政治体制的意义,又具有生活方式的意义,并且两者是相互促进的关系。人民的政治权力把重要的自由与平等赋予每一位公民,哪怕他是最贫穷的无地乞丐。这使他们对任何形式的不敬行为保持了高度的敏感,也促使他们迫切希望利用司法系统去追求救济与赔偿。一位雅典讼师描述了自己的当事人如何义愤填膺地向另外一位公民提起控诉,他写道:"并非是因为他打我而给我造成的身体上的伤害,而是因为我遭受了冒犯与侮辱,因此我前来追讨正义。因为对一个自由人来说,这是最令他感到愤怒的理由,也是他主张严惩对方的理由。"[①]如果普通公民因忽视或不恰当地处理自己的公共—宗教或政治—军事义务而受到人们的指责,那么他们同样也易于受到名目繁多的指控,当然毛遂自荐的政治领袖更容易面临这样的指控。

除了正式的政治体制以外,雅典向人们提供了更多可以探讨这些问题的空间。政治生活渗透到了市场、体育竞技场、小

---

① Isocrates 20.5–6;关于民主政治的雅典中愤怒的讨论,参见 Allen 2000。

型聚会或宴会之中；一些人正在享受着喧闹的音乐与艳俗的舞蹈，而另外一些人却渴望进行一些更高级的谈话。在每年各种节日的时候，公民聚集一堂。其中最盛大的可能要算"泛雅典娜节"（Panathenaea），雅典的女性同胞每四年都会为城邦的保护神雅典娜的雕像编织一件巨大的披风。在每次节日来临之际，雅典的男性同胞——可能也有一些女性——围坐在一起，全神贯注地观看三联悲剧（三联悲剧演完之后会穿插一部轻松幽默的萨提尔剧）。个人也可以拿出自己的喜剧作品来参与评奖，而获奖者将受到戏剧评审员的颁奖，他们都是按照类似于法庭陪审员的程序选出来的。吟游诗人也会受到人民的盛情接待，应邀一起欣赏荷马与赫西俄德的史诗作品；奥林匹克比赛的获胜者也会受到褒奖，他们在公共宴会上与来访的大使们并肩而坐。

尽管雅典的女性大多待在家里从事家政事务，但是也有少数的社交名媛穿梭于各种小型聚会之间，与社会上有头有脸的男人们混在一起。男人们聚在一起或寻欢作乐，或讨论更崇高的哲学问题，而聚会通常伴有雅典本地或外邦的男女乐师的表演。在市场上，工匠展示着他们的产品；奴隶与外邦人擦踵而过，相互拥挤在一起；农民时不时地受到周围人的注目而受宠若惊，惊讶于光辉灿烂的巴特农神庙。它是由雅典的盟友们出于共同防卫的目标而集体出资建造的。老人们端坐在法庭的门口周围，而叫嚷着的青年人、剧作家与修辞家们则推挤而过。

所有这些正式与非正式的场景无不表征着人民拥有设定城邦辩论主题的权力,虽然他们有时也会招致——尤其是持精英主义的批评者们——相当大的怨恨。[1]

雅典民主政治的过去经验:成功还是失败?

雅典人的名声在当时很快就变坏了。他们确实在马拉松与萨拉米战役中大胜而归,从而赢得了人们的尊敬。萨拉米战役的成功得益于他们采纳了提米斯托克利(Themistocles)的建议,因为他主张雅典投资于新发现的矿产资源,从而筹建了海军战船。这是一个由所谓(在"老寡头"看来)的无知人民所做出的谨慎而富有远见的决策的例子。然而,他们的成就埋下了狂傲(*hubris*)的隐患。雅典人变成了自己盟友的主子,他们利用盟友贡献的共同防卫资金来装点雅典的那些宏伟建筑,并且最终迫使盟友只能使用雅典的货币与计量单位。

在这个过程中,一个民主的政体变成了一个帝国,它在城邦内致力于自由与平等,但在城邦外却面临着剥削别人的诱惑。这种诱惑是复杂的,比如雅典仍然愿意与外部的民主政体一起来反对寡头政治的干预。然而它也是自私的,它毫无顾忌地斥骂那些挡在自己野心路上或者违背自己意志的民主政体或寡头政体。在获得了对盟友的绝对支配地位以及随之而来的

---

[1] 参见: Ober 1989 & 1998。

巨大利益之后，雅典的民主派在很大程度上认可了这种观点，即人民在城邦内畅享美好生活，（通常可能必然）意味着在城邦外行不义之事。

我们第一章提到的"米洛斯人的论辩"就是一个这样的例子。雅典大使们前往米洛斯解释说雅典做决定的方式不是依靠正义的准则而是自身的优势地位，因为雅典城邦足够强大，它完全可以推行这项原则。另外两个源于伯罗奔尼撒战争的重要例子同样值得一提。在修昔底德的历史叙述中，一位雅典的前将军为了获得更好的政治理解，把自己化身为观察伯罗奔尼撒战争的历史学家。此处我们看到了雅典将军、演说家伯里克利对雅典的冷静与客观的分析，而伯里克利本人则因为自己卓绝的判断力与审慎而受到了修昔底德的称颂（2.65）。公元前429年伯里克利死于瘟疫前不久，他在最后的演说（修昔底德对此有所记述）中承认，对雅典人来说，与外邦的正义原则被帝国的需求所替代。他告诫自己的公民同胞说："你们的统治（对外邦的统治，亦即你们的帝国统治）如同暴政一般——过去取得这个帝国可能是不义的，但是现在放弃这个帝国一定是危险的。"（2.63）

帝国统治"如同"暴政是因为它的权力行使不受制约，尽管它并不总是像暴政对待自己的统治对象那样在实际运用权力时直接地无孔不入。伯里克利承认谋求帝国统治是不义的——他自己曾经一度热衷于这样的勾当，然而他把其定义为一种令人遗憾的现实主义的政治策略。既然已经承认帝国统治是不义的，那么自然的推论就应该是万物之间是平等的，帝国的统治就应该被抛弃。然而在伯里克利看来，雅典人民已经骑虎难下了。他们无法放弃帝国的统治，以免心怀敌意的旧盟友们与虎视眈眈的敌人们在别处联手，逼迫雅典人喝下痛苦的毒药。

雅典大瘟疫的第二年，伯里克利去世了；在他之后，雅典的政治会议中出现了另外一个有影响力的人物。修昔底德借用此人之口提供了与伯里克利的言辞极为类似的另一个例子。这种比较是值得注意的，因为修昔底德亲自对两人的方式进行了对比：伯里克利依靠良好的判断力引领人民，而之后的那些盛极一时的发言人们却仅仅对人民阿谀奉承，完全听从于人民忽左忽右的幻想。然而，人民的意志也是起伏不定的，并且可能会发生相当巨大的改变。公元前427年，公共发言人克里昂（Cleon）——修昔底德说他是当时有影响力的人当中"最激进"与"最有说服力"的一个（3.36）——敦促再次召开政治会议的人民坚持前一天所做的决定。此举是为了残酷地惩罚起义失败的雅典前盟友密提林（Mytilene）：把密提林所有能打仗的男性处死，其余的人则一律沦为奴隶。

克里昂在论辩中陈述了一个基本的事实，而之前的伯里克利则更谨慎地用比喻的方式。克里昂说："你们的统治（意即你们的帝国统治）是暴政"（3.37）。暴君无需考虑正义与否，只需考虑自身的优势力量；在运用自身优势力量的时候要假定危险无处不在，不能出任何差错。在此种政体之下，你必须时时警惕那些不情愿被你统治的对象的阴谋反叛；你必须大胆地运用强力去统治对方。操纵与控制不仅仅是你身为暴君时一种悲哀的必需品——正如伯里克利所暗示的意思（不管有多么的虚伪，雅典人就是没有从中醒过来而发现自己已然是暴君了；他们之所以变得如此是因为伯里克利所推行的政策所致）。克里昂暗示说操纵与控制恰恰就是统治的目标，它以积聚暴君的权力为首要任务。克里昂输掉了该场论辩，但是获胜的一方狄奥多图斯（Diodotus）的论证也不过是弱化了的相似立场。狄奥多图斯没有从正义的准则说起，相反他从雅典的优势地位展开论证。在争论城邦外交事务的时候，他认为这是一个相当合适的出发点而可以摆脱协约条款的束缚。他说："这不是一个法庭，在法庭中，我们应当考虑什么是正义的；我们此处是在谨慎地商讨如何处置他们而最有利于雅典。"（3.44）[1]

在打败波斯的战争中，雅典赢得了相当大的荣耀，它展示了民主政治所能企及的非凡而伟大的力量。然而一旦被激发起帝国的狂傲，雅典人也会表现出民主政治集体决策的必然缺陷：自私、短视地采取阿谀逢迎或复仇性的建议；一些情况

---

[1] 狄奥多图斯的建议勉强取得了成功：政治会议决定撤销先前做出的把所有男性处死的决定。为此派遣了另外一艘船来宣布这项新决定，后出发的船及时地赶上了先前被派往密提林宣布执行屠杀命令的船。

下不够谨慎，过于仓促，在另一些情况下则可能又反应迟钝。自我辩解时寻找替死鬼或是一厢情愿是这些倾向再好不过的例证。尽管处死密提林成年男性以及把女性与未成年人全部变为奴隶的最初决定在最后一刻被推翻，但是公元前406年被处死的将军们就是活生生的替死鬼——将军们在阿吉纽西（Arginusae）海战中获得了胜利，但后来遇上了暴风雨，他们没能打捞起所有在战争中阵亡的雅典士兵。[1]除此以外，公元前399年被处死的苏格拉底也是再明显不过的替死鬼。公元前404年，雅典在与斯巴达及其盟友的战争中败北，这在很大程度上是由于公元前415年远征西西里的失利所致。远征西西里的决策建立在一厢情愿的想法之上，完全不顾当地的政治与军事形势。雅典人最终臣服于马其顿的强势征服，数十年以来，政治家们早已不断谴责雅典人没有及早对其采取防备措施。

然而，公元前403年民主派审慎而明智地恢复了雅典的民主政体，并且对在反对自己的寡头暴动中幸存的步兵实施了慷慨的特赦。如果说是亚历山大大帝接踵而至的征服活动才使雅典民主政治最终臣服于马其顿的强权压力，那么雅典民主政治能否做出任何努力以彻底改变此种命运仍然是不确定的

---

[1] 宣布阿吉纽西海战中的将军们有罪的决定是针对他们集体做出的，而不是针对某个将军，这违反了正当的程序。苏格拉底在《申辩》中表示当时他作为议事会的成员之一而抗议该项决定。

(尽管公元前4世纪的政治家们当时在反抗还是顺从马其顿的问题上出现了重大的分歧)。不管怎样,民主政治无疑是自私的,它拥有浮夸的雄心壮志,有时也对挡在前路上的事物残酷无情。

古代民主与现代民主:其名其实?

古代雅典民主与现代民主相似还是不同呢?答案是它们既相似又不同。古代雅典民主与现代各民主政治之间既存在惊人的相似之处,又存在明显的差异——比如与美国、英国的民主政治(当然美国与英国的民主政治在很多重要的方面并不相同,它们与当今世界的其他民主政体也存在差异)。考察古今民主之间关系的意义并非是让人们在它们是相同还是不同的问题上做出非此即彼的选择(它们是一样的!不,它们是不同的!),而是叫人们考察民主的基本事实是如何关联在一起的,以帮助人们权衡古今民主政体各自的优势与缺陷。

与本书中其他的观念不同,民主观念根源于古希腊,但经过很长时间演变之后成为当今世界正在以同一个名字运作的更为积极的民主理想的前身。至于现代国家如何得益于18世纪晚期与19世纪的民主发展而把自己视为民主制的,它们如何自豪地使用同一名称呼自己而不把它作为一种恶意的贬损或滥用,这都是些令人着迷的问题,但却超出了本书的讨论范围。[1]直至那时，多种人统治的各种形式通常在观念上得益于古罗马的政治模型：更多的说是"共和政治"而非"民主政治"。这是因为民主政治的名声早就变坏了，柏拉图与亚里士多德曾对民主政治提出过尖锐的批评；修昔底德、阿里斯托芬与当时其他的作家们几乎一边倒地全部关注于雅典民主政治的缺陷。它的缺陷包括专横武断与愚昧无知——上文已经提到的雅典的各种糟糕决定（密提林、阿吉纽西、西西里等）就充分体现了这点。这是因为雅典的民主政治过分地包含了全部的无知群众，它缺乏能引起人足够重视且高瞻远瞩的协商与决策。

在 18 世纪现代代议制的共和观念出现之时，雅典的民主政治在很大程度上仍然被视为反面案例。只有到了 18 世纪晚期以及 19 世纪，英国、美国的政治思想家与实践家们在提出了民主的最新发展成果"代议制民主"，并且重新评估了——维多利亚时代的历史学家乔治·格罗特（George Grote）做出了最卓越的贡献——雅典民主的自身成就之后，雅典民主的地位才得以凸显。从 19 世纪中期以后，民主的古今对比研究才开始兴盛起来，尽管两者在历史上并不直接地前后相承。民主的古今对比研究集中反映在三个方面：人民在立法中的地位、抽签制还是选举制、自由主义的价值。

---

[1] 一项关于该主题的研究，参见 Dunn 2005。

古代民主与现代民主的差异：立法、抽签制与自由主义？

立法

18世纪的革命者托马斯·潘恩——他在自己的祖国英国以及位于美国与法国的英属殖民地都参加过政治活动——认为"雅典如果加上代议制的成分的话，那么它将超越自己原有的民主政治"。[①] 他把所有雅典男性公民的地位与现代代议制民主国家中人民的地位进行了对比，认为前者拥有参加政治会议，以及理论上在政治会议上发言的权利，而后者则选举代表组成立法机关。政治学理论的各种讨论把潘恩的这一对比归于一组简单的对比关系：古代"直接"民主 vs. 现代"间接"民主。

然而，这种古今民主直接与间接的对比判断极具误导性。[②] 首先，这种判断的前提是把雅典政治会议与现代立法机关相对应，进而假定雅典政治会议的主要工作是制定法律。实际上，雅典政治会议的常规工作不是制定或修改法律（它仅在公元前5世纪的时候偶尔承担这项工作，在该世纪末期的时候它通过法典，然后把修改权转交给了另外一个独立的类似于陪审团的机构）。相反地，它主要是作为决策机构而制定重要的公共政策，

[①] Paine 2000, p. 180.
[②] Hansen认为雅典以及其他一些古希腊的民主政体（尽管他指出并不是全部民主政体）拥有"直接民主的各种表现形式，人民不自觉地讨论与投票表决每一项重要的政治决定"（2005，p. 46）。尽管公开的人民政治会议在雅典的决策制定中至关重要，我认为把雅典定义为"直接民主"的做法没有益处，并且是误导性的，其中的原因在正文中已经给出。

比如战争与和平("供应玉米与维护乡村安定"[*AP* 43.4]),以及其他事关共同体命运的类似事务。古代与现代民主在如何立法的问题上确实有很大的不同;但是更为基本的区别是在制定公共政策时它们分配给公民的不同地位与角色。

其次,潘恩的对比判断意味着雅典人缺乏把权威委托给别人的意识。实际上,雅典人非常明白如何让一些人代表另外一些人做某些事。他们每年通过选举或抽签的方式产生约1200名的公职人员(500名议事会成员包含在内);他们也通过复杂的抽签程序产生法庭陪审团。如果说他们允许所有愿意参加政治会议的公民参加会议,那么这也是一种最佳的战略决策,毕竟人们要在会议上做出与城邦命运息息相关的决定。这并非政治制度捉襟见肘或想象力匮乏的结果。因此,把民主的古今对比等同为"直接民主"与"间接民主"(或"代议制民主")使人们无法认识到雅典多种形式的人民权力已经超越了单一的立法问题。

抽签制

尽管雅典人通过选举产生1200名官员当中的100名——最重要的是十将军委员会,但是他们每年通过抽签决定大部分的官员,以承担从管理港口到监督造币的公共事务。[①]这里

---

① Hansen 1991, p. 230.

产生了又一常见的古今民主的对比关系：据说古代人运用抽签——一种真正的民主机制——以显示他们关于所有公民都能够并且应该有权担任官职的信条；而现代人则运用选举的方式，但具有讽刺意味的是，选举是一种更贵族或寡头化的政治机制，它假定一些人比另外一些人更适合做统治者。[1]然而，这种简单的对比再次误解了雅典人的真正关切与他们的实际状况。

虽然雅典人确实通过抽签决定大部分官员，但是他们在抽签的时候完全知晓如何代之以选举的方式。他们通过选举来决定特定的公共职位，这主要是那些需要最多经验与专业技能的职位（最重要的是将军的职位）。当用抽签形式时，他们辅之以相配套的政治制度，他们早已对候选人的服务意愿及其在公共事务中的品行状况做了预先的审核，这是为了保证被抽中的人是受人尊敬与守法的。[2]因此，雅典人并不是在任何公民都能够并且应该有权担任官职的前提下使用抽签形式的。然而，他们确实相信大部分的公民都能胜任被要求去承担的管理职责——包括政府办事员、道路专员、市场主管，甚至公共的行刑人员。这些公共职位通过抽签的方式在公民之间分配，并且

---

[1] 关于选举是反民主行为的观点，参见 Manin 1997，然而必须要注意的是，雅典人也运用选举的办法来决定特定的官员。
[2] 被抽中担任某职位之前，他必须通过审查（dokimasia），为此他必须证明自己拥有正式的公民身份，除此以外官吏还要问他"待父母好不好，纳税了没有，完成了兵役没有"（AP 55.3）。

以一年为期每年轮换（大多数情况下），这有助于防止掌权者的腐化堕落与自我膨胀，无法为将财富转化为政治权力，以及任何人试图谋求政治支配的欲望提供平台。

有人可能会认为雅典的抽签只是应用于公共服务这样的事情，而非用于高级的政治决策。重要的政治决策掌握在民选的将军们，以及公民政治会议中毛遂自荐的发言人的手中，后者提出公共政策的建议，以谋求人民的选票支持。因此，古代民主政体对抽签的运用并非是向我们揭示它与当代民选官员的简单对比，它实际上是一种复杂的反思过程。古代的民主政体考虑如何调配那些必要的行政管理岗位，才能既避免他们的腐化堕落，又能鼓励那些拥有良好声誉的公民的政治参与。古代人并非盲目地相信抽签制。尽管他们大量地运用抽签的方式，但他们也用得谨慎，并加以限制。他们看重公民的政治参与，但也看重比通常认为的更多的专业技能，这既包括官员履新时已拥有的技能与知识，又包括普通公民在担当职位的过程中发展与培养起来的专业技能。

自由主义

在立法与抽签的问题上，古代与现代民主的对比要比普遍的看法微妙得多。两者的最后一组对比关系是在古代自由主义与现代自由主义之间展开的。如果说托马斯·潘恩是代议制民主的捍卫者，那么1819年瑞士裔思想家（曾供职于法国各个政府）本杰明·贡斯当则为"现代人的自由"——与自由的"古代"含义相反——辩护。贡斯当区分了布尔乔亚式的现代人与战士般的古代人（如本书导言部分所示，卢梭向其描绘了古代人的情形），他认为古代政体的繁荣建立在战争的基础之上，并且用集体的权力与目标压制个人的利益诉求。古代政体一边把自由视为集体的自决，一边使个人的自由轻易地就受到集体计划或目标的侵害。他把古代政体与现代的代议制加以对比，认为后者的繁荣建立在商业的基础之上，个人可以运用各自的财富去委派政治家处理公共事务，因而个人可以自由地去追求各自的利益或目标。[1] 其实贡斯当在某种意义上认为，古代与现代社会广义的政制状态——"生活方式"的政制——之间存在如此巨大的差异，它们的政治体制几乎没有什么相似性。

然而又一次地，贡斯当的区分歪曲了我们对古代民主政治的理解，特别是雅典的民主政治。他实际上把斯巴达视为古代民主政体的理想模型，并且也承认他的分析最不适用于雅典，因为雅典的个人自由、贸易与开放的文化环境实际上是非常显著的。伯里克利赞扬过雅典人开放与宽容的政治文化。他宣称说雅典人生活在一起，没有相互的怀疑或检举；不同于斯巴达的长官团对公民行为所实施的严格监管。他还说雅典人是自由与慷慨的，非常享受各自的生活（暗示了与严峻简朴的斯巴

---

[1] Constant 1988.

达不同);他们兴高采烈地庆祝运动会、戏剧节等各种竞赛活动,向众神奉献必要的贡品,享用着进口的和自己生产的各式各样的奢侈品,这些都得益于他们繁荣的商贸经济。据伯里克利所言,雅典没有冷酷的诡秘——这是斯巴达的典型特征,雅典愿意对陌生人敞开心扉,相信城邦的胆识和力量可以与人民的"相对宽松的生活"相协调。雅典注重个人的利益,但同时也注重培养人民关心公共事务的精神。不可否认的是,雅典人对公共空间与个人空间的区分不同于现代的大部分民主社会:比如,宗教在雅典就是一种公共关切与规定。然而宗教在雅典也可能是自由的;比如它允许外邦神灵进入城邦,当然前提是必须获得城邦的同意。①

然而,现代自由主义者很容易与贡斯当一起认为雅典——如同古希腊的其他政体一样——缺乏对个人权利的切实保障。缺乏一整套强有力的政治制度与适当程序来保护个人的权利,雅典极易遭受人们的非难,它没有想象中的那么自由,它让个人轻易地就受到集体权力的侵害。贡斯当之所以咬定雅典缺乏现代自由的观念,最可能的理由是因为雅典"陶片放逐"(ostracism)的事实,尽管它也有"类布尔乔亚"(quasi-bourgeois)的各种自由。

"陶片放逐"是根据克里斯提尼的改革建议所创立的。雅

---

① 苏格拉底审判背景下的一项关于雅典宗教与政治的有价值研究,参见 Cartledge 2009, pp. 76—91。

典每年都会在政治会议上投票表决一个问题（为此特意在市场上集会）：是否有人应该被驱逐出城邦十年？如果答案是肯定的，那么每位公民都会得到一块陶片，然后让人们在上面刻上被放逐者的名字。票数最高的人立即被驱逐出城邦十年。公元前4世纪的《雅典政制》把"陶片放逐"视为克里斯提尼对雅典民主化改革的确切内容（22.1）。[①] 然而，对于现代人来说，它是极不自由的。如果如此地缺乏适当的正规程序也是民主的，凭借多数人的喜好就可以剥夺一个人的自由，没有任何不轨的证据而又不给人辩护的机会，那么很多现代自由主义者才不想跟这种民主扯上半点关系。因此，我们必须要问"陶片放逐"是不自由的吗？民主的雅典是否要在更一般的意义上承担不自由的罪过？

"陶片放逐"之所以不讲证据或缺乏适当的程序是因为雅典人不是用它来惩罚犯罪，它毋宁是保障民主政治生存的政治制度。它被人民用来展示自己的权力，目的是为了防止精英分子谋求政治影响力的企图。因此它被认为是一种预防性与象征性的手段，被用来提升城邦多数人的平等意识，因为毕竟是多数人撑起了民主政治的大厦。[②] 像提米斯托克利这样的雅典将

[①] 我借鉴了 Forsdyke（2005, pp. 281–4, Appendix 1）的观点；他从正反两方面考察了雅典的"陶片放逐"是否源于克里斯提尼的问题，继而认为该做法源于克里斯提尼的观点大致是站得住脚的；与此同时，他还指出其他一些城市（包括雅典在内）早已经拥有了与"陶片放逐"相类似的精英主义式的流放实践，但两者并不完全一致。
[②] 这是 Forsdyke 2005, pp. 144–204 中的观点。

军——公元前480年他率领雅典在萨拉米赢得了对波斯的重要军事胜利,也可能(实际上的确是)在八九年后因人民普遍觉察到的傲慢自大而被放逐。[①]当然,"陶片放逐"也可能被用于派系斗争。然而,它不仅仅是派系斗争的小把戏,而是民主政体保护自己(及其价值)的手段,即便它对孜孜以求的法律面前人人平等的理念有所限制。

现代的自由主义者在追随贡斯当的脚步而认为雅典是不自由的以前,他们可能需要考虑一下当今那些挤压或超越法律界限的政治机制。现代的民主社会经过最近的演变之后,已经允许处置那些被视为对既成政治秩序构成威胁的个人。这些内容倒是与雅典的"陶片放逐"非常相似。雅典"陶片放逐"的目标不是为了杀人。它甚至也不意味着公民政治生命的终结,因为雅典并不剥夺被放逐者的公民特权,只要十年的放逐期限届满(足够长的一段时间可以保证敌对情绪的消逝)。比如,公元前461年雅典将军客蒙(Cimon)被放逐十年后,他又悄然以平等公民的身份回到了雅典,默默接受了伯里克利当时推行的更加彻底的民主改革措施。

因此,在"陶片放逐"一例中,雅典民主派提供了一些尊重个人自由权的措施,尽管共同体有时决定需要在一段规定的时期内驱逐某些人。除此之外,在更一般的意义上,雅典为公

[①] 在流亡至阿尔戈斯时,他受到了斯巴达人的秘密加害,最终他选择彻底地离开希腊;极具讽刺意味的是,他在服务波斯国王的过程中结束了自己的生命。

民一系列的自由权利提供了保障。它的法律（及其实施）确实不仅为公民，而且也为非公民群体提供了一系列的保护措施。在具体的实践中，公民与非公民群体都受到了城邦同样的保护。[1]雅典民主的批评者们尤其不能忍受看到穷人，甚至非公民的城邦居民与奴隶享有这样的人身自由：他们的穿着打扮与公民毫无二致。"老寡头"抱怨说在雅典"袭击"一名奴隶或非公民的居民"是不可能的"，因为如果这在法律上是允许的话，那么你"经常会袭击一名雅典公民，自己还以为他是一名奴隶呢"（1.10）。[2]

一个社会不能仅仅依靠外表就对人民进行区分，那是不公平的，同时也是令人憎恶的。这是一个自由社会的基本结论。企图给非公民人群贴上标签的做法极易伤害与他们极为相似的公民的利益。雅典社会对这一点及其他方面都早已心知肚明，因此它要比现代标准所判定的那种极端不自由来得更为自由一些。

古代民主与现代民主：大盘点

我们已经发现，把古今民主的差异定义在立法、抽签制和自由主义三方面的做法是极其粗糙而不完整的。更有甚者，如果仅仅关注它们之间这些被放大与被误解的区别，那么就会使

---

[1] 参见：Ober 2000。
[2] Marr 与 Rhodes（2008）根据希腊文本译出。

我们忽略古今民主之间的关联性与相似性。其中最重要的可能是它们对限制官员的关切。这是雅典的头等大事，为此它们运用抽签与选举的多种形式来决定官员的任免。在那些限制官员的政治制度之中，我们发现了古代民主与现代民主真正的区别。

依靠对官员履新前的审查，雅典人实现了对他们的限制。他们不允许抽签制破坏他们对官员刚正不阿的品性的期望；相反，他们动用审查的手段以确保之。另外同样重要的是，他们让每一位官员——不管是抽签还是选举产生的——在任期届满之时提交述职报告。担当公职是一项公众信任，职务届满之际，人民要求官员提供述职报告，包括实际的财务报告与一般的执政绩效检查报告。现代的民主人士也认为人民应该让自己的领导人承担责任，就此而言，他们与古代人拥有很大的相似性，但也可以从古今政治制度的差异中有所收获。

本章陈述了雅典民主的三个特征：它们表征着包含最贫穷的公民在内的人民的权力——包括决定的权力（政治会议、议事会，以及其他公共职位中的重要政策；在抽签决定官员时，人民在有生之年拥有多次决定的机会）、审判的权力（在大部分的法律案件之中），以及限制的权力（限制官员）。我们同样看到了人民运用权力的重要性：或者是单个公民在政治会议上发言，在法庭上提起诉讼，或者是抽签产生某一机构（如议事会，能设定政治会议的议程）。正是这些多种权力形式的相互融合才构成了人民的统治，它们使人民既拥有免遭精英分子专横意志支配的自由，又拥有实质的平等，尽管经济上的分化一直都存在着。

人民审判与决策的权力都达到了相当彻底的程度，只要父母都是城邦的公民，那么所有自由的男性公民（在当时）都被视为人民的一份子，所有这些都使雅典民主在所有的同类政体中卓尔不群，正如斯巴达在其同类政体中表现的那样。雅典为城邦的精英们提供了一定程度的认同与满足的方式，但它运用一系列的政治制度来限制他们，使他们无法把财富或影响力转化为支配他人的牢固基础。雅典向世人展示了人民主权的民主理想，即人民在日常的重要关头都行使着控制权，而不仅仅是抽象地作为政治权威的最终来源。雅典既没有局限于平民而实行平民（plebiscitary）投票，也没有把公民担任公职的权利普遍化，但它却找到了真正实现人民权力的方法。

在某些方面，雅典民主与现代民主非常相似，它们都主张人民要控制自己的官员，都把人民视为一切政治权力的最终来源。然而在其他方面，雅典的民主则要更进一步：它对经济权力与政治权力都试图进行控制；它让人民自己做决定去制定事关公共政策的基本事项；它把几乎全部的法律案件的最终裁决权没有授予给专业的法官，而是授予了由普通人民组成的法庭；法庭陪审员既裁决事实（正如现代普通法体系下的法庭陪审员），又负责解释法律。雅典民主没有过分脱离我们的视野，成为与现代民主不相干的事物；它也不仅仅是虚幻而笨重的政治体制，等待着现代人类所谓的改良。古代与现代民主实践的断裂使得人们对于它们之间的共同价值理念（以及各自不同的制度实现方式）的反思更加具有启发意义。雅典的民主主义者对人民权力及其实现方式有着自己特有的政治制度与知识上的表达。它赋予普通公民以彻底的决定权力，因此也就对现代民主的一些观念造成了更加严峻的挑战，因为现代民主赋予普通公民的权力要少得多。然而在公元前4、5世纪，并非所有生活在雅典的民主政治下的人们都认为民主的政制形态是具有绝对价值的。雅典最有名的两位子嗣，哲学家苏格拉底与柏拉图对民主政治都提出了极其深刻的疑问：民主政治真的是一个人过良好生活的最佳路径吗？他们认为人类的良好生活依赖于个人的道德及知识德性的成就。这是我们第四章探讨的主题。

第四章

CHAPTER 4

德性

地图2 雅典（约公元前460年）

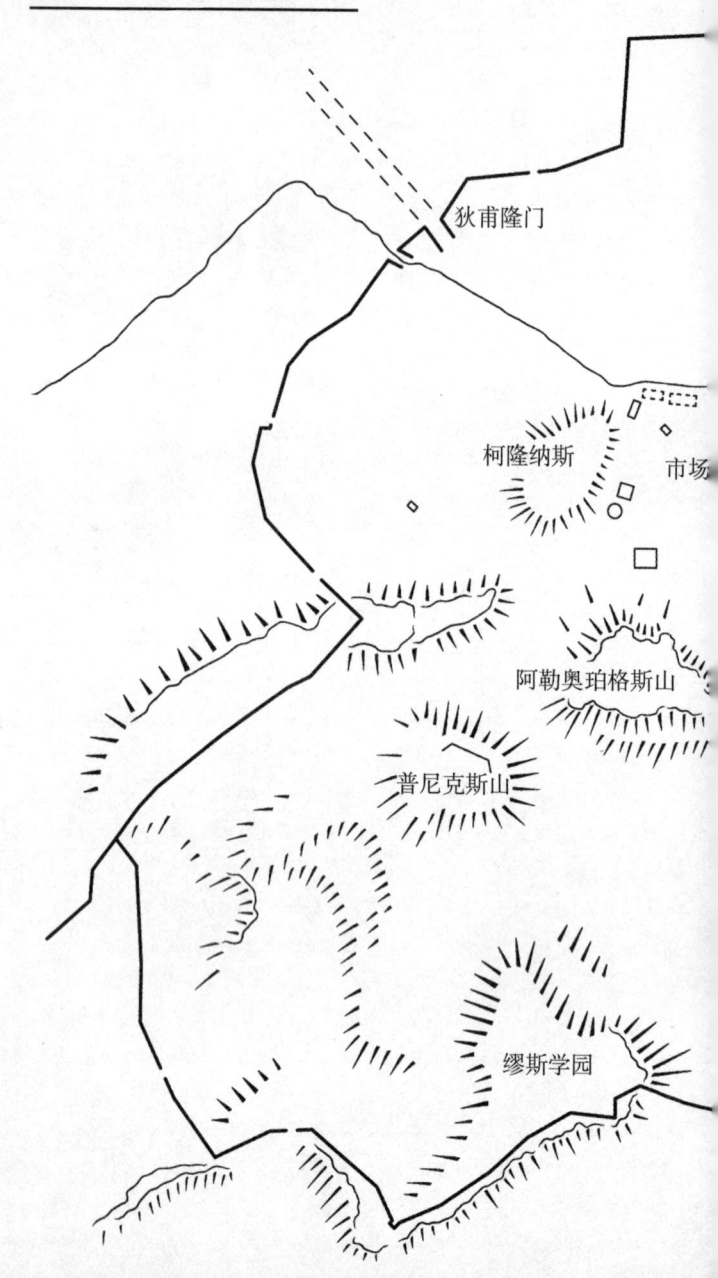

狄甫隆门

柯隆纳斯

市场

阿勒奥珀格斯山

普尼克斯山

缪斯学园

0		300码
0		300米

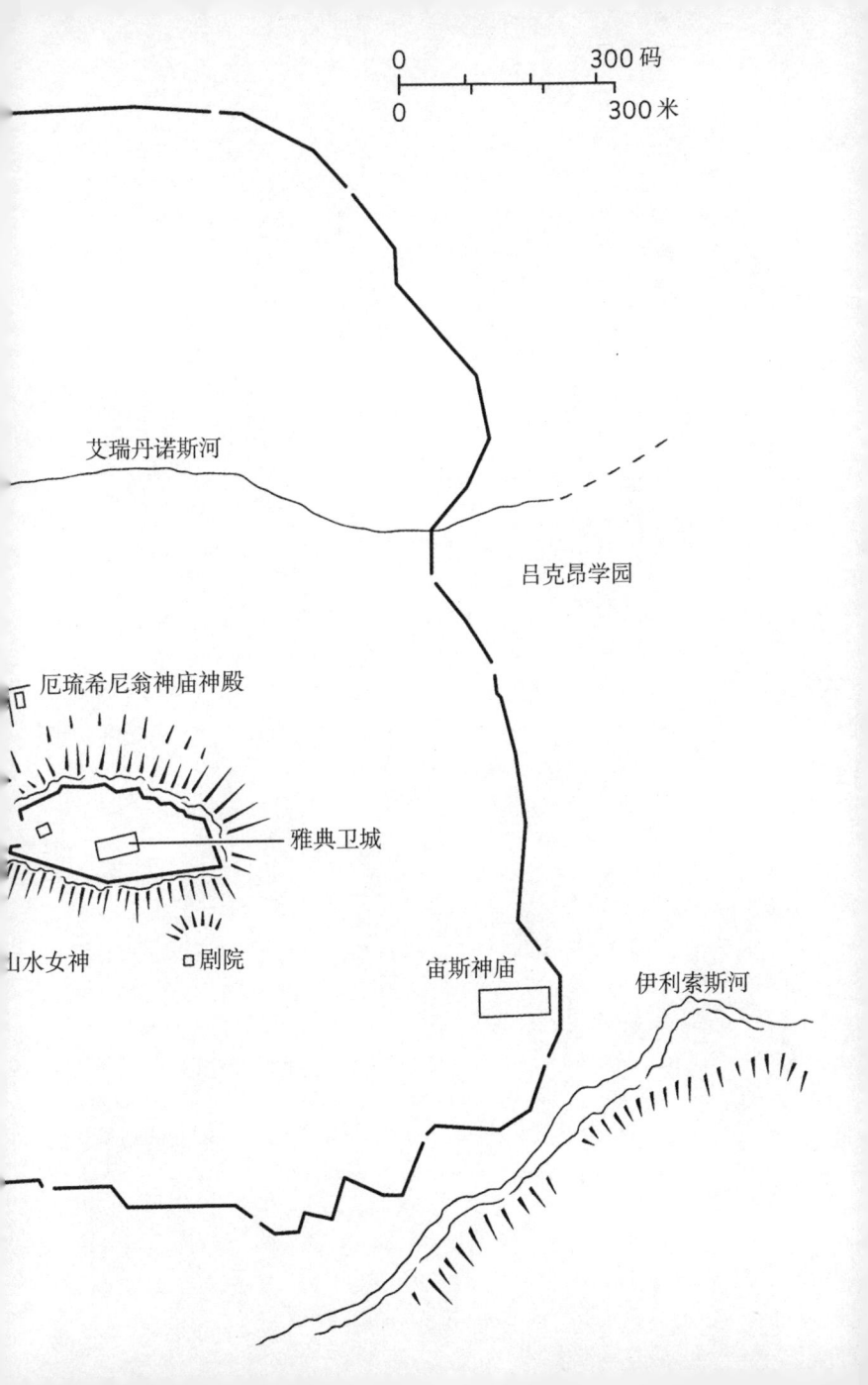

艾瑞丹诺斯河

吕克昂学园

厄琉希尼翁神庙神殿

雅典卫城

山水女神　剧院　宙斯神庙　伊利索斯河

本章将探讨哲学家苏格拉底与柏拉图如何批评雅典的民主政治，他们在更广泛意义上提出了关于人类的生活目标及其最佳政治实现场所的见解。为此在上一章描述的雅典民主政制框架的基础之上，我们需要进一步追问：雅典的民主派运用政治权力追求的目标与价值是什么？它们主要是城邦以及个人的生存、财富与权力。对城邦来说，这些可以通过帝国来实现；对城邦内的个人来说，大部分人则去追求自己的财富与权力。财富可以通过经商、婚姻或掠夺的方式来实现；而对于那些不擅长技艺的人来说，他们通过谋求政治与军事的领导权来获得长久的荣耀。如果说政治是一个人赢得朋友与声誉的最佳领域，那么它同样是一个危险的领域。因为在担任公共职位的时候，你要对自己不好的建议或不法的行为负责，因此你就可能面临倾家荡产、被放逐或死亡的危险。任何追求功名的行为都可能面临被"陶片放逐"的危险。政治家以及因为其他各种原因而成名的大人物的成就，乃至自身的生存，可能最后都要取决于他们"用各种演讲在法庭之中说服法官,在议事会之中说服议事会成员,在政治会议或任何其他地点的政治集会之中说服与会人员的能力"。这是柏拉图著作中智者高尔吉亚——一位来自于西西里岛的莱翁蒂尼(Leontini)的公众人物,此刻正以教师的身份造访雅典——的观点。[1]

尽管雅典民主格外重视公开的发言,但是它并没有教授青年人如何发言的公共教育。因此,那些能够找到私人教师帮助训练自己的演讲与辩论能力的人就积累起了巨大的优势,他们或者是为了实现自己的政治雄心,或者仅仅是为了有朝一日在受到起诉时能够进行自我辩护。外邦的修辞学家与智者们纷纷涌进雅典,他们与当地的修辞学家和智者们一道纷纷向年轻人传授如何发表有说服力的演讲的技巧,以帮助他们在城邦内赢得权力与威望。一些人教授语法,一些人教授词源学,一些人教授辩论技巧,这些都是辩论双方共同需要的能力。这些自封的专家们大多先入为主地认可了财富与权力的价值,认为它们是个人及城邦预设的价值目标,故而着重研究如何用更灵巧的手段先人一步地获取财富与权力。卓越,或者德性(arete,这个希腊单词的意思是指某一事物成功发挥其应有功能的能力)的意思是从寻常的政治角色中脱颖而出,使人民接受你的建议,而不管你运用什么必要的手段。这将给你带来大部分人朝

---

[1] Grg. 452e, Zeyl 译文,参见 Cooper 1997。

思暮想的快乐、财富与荣耀。

哲学家苏格拉底（公元前469—前399年）批判了当时的这种普遍看法。苏格拉底的父亲是一名雕刻师，但他本人却抛弃了石匠的职业转而一生致力于挑战当时主要的智识与政治名人，同时他还向年轻人承诺传授给他们所期望的价值意义。为此，他揭露了城邦的优先事务及显赫名人身上存在的明显矛盾之处。他致力于在市场、体育竞技场以及家庭的私人宴会、聚会中提出诸如此类的质问，因此他早已声名狼藉。他从来不在政治会议或法庭上发表公共演讲（尽管他出色地履行了自己的军事义务，并且还被抽中担任了一年的雅典议事会成员）。像柏拉图那样的年轻人聚集在苏格拉底的周围，他们在苏格拉底身上看到了过良好生活的别样路径，这与城邦官方推崇的生活方式大不相同。

苏格拉底七十岁的时候，几名雅典同胞以亵渎城邦法律的罪名起诉了他，我们稍后将对此一探究竟；他被自己的同胞组成的法庭陪审员宣判有罪，并且要接受服毒自尽的惩罚。苏格拉底死后，他的众多追随者各自撰文写下了"关于苏格拉底的论述"（*Sokratikoi logoi*），以展现其波澜壮阔的一生、最后的受审与处决，以及他不断对雅典和外邦的精英人物的道德与政治缺陷所做出的诊断。在苏格拉底的众多追随者中，没有人在哲学上表现出比柏拉图（公元前424—前348年）更远大的抱负。柏拉图著作全集给我们留下了关于"苏格拉底"的大量描述，这成为本章关注的焦点。尽管整章援引柏拉图的著述而打上了柏拉图自己思想的印记，但是本章前半部分将讨论的"苏格拉底"（柏拉图的苏格拉底）的生活与死亡的诸多内容同样体现于其他追随者的记载之中。本章后半部分将探讨柏拉图自己的生活，为此我们将审阅他的几部重要著作。

苏格拉底向他的公民同胞们提出了一系列极难回答的问题：如果城邦在官方上严斥暴君统治，那么为什么它自己在外邦表现得像一个暴君？如果一个人去追求无限的财富与权力的做法是错误的，那么与之相反地，为何雅典公民通过帝国的统治而集体地追求之就是可以被接受的？一个人在不知道战争有什么价值的时候，他奋而参加战斗是真正的勇敢吗？一个人在别处欠下道德的良心债而期望神灵对自己置若罔闻，这是正义或虔诚的吗？他揭露了隐藏在智者高尔吉亚之流所谓的社会表象之下的真实情况，个人的成功与城邦的集体繁荣之间存在一种破坏性的紧张关系。修辞术在一般意义上可能是人类"自由的源泉"，但是智者们同样认为它是一个人用以"控制城邦其他人的源泉"，一个人可以利用修辞术掌控别人的自由。在城邦对修辞术与政治义务一致称颂的掩护之下，某位寡廉鲜耻的公共发言人可能正在对民主政治本身造成伤害。[①]

与雅典及其他政体极度推崇财富与权力相反，苏格拉底认

[①] Grg. 452d, 452e, Zeyl 译文，参见 Cooper 1997。

为人们应当劝诫希腊世界的年轻人去追寻"德性"的意义，这才是人类应该追问的基本问题，也是所有政治家之为政治家的前提。正如柏拉图的《苏格拉底的申辩》（苏格拉底在针对自己的审判中发表的演说）中苏格拉底告诫陪审员的一段话：

> 我私下到你们每个人那里，做有最大益处的益事，我尝试着劝你们中的每个人，不要先关心"自己的"，而要先关心自己，让自己尽可能变得最好和最智慧，不要关心"城邦的"，而要关心城邦自身，对其他事情也要按同样的方式关心（36c-d）。[1]

如果政治家与智者们都不去想办法使人变得有德性，他们说服别人的能力又有什么意义呢？如果他们不懂得什么是德性，他们对人们有何益处呢？苏格拉底与柏拉图二人切中肯綮，极为尖锐地提出了这些问题；从他们的角度来看，所有固有的答案——城邦内大部分有为青年与显赫人物所遵循的智识与政治道路——在此面前都变得不堪一击了。城邦里过这种生活的人没有谁能够定义德性，或者能够牢靠地把德性传授给别人。

无论是在故土雅典还是作为军人远赴异乡，苏格拉底在整

---

[1] Grube 译文，参见 Cooper 1997。

个伯罗奔尼撒战争时期都思考着上述这样的问题。他早已经声名狼藉,在喜剧舞台上遭到阿里斯托芬三部不同剧作(还包括至少其他四位剧作家)的嘲讽。在公元前423年完成的第一部剧作《云》(Nephelae/Clouds)中,阿里斯托芬把苏格拉底塑造成一名显而易见的智者并开创学园收取费用;但他暗示了苏格拉底与普通智者不一样的地方,即苏格拉底的智识造诣无法提供学生们所期望的平步青云之路。不管这是对诡辩之术的一般批评,还是对苏格拉底超脱于世俗价值的衷心认可,阿里斯托芬此剧都是对苏格拉底的嘲讽。他嘲讽苏格拉底的所作所为在当时没有任何的效果。

当雅典在与斯巴达的战争中处境变得越来越不妙的时候(阿里斯托芬后来关于苏格拉底的剧作都创作于这一时期,分别在公元前414年与前405年),声名狼藉的苏格拉底步入了更加险恶的境地。此时发生了针对苏格拉底的年轻朋友阿尔喀比亚德(Alcibiades)的起诉事件,他被指控亵渎神灵以及反叛的罪名。与此同时,雅典正在孤注一掷地对叙拉古进行军事远征。苏格拉底的处境随着公元前404年雅典输掉战争以及"三十僭主"的上台执政而恶化;当时雅典迫于斯巴达的压力而建立了"三十僭主"的寡头政治,它驱逐了城邦的很多公民,并且运用手中的皮鞭与刀剑实行暴力统治。其中的两位(克里提亚斯[Critias]与查米德斯[Charmides])与苏格拉底私交甚密,同时也是其追随者柏拉图的亲戚。苏格拉底在"三十僭主"

统治时期选择留在了雅典，似乎当起了他们的顺民，而此时民主政治的大部分追随者（包括苏格拉底的一些朋友）选择避难于港口。① 在此之后，民主派再次集结力量推翻了"三十僭主"的统治，恢复了雅典的民主政治。

民主政治恢复三年之后的公元前399年，苏格拉底被三位公民同胞起诉，他被指控亵渎城邦法律、传播外邦神灵以及腐蚀青年思想的罪名。这与公元前404年的政变事件并无直接关联，因为指控他为短命而高压的寡头政治负责的行为将违反民主政治恢复后所推行的对他们不予追究的特赦政策。然而，法庭陪审员无法忘记克里提亚斯与查米德斯在政变中的所作所为，或者阿尔喀比亚德在之前战争中表现出的亵渎神灵与反叛行为。所有这些事件使得起诉人容易把苏格拉底特立独行的生活方式描述为对城邦法律规定的良好的公民标准的亵渎。根据柏拉图的记述，苏格拉底在审判的时候还拒绝使用修辞术的伎俩，为自己的生命乞饶而阿谀陪审员；这无疑加剧了苏格拉底的不利处境，苏格拉底最终被宣布有罪，并且被判服毒芹汁自尽。苏格拉底的生命及其死亡共同改变了伦理学与政治学的主题设置。在柏拉图的塑造与转述之下，苏格拉底把"德性"从时下对成功吹捧追逐的诸观念中解放了出来，进而把它变为伦理学与政治学分析的反思标准。

---

① "被驱逐（除3000名[在寡头政体中登记造册的公民]以外）的人被禁止居住在城市之内。"参见：Krentz 1982, p. 65。

行动中的苏格拉底

正如我们前面所观察到的，虽然"virtue"（德性）是古希腊单词 arete 的一种英文译法，但是 arete 还可以被翻译为"卓越"（excellence）。在现代英语之中，特别是受到数世纪的基督教传统的影响，德性一词听起来特别不切实际，它的意思好像是在说一个人无法在此生获得任何实在的利益，而只能谋求来生的奖赏。与此相反，古希腊词语 arete 的意思是说任何事物得以蓬勃发展的固有品性。一把锋利的刀具有削铁如泥的 arete。某事物的德性恰在于使其达成自己目标的能力。Arete 的反义词不仅仅是道德上的罪恶，还指某物在其实际功能上的失效。

古希腊的诗人们赞扬德性的多种具体形式：智慧、勇气、节制、正义与虔诚。据说这些德性得到了众神的青睐，一个人因此可以在此生与来生都能获得奖赏——正如第一章我们特别考察的正义。然而我们在那里也发现，德性的故事正在变得不再那么有效了。德性无法换来奖赏的例子实在太多了，比如一个节制的人可能会受到别人贪欲的伤害，或者一个正义的人会因为别人的不义而受到伤害，正如赫西俄德描绘的那般，他被自己的哥哥骗走了一块本该由他继承的土地。除此以外，各种德性形式之间的关系也容易受到质疑。这在当时是一种流行的观点：一个人可能是勇敢的，可他并不聪明，比如索福克勒斯的同名悲剧作品《埃阿斯》(Ajax)的故事主角。阿喀琉斯死后，愚笨的战士埃阿斯痛斥把阿喀琉斯的盔甲奖励给深谙世故的奥德修斯的决定。然而更加令人不安的是，在公元前5世纪后期，雅典不把正义、节制与虔诚的人视为聪明的，而是愚笨的。他们遵守规则，定期向众神奉献贡品，而别人却不那么审慎正直，坑蒙拐骗着他人的土地或金钱。[1]人们担心诸多德性形式之间是相互矛盾的，也担心德性本身就是适得其反的，这种情绪使人们很难恰当理解一个有德性的人可能以及应该追求什么样的目标。

在一个充斥着矫揉造作和焦虑情绪的城邦里，苏格拉底不断从事着各种各样的揭露活动。他追问城邦内本该最博闻强识的人什么才是——他们自称拥有的——德性。一次又一次地，他们都无法做出回答，无法说明能够传授或实践什么德性，同时他们也无法把德性与良好生活的更宏大目标联系起来。柏拉图的对话录向人们描述苏格拉底揭露了雅典最让人钦佩的两位将军无法令人满意地定义什么是勇气的事实。苏格拉底表示一流的智者们——自称可以教授德性的一批人——无法定义什么是德性，试图推行城邦关于虔诚的法律的活动家同样也不能清晰地界定他们所提倡的虔诚的本性（这在当今也非奇闻）。

在宣称了解某些事物的基础上，以上所有这些显赫人物都

---

[1] Weiss（2006）也提出过这个观点，但是她没有彻底分析对话录的意图。

各自建立了自己的事业，然而没有一个人能够令人信服地定义它们各自是什么。在柏拉图的《苏格拉底的申辩》（21d）中，苏格拉底表示他们不清楚那些自以为知道的事物。因为苏格拉底自己没有陷入这种虚假的自负，所以这激励了他以向专家们质问的方式去寻求知识——尽管那些专家一次次地让他失望，其中一些人最终沮丧地承认了自己的失败，一些人则因苏格拉底的嘲讽或捉弄而心生怨恨。苏格拉底追求的知识是关于德性与良好生活的知识。苏格拉底自己并没有声称他可以定义什么是德性，他把诘问建立在一定的假设之上，让所有参加对话的人都无法摆脱：为了拥有一种德性，你必须拥有所有德性，也就是说（考虑到智慧也是德性的一种）所有的德性实际上就是知识。一个人在不知道什么是可怕的时候，他就不可能是勇敢的；一个人在不知道渴望的目标以及在多大程度上对其表示渴望的时候，他就不可能是节制的；一个人在不知道对旁人有所亏欠的时候，他就不可能是正义的。[1]

苏格拉底追求德性与知识，或者说是作为知识的德性。这是对压在城邦人民身上使他们无法呼吸的其他目标价值的反抗。他一遍又一遍地说，权力与财富是不稳固的，它们无法令人满足；尤其是当它们被盲目地使用的时候，更可能伤害你，而非带给你好处。只有知识才可以保证我们所追逐的东西是有

---

[1] 似乎他进一步认为知识不仅仅是德性的必要条件，还是德性的充分条件；关于他是否秉持以及如何论证这个观点，学者之间存在争论。

价值的，只有德性才是对事物固有的、绝对价值的占有，而不受其使用方式的制约。苏格拉底对德性之固有价值的阐述方法集中地反映在了其对 *psyche* 的关注之上，这个古希腊词的大致意思是灵魂。灵魂激活了肉体，并且根据希腊神话，它又独立于肉体，可以重新寄居在不同的肉身之上。苏格拉底坚称只有灵魂的纯洁与健康才跟个人的幸福息息相关，灵魂因此是个人的真正身份。有利于灵魂的行为就是德性的行为；有害于灵魂的行为就是邪恶的行为。那些通过不义行为——偷窃或者通过美酒、美食或性来填补自己的欲望——而追逐肉体快乐的人犯了严重的错误。他们追逐的肉体快乐对他们本身无益，因为他们牺牲了最重要与必需的良善，他们原本可以追求那些相对来说更有意义的快乐。

据柏拉图所述，苏格拉底对话的最后一个策略是这样的：他声称自己并不掌握最重要事物的知识，也并不掌握德性的全部知识，然而他给观者的印象是相当有德性的。他有着节制的欲望，在作战时也相当勇敢（他救了阿尔喀比亚德一命，然而却让这位年轻人担负勇敢的美名），同时他也是公认的敬神的模范（尽管他在审判中受到了指控）。最为出色的是，他高度重视正义的价值，他宁可承受不义的后果也不愿去行不义。根据柏拉图与色诺芬的记述，当苏格拉底遭遇不公判决时，他默默承受并因此而死。他宁可承受死刑的不公裁决，也不愿自己行不义去逃避它。苏格拉底执着于深刻而彻底的自我反省，他至诚地反对权力与贪欲的虚假神灵,继而拥护知识的价值,并且一生对之孜孜以求,不懈探索。所有这些都表明他按照德性的标准来塑造自己的思想与品性。虽然他否认掌握全部的知识,但是他把知识与德性看得比任何东西都重,这使得他比周围任何人都更有德性。[1]

苏格拉底与民主政治

苏格拉底在挑战了雅典的将军们、智者以及其他同代人之后,历史上久负盛名的政治人物也无法逃脱他的责难。提米斯托克利打赢了海战,但是帝国因此获得了什么好处呢?伯里克利在城市周围建立起了高高的围墙,使城邦金银满地,并且使用精妙的大理石雕像来装饰巴特农神庙,但是他能向人们指出哪个公民因此而变得更有德性了吗?他们这些人以及跟他们类似的人给人民出谋划策,然而他们甚至都被人民处罚或者放逐过。这说明他们无法真正达到优秀政治家的标准,他们没有让人民变得更公正,只是让人民变得更不公正而已。当然,苏格拉底承认那些过去的大人物"比现代的人更聪明,因为他们为人民创造了船舰、围墙、船坞以及其他类似的东西"(*Grg*.517c),然而他们也仅仅是满足人民心中的欲望而已。他们早该发觉人民内心的欲望根本就是不值得满足的。

---

[1] 关于苏格拉底比他的同代人明显更有德性的观点,参见柏拉图《斐多篇》(118a);相关论述参见 Nehamas 1998 以及 Lane 2007。

这使苏格拉底步入了悖论之中。他自己不沽名钓誉,不试图成为卓越的人民领袖。尽管他在雅典军队服役期间作战勇猛,并且后来因成为议事会成员而有望走上仕途,但是他从不在政治会议上发言,也不常常出现在法庭之中。与此相反,他一生致力于追求哲学,与别人对话,向人们追问什么是德性。阿里斯托芬的喜剧没有把苏格拉底丈量跳蚤跳跃距离的行为视为难以理解以及毫无用处的,但是对像卡利克勒(Callicles)这样自负的人来说,那就是一种"非人的生活"了——只知"终生躲在某个角落里和三四个小孩窃窃私语,不能以自由、崇高、辉煌的风格说话"(*Grg.*485d-e)。实际上,正如卡利克勒警告苏格拉底——柏拉图在苏格拉底的死刑判决之后描述了这个警告——的那样,如果像苏格拉底这样的人"因为没有做任何不义之事而被控以不义之罪名"(*Grg.*486a),这样懒散无用之人将无法为自己辩护,更不用说在城邦之中赢得任何名望了。

柏拉图认为苏格拉底采取了一个大胆的回击策略,他旗帜鲜明地进行了重新定义,宣称自己是所有雅典同胞公民中唯一"从事真正的政治技艺并且实践政治的人"(*Grg.*521d)。如果说政治的恰当目标是关心公民同胞的灵魂,那么只有苏格拉底自己做到了这一点。所有其他人都把自己以及其他公民同胞的灵魂出卖了,因为他们都自私地追求物质或名望。

通过提供关于政治的诡异定义,苏格拉底颠覆了雅典民主政治的固有逻辑。我们在第三章已经发现民主政治是关于如何运用说服的权力去追求大多数人或公共利益的活动。苏格拉底所理解的政治是关于如何以审慎的质问来进行论辩的权力,它的目的是为了个人的德性,这是唯一有益的事情。正如柏拉图《拉凯斯篇》(*laches*)中的苏格拉底的一句话:"所以我想,作一个好的决定要依据知识而不是依据人数"(184e)。一个真正的政治专家不能依靠运气或举手表决的方式产生。他因自己的智慧而合格,因自己的所作所为,以及所具备的使公民同胞更公正的能力而为人知晓。伯里克利及其他政治领袖们不仅在城邦内无法达成这些目标,他们在各自的家里也办不到,他们甚至都不能使自己的孩子们富有德性。

按照苏格拉底的看法,如果我们对政治领袖的专业技艺无法像对医生或造鞋匠在各自行当所拥有的专业技艺一样有信心的话,我们就不要指望他们统治得很好。民主派认为任何公民实际上都具备做出正确判断的能力,然而苏格拉底坚称专家与非专家之间存在一条理论上的鸿沟,尽管他深刻地揭穿了那些自命不凡的专家们,并且否认自己是一个专家。在他看来,如果任由无知的人民群众掌权,那么这不会也不可能达成政治的最高目标。

苏格拉底没有把对无知群众统治的责难仅仅局限于民主政体。只要不是由有知识的人进行统治,没有什么政体形式——君主制、寡头制、僭政——能够使人民过一种优良生活,能够培养人民的德性——德性才是苏格拉底所真正钦羡的东西。德性与知识的标准太高了，任何现实的政体形式都无法轻易达到。就此而言，它们是所有现实政体形式的有意义的评判标准，不管是民主政体还是别的什么政体形式。除了在军队服役期间，苏格拉底本人从没在雅典城邦以外的地方生活过。尽管城邦在苏格拉底的眼中存在种种缺陷，但雅典还是赋予了他数十年自由发表言论的机会，也很可能是因为雅典对言论自由这一政治价值的推崇，才使得他一生致力于此。然而，很多苏格拉底的追随者认为斯巴达式的纪律与自我克制等习惯才比较符合苏格拉底的严苛要求，而不是悠闲自在、喜欢愉悦与新奇事物的雅典生活方式（即便人们普遍认为雅典比斯巴达更欢迎哲学）。[①] 被苏格拉底搅动不安的个人魅力所吸引的很多人把他对德性与知识的颂扬视为他贬低民主政治的原因，尽管他们也可能看到了民主政治的某些长处，或者在实际生活中仍然做民主政治的公民。

审判中的苏格拉底

苏格拉底死后，他的追随者竞相记述其在法庭审判上所发表的辩护词——希腊单词 *apologia*，英语单词"申辩"（apology）的词源，以及在苏格拉底被判有罪后，他的起诉人所发表的量

---

① 柏拉图对雅典民主存在很强的智识依赖，Monoson（2000）详细讨论了这一点（Saxonhouse [1992] 也坦率地持有这种观点）；Wallach（2001）认为柏拉图批评雅典之处并不比他批评其它政体更多；然而 Ober（1998）认为从具体文本语境上而言柏拉图应该被视为批评雅典的激进"抗拒分子"（rejectionist）。

刑演说。其中的一位记述者是雅典人色诺芬,他曾率领雇佣军前往波斯打仗并且安全返回,之后他又与斯巴达人并肩战斗反对雅典人,因此遭到了雅典的驱逐,此后他一直生活在外邦,直到最后与雅典冰释前嫌。在色诺芬的版本中,每一项针对苏格拉底的控诉理由——不承认城邦的神、传播外邦神灵以及腐化青年人的思想——都是不真实的。对色诺芬来说,苏格拉底是现实生活中切实存在的模范公民,他完美地呈现了一名正直的雅典公民的形象;苏格拉底为了防止德性随着年老而衰退,拒绝为苟且偷生而阿谀陪审团,毅然决然地接受了死亡。

与色诺芬的版本相反,柏拉图版本中的苏格拉底的自我辩护极有态度,他与当时正直的雅典人的应有反应极不相同,他的自我辩护是特意为之且引人注目的。苏格拉底没有谦卑地乞求或讨好陪审团,他毫不含糊地告诉陪审员说自己不是城邦的威胁,而恰恰是神灵对城邦的馈赠。苏格拉底为神灵所派遣,他到雅典是为了唤醒雅典人民。他是城邦的好公民,但不遵循在政治会议或法庭之中当众发表演说的寻常路径,而是逢人就质问他们各自宣称所知道的事物。"神特意把我指派给这座城邦,它就好像一匹良种马,由于身形巨大而动作迟缓,需要某些虻子的刺激来使它活跃起来。在我看来,神把我指派给这座城市,就是让我起一只虻子的作用。"(《苏格

拉底的申辩》30e）[1]

苏格拉底被判有罪之后，他被要求提出针对起诉人的死刑惩罚的反量刑建议（雅典法律要求陪审团要么采纳起诉人所建议的刑罚，要么实施被告所建议的刑罚，除此以外别无二途）。柏拉图描述说苏格拉底此刻的表现不可能不激怒陪审团。苏格拉底首先表示他理应受到与奥林匹克比赛获胜者一样的对待，即在城邦内终身享受免费的饮食（36d）。尽管最终苏格拉底提议对自己处以罚金，作为正式的反量刑建议，但是他所建议的罚金数额少得可怜，根本与他被控的罪名不成比例。毫无意外地，最终实际上有更多人数的陪审员投票同意处死苏格拉底，数量比先前判其有罪时还要多。

问题的关键在于，苏格拉底与一个典型的雅典法庭陪审团的价值理念截然相反。陪审员们习惯于认为死刑可能就是人们所能想出的最重惩罚。然而，苏格拉底并不这样认为，他认为死亡只能伤害一个人的肉体，无法触及人的灵魂，灵魂在他看来是不朽的。实际上，如果把他关于德性与知识的论证应用于具体实践，那么苏格拉底认为正因为他不知道是否需要害怕死亡，所以他才不害怕死亡，其他人也不应该害怕死亡（柏拉图提出了关于死亡的一般哲学见解，这与色诺芬的版本并不相同，后者认为避免死亡纯粹属于个人行为）。因为死亡是起诉

---

[1] Grube 译文，参见 Cooper 1997。

人所能请求法庭陪审团实施的最重处罚,但是死亡无法伤害他的灵魂,也就无法伤害他真正的自我,所以苏格拉底没有理由不接受陪审团的判决。

唯一的例外是假设性的,因为有一种刑罚是任何现实的雅典法庭陪审团从未给出过的。在柏拉图的《申辩篇》(29c-d)中,苏格拉底谈到说如果陪审团判决他停止哲学思考,他将不接受这样的惩罚。这样一种惩罚违背了苏格拉底对一条神谕的理解,即没有人比苏格拉底更有智慧。苏格拉底之所以要考察他所遇到的那些自称有智慧的人,其目的就是要证明这条神谕是正确的。如果他违背了自己对神谕的理解,那么就将亵渎神灵而是不义的。然而这种假设的不足之处在于,苏格拉底愿意接受雅典人施加给他的所有惩罚。他坚信身体的伤害、监禁,甚至死亡都无法真正地伤害他,只要不伤害他的灵魂。[1]

苏格拉底被判死刑之后,他被关在监狱之中等待行刑的时辰到来。据柏拉图描述,苏格拉底拒绝了密友克里同(Crito)乞求他逃跑的建议。克里同想好了整个计划,他可以买通监狱的守卫,然后偷偷地让苏格拉底流亡外邦。在古希腊,被告人为了逃避死刑而流亡外邦并不是什么新鲜的事,只要永远不回故土,他们很可能也就能逃避死刑的惩罚。然而,苏格拉底拒

---

[1] 关于如何阅读《申辩篇》,在学术上存在很大的争议。此处我提出了自己的阅读与理解。关于文本重要内容的一种理解视角,参见 McPherran 2002。还有一种奇特的看法认为苏格拉底遵从了一位专家的意见,而非依赖于自己的判断,参见 Hatzistavrou 2005。

绝逃跑。接受惩罚不会造成什么伤害或不义，因此他没有逃避它的正面理由。①

苏格拉底的哲学并不使他反抗城邦。实际上，他的哲学使他走向公民的服从，而非不服从，但是先入为主的为公民不服从进行辩护的现代学者经常希望或想象事情不是这样。在苏格拉底自己的政治生活实践中，他拥护城邦的法律（正如他所言，当轮到他以议事会成员的身份主持人民的政治会议时，他拒绝把不合法的建议列入议事日程）。② 就其个人而言，他拒绝行不义以及惩罚无辜之人（如其所言，他拒绝执行三十僭主的命令抓捕一名无辜者并处死他）。他还选择待在监狱里等待行刑，默默承受不公正的遭遇，因为这不会使他陷入任何不义的境地。然而，他发现积极的民主政治并不是实施有意义行为的合适场所。只要日常政治对德性追求漠不关心，不把德性作为自省的批判性标准，它就不是苏格拉底的竞技场。实际上，苏格拉底所有的努力都是为了激励公民同胞像他那样去追求德性与知识，他试图改造单独的个体，而不是运用政治制度

---

① 关于如何阅读《克里同篇》在学术上存在很大的争议，尤其是篇中苏格拉底关于"法律"的演讲如何与柏拉图自己的观点联系起来的问题。最近英语世界中关于该演讲最有影响力的阅读与研究，参见 Kraut 1984。Kraut 认为柏拉图的"法律"思想与苏格拉底的一致。很多学者对这种普遍的观点提出了质疑，参见 Harte 1999、Lane 1998a 以及 Weiss 1998。
② 色诺芬在《希腊史》(1.7) 中记述了这种行为（同时惩罚六名雅典将军，而不是个别地对待他们的行为）的不合法性与苏格拉底的反对。值得注意的是，那年苏格拉底一定是把自己的名字提前了，目的是为了被抽中而成为他村社的代表成员。

从总体上改造城邦。他可能事先就知晓了一个道理,即当一个城邦的大多数人醉心于贪婪、欲望与权力的时候,没有人可以成功地运用政治制度达到自己的目的。如果苏格拉底打算去改变雅典的政治,那么他选择一次只改变一位公民。他反复盘问那个人,希望可能引起他或旁观者的自省。

进入柏拉图

苏格拉底一生致力于发表演说,但当然不是在政治会议或法庭上,而是面向个人以及各种小团体,他向听众提出各种挑战与问题。苏格拉底既不是演说家,也不是教师;他在正规的体制之外,以个体、非正式的形式完成着自己独特的工作。与苏格拉底相反,柏拉图大部分的成年时期一直致力于写作与教学;起初他与追随者们聚集在运动场一起讨论数学与哲学,之后他创立了名为学园的高等教育机构。我们对学园具体承担哪些功能知之甚少,但是我们知道他们在学园里学习数学与逻辑学、演练辩论与公共演讲。学园至少有一名女扮男装的学员。[1] 雅典各种社会阶层的人都前去学习,除此以外学园还有大量的外邦学员,比如亚里士多德。我们仅有关于学园口语教学的少许模糊的线索。

我们现在拥有大量柏拉图式著作,特别是他的各种对话

---

[1] DL 3.46.

录。这似乎是他与别人共同发明的一种写作形式，这些对话录通过苏格拉底的人物角色特别能传递出对话的不可泯灭的力量。在柏拉图的大部分对话录中，苏格拉底都是主要角色；在其余大多数里，他也是次要角色。只有一部对话录著作，即《法律篇》里没有苏格拉底。[1]我们认为柏拉图所有著作都完成于苏格拉底死后。苏格拉底的死亡曾促使柏拉图一度出走雅典到外邦游历，直到最后他重回雅典。

曾经有一个这样的城邦，它是艺术与智识创造活动的中心，并且正处在帝国力量的强盛时期。在城邦之中有一位出生于显赫家族（他的母亲这边与令人尊敬的立法者梭伦，以及克里提亚斯与查米德斯都有关联；其中后两位都是声名狼藉的三十僭主的成员）的年轻人。对这样一位富裕与出身良好的男孩来说，成名的机会不可谓不多。他可以成为像伯里克利那样的将军，像欧里庇得斯那样的剧作家（实际上据我们所知年轻的柏拉图确实创作了几部悲剧，但当他遇见苏格拉底的时候，把它们都烧掉了），或者像希罗多德那样的历史学家，在节庆日的时候吟诵历史以赢取公众的赞誉。

他的父母以及朋友们都能轻而易举地认识到所有这些通往荣耀的道路，但是柏拉图一条也不选。相反，他在自己成长的关键时期死心塌地追随一个其貌不扬的男人，即苏格拉底。

---

[1] 即便是在《法律篇》中也有一个雅典访客的角色，有人认为这一角色掩饰的要么是苏格拉底，要么是柏拉图本人。

苏格拉底不过出身于手艺人家庭，并非什么富裕的贵族子弟。柏拉图抛弃了参与民主政治以及继之而起的寡头政治的抱负，转而致力于观摩与聆听他的精神导师对别人的无尽问询。我们可以设想这样的一幅场景，也许并不十分离谱：母亲和继父已经抓狂了，因为这个年轻的孩子被人洗脑了，抛弃了传统标准下一切与成功人生相关的计划与抱负。

公元前399年苏格拉底喝下毒芹汁身亡时，柏拉图大概二十四岁。[1]在外邦游历了大概十六年以后，他回到雅典创建了学园，并且很可能在这里完成了他大部分的对话录著作。奇怪的是，他把所有著作里的时间设定在了前一个世纪，而不是他写作的时间。他描述了众多重要的人物角色，但当时柏拉图自己可能还没出生。这就像一个生活在2014年的雄心勃勃的美国作家、思想家，但他把自己所有的每一部的著作讲述的时间都设定在约翰逊、尼克松与福特的年代，他执迷于"水门事件"这样的故事而让自己的作品充斥着事件的早期迹象。读者往往会忽略他著作的这一特点。某种意义上说，这恰恰是对柏拉图的致敬：因为他的作品给予了我们关于公元前5世纪如此之多的信息，他极其生动地再现了当时的情形，以至于使我们几乎认为它们就是公元前5世纪的产物，而不是四十多年以后。然而，当柏拉图在做这些迴溯历史的创作时，他很可能

---

[1] 关于柏拉图个人性格的必备参考著作，参见 Debra Nails 2002；该书认为他出生于公元前424/423年。

也已经着手评论其所处时代的政治状况了。因此，把他的著作置于双重视角下的做法——一边是公元前5世纪的文字背景，一边是公元前4世纪的创作背景——将使我们受益颇多。

从公元前384年（柏拉图可能已经四十岁）开始，一直到公元前348/347年（柏拉图去世），雅典社会始终处于动乱之中。公元前404年斯巴达战胜雅典后确立起来的优势地位也很快就土崩瓦解了，因为雅典、斯巴达、忒拜以及波斯各方之间相互施展权谋来谋求优势地位与联盟，同时各方内部也发生了争夺权力的斗争，使整个局面甚为复杂。距柏拉图去世前十一年的时候，腓力二世（Philip II）被任命为马其顿的摄政王。马其顿是希腊的边疆领地，一直由希腊王室所统治，当然腓力二世也是王室的一员。腓力二世不断在周围地区的塞萨利（Thessaly）积聚实力，从此以后如何应对腓力二世的马其顿就成为雅典政治的主要议题，当然也使雅典政治出现了分歧。为捍卫独立，雅典是应该采纳德谟斯提尼（Demosthenes）的建议而对腓力二世的马其顿发动战争，还是应该采纳德谟斯提尼的反对者的主张而与之缔结和平协议？（柏拉图同时代的伊索克拉底则更大胆地指出，腓力二世是使整个希腊世界团结一致反抗波斯的潜在救世主。）后来和平派所发布的演说充斥着柏拉图式的意象与语词，这表明他们已经接受了柏拉图的思想，或许有意让其充当反对再次掀起战争的政策顾问。[1]

这是一段动荡不安的历史时期。每一个城邦及其统治者都赤裸裸地施展权谋去追逐权力，毫不顾忌高尚的政治原则。极具讽刺意味的是，尽管希罗多德从道德的角度对比了纯洁的波斯战争与后来希腊人打击希腊人的内讧式的伯罗奔尼撒战争，但是对公元前4世纪的大部分雅典人来说，这后一场战争的道德性也是不容置疑的。雅典为了捍卫城邦的自由与民主政体而反抗斯巴达的压迫与寡头政治。（比较一下冷战：尽管冷战在道德与政治上都存在各种问题，但与后冷战时代比起来，过去的冷战时代有时显得相对简单，它的道德是非曲直也显得相对清晰。）然而，柏拉图通过自己的著述向这种简单幼稚的往日自信宣战。他的对话录著作大多以伯罗奔尼撒战争为背景，它们表明尽管雅典人明白他们为何而战，但实际上他们并不明白。雅典人喜欢把反抗斯巴达的战争视为争取自由、独立与民主的战争。然而，柏拉图暗示实际情况并非如此，那毋宁是一场为了战利品与帝国统治权力的战争，它全然不顾什么德性或正义。

修昔底德与苏格拉底（就我们把苏格拉底与柏拉图区分开来，对苏格拉底的思想进行重构的意义上而言）早已经着手批评伯罗奔尼撒战争了，但柏拉图则更进一步。一个人在读了修昔底德的著作后会发现，唯一的问题是雅典在外邦推行的帝

---

[1] 我借鉴了 Allen 的研究，他指出并探究了这种关联性，参见 Allen 2010。

国专制。正如一战前J.A.霍布森（J.A.Hobson）对英国的政策建议，如果摆脱帝国的专制，那么民主政治在国内也可以真正地繁荣起来。然而，柏拉图认为问题要严重得多。国内的民主政治本身就是混乱的，它混淆了什么才是真正值得拥有与追求的。这才是帝国主义的病根。帝国主义不仅仅是外交政策的失败，它根源于人们的贪婪与权力欲望。苏格拉底没有把欲望与贪婪从所有雅典人的灵魂中成功剔除。实际上，他甚至没有在任何一个人的身上获得成功。通过著书立说，柏拉图有可能影响更多的读者，他不仅仅督促人们自省，而且告诉人们正义真正要求的是什么、成功可能是什么样子，以及什么样的渴望与追求才是最有意义的。

《理想国》：一个关于正义的更为深刻的案例

以下是柏拉图的对话录即英文世界所谓的《理想国》将要探究的基本问题。这是一部极其著名的著作，因为它把人类所能享有的最好生活与最好的城邦政制形态联系了起来，并且第一次对之做了全面的分析。它还是西塞罗、奥古斯丁、卢梭等后世思想家对心理学与政治学进行反思的榜样。此书的希腊文标题是"政制"（*Politeia*），即我们第二章讨论的宽泛意义上的政制（constitution）。在公元前1世纪的色拉西洛斯（Thrasyllus）的编著版本中，它还有一个副标题"论正义"，即我们第一章讨论的希腊思想的核心观念。正如它的主副标题所示,该对话录提出了一个基本的问题,同时也是我们这本书谈到现在的基本问题:是否有一种政制形态或政治组织结构,它是一种生活方式,并且还是正义的而非剥削的?在柏拉图这部对话录的主体部分,苏格拉底通过与柏拉图的两位兄弟的对话直面这个问题。苏格拉底描绘了一幅城邦的图景:其中政治上的统治者同时也应是哲学家,他们不是剥削人民的专制主或主人,而是人民的奴仆。因为他们是哲学家,所以他们按照真正的善而统治。因此他们能够遵循真实价值的标准,既可以塑造城邦的行为,又可以培养公民的良好品质。

《理想国》在权力之外重新设置了一些新的目标,并且还对达成目标的适宜手段进行了彻底的修正。在雅典的民主政治中发挥重要作用的政治机制,比如修辞术、抽签,甚至选举等在这里都没有作用。相反地,在这个"理想城邦"(Kallipolis)里,统治者在苏格拉底于其他场合所想象的真正德性的基础上产生。他们由事先指定好的夫妇优育而生,然后经过考验之后从中选取最优秀的。一切都取决于知识与德性,我们将会发现这两者同根同源。只有在这样的城邦之中,大多数人才能够培养起自我控制与纪律的意识,然后再辅以知识的力量,他们才有能力避免行不义而伤害各自的灵魂。这样一个理想的城邦最终将成为所有人,尤其是那些少数优秀的哲学家得以守护自己灵魂的前提条件。

《理想国》以一则关于正义的老套故事为开端,故事的讲述者是一位幸运的老年人克法洛斯（Cephalus）。克法洛斯是一位富裕的"梅迪克"（外邦人），他经营着生产制造的买卖，但是他的财富却面临着即将到来的寡头政变的威胁（他有一个儿子因为是民主派而后遭到了暗杀）。克法洛斯坚守着关于神灵与德性的传统观点。它告诫人们应多行正义，否则会受到神灵的惩罚。"正义"意味着人应该向神灵奉献贡品，向别人偿还债务。传统的正义观在克法洛斯的身上是有效的。他足够幸运，不用太挣扎就能偿还债务，也没有遭遇圣经中的约伯那样的厄运。他拥有传统观点所认可的德性，在神灵以及众人眼中都享有良好的声誉。与此同时，克法洛斯不断衰老的身体机能也降低了他的各种欲望，使它们再也无法影响他所承诺的虔诚与正义了。他向神灵奉献贡品就是保持虔诚与坚守正义的双重体现。

然而，对在场的很多人来说，克法洛斯的老套故事不再奏效了。很快另外一个人色拉叙马霍斯（Thrasymachus）参与了对话，他是一位来自卡尔克冬（Chalcedon）的厌世之人，当时正在雅典履行外交任务。他表示这种传统的正义观是一场骗局。[1] 伦理学上没有正义价值这一说，因为政治上的正义根本不存在。每一个城邦的统治者为了自己的利益而剥削人民，他们按照自己的喜好定义正义："正义是为强者的利益服务的，

---

[1] 当色拉叙马霍斯参与《理想国》对话的时候，据称有一位卡尔克冬的修辞家正在访问雅典，参见 White 1995。

而不正义对一个人自己有好处、有利益"（344c）。[1] 色拉叙马霍斯的意思是说，比如当克法洛斯在雅典城内向别人偿还债务的时候，他对城邦掌权的人民有利，但是人民设置对他们自己有利的规则（比如，他们可能否认先前还债行为的有效性而达到剥削贵族的目的）。因此，克法洛斯的还债行为实际上受到了人民的剥削。从更一般意义上说，在一个充满剥削的世界里，正义与自制无法获得个人的幸福，它是一种自虐的手段。正义对个人不利，它毋宁是一种个人被利用来为别人谋利的方式。

色拉叙马霍斯立场相当坚定，当苏格拉底施巧计试图说服他的时候，他不为所动。苏格拉底认为统治者既然是统治者，他们必须为人民的真正利益去着想。只有当统治者自己老想着去赚钱的时候，他们才只会要求对自己有好处。然而，对描绘了一幅如此惨淡的社会图景的人来说，苏格拉底的这种论辩不太可能具有说服力。当时在场的柏拉图的两位兄弟也并不认同苏格拉底的观点，但是他们表示愿意接受他的观点。柏拉图的两位兄弟参与对话的目的是为了证明这样一个事实，即当色拉叙马霍斯说一个人没有任何正义的理由的时候，他的观点太过绝对了。即便是在不平等的条件之下，穷人们仍然可能有理由去尊重关于财产的各种规定，因为只有这样他们自己的那点微薄财产才会受到别人的尊重。

---

[1] Grube 译文，Reeve 校订，参见 Cooper 1997。

柏拉图的一位兄弟格劳孔（Glaucon）表示，正义在某种意义上可以对一个人有真正的好处，但是它仅仅是第二位的选择。一个人的最佳选择是成为僭主，只为自己牟利而为别人制定规则，这正是色拉叙马霍斯所暗示的意思。另外一个兄弟阿得曼托斯（Adeimantus）补充表示，传统正义观所承诺的实施惩罚的主体即神灵已经土崩瓦解了。这要么是因为神灵对人类事务漠不关心，要么是因为神灵能够被祈求者与贡品所收买。贡品不是人们向神灵偿还的债务，而是一种贿赂。环顾这个世界周围的一切——阿得曼托斯此处对社会的看法的确与圣经人物约伯的某些血族同胞的观点类似，他发现不义之人飞黄腾达，以至于使他不得不接受这样的结论，即神灵允许自己被收买。因此一个人没有理由再去相信传统的正义观了。然而，这两位兄弟都坚称他们不愿相信自己所宣扬的内容是真的。这些愤世嫉俗的看法都是道听途说的，来自于城邦的众多显赫人物以及造访雅典的智识名人们。两兄弟敦促苏格拉底去捍卫正义的价值，敦促苏格拉底向他们说明正义对个人真的是有好处的。如果正义的价值能够被证实，那么色拉叙马霍斯的观点就是错误的，因为此时正义就不总是等于剥削了。

苏格拉底做出了一个日后著名的推进，来捍卫正义，他把个人的灵魂[1]——人们所期望的正义寄居之地——类比于城邦

---

[1] 我在下文一般使用通行的译词"灵魂"（soul）来代替 psyche，以便与很多英文版本的译文与论述相统一。

的灵魂。他建议人们在城邦里讨论正义是什么,并把它作为寻找个人灵魂中的正义是什么的模型,因为与小字比起来,人们更容易读出那些大字来。他眼中的城邦由三个部分组成,因此个人的灵魂也是如此。在各部分的相互关联之中,他声称辨别出了四种德性:智慧、勇气、节制与正义。不单单是城邦及其柏拉图式的三部分结构是政治的,个人灵魂的各部分同样也是政治的。因为通过它们的相互关联,城邦与个人之间存在相互塑造的关系。如果人们装模作样地注重荣誉,但背地里却渴望金子,就像苏格拉底后来所描述的荣誉之治的不稳定政体那样,其本身就易于倾覆,因为一座大厦如果只是表面富丽堂皇,那么它必将坍塌。(试想一下前苏联最后的光景,一个国家接着一个国家的人们突然发现没人再愿意相信共产主义那一套了。)如果渴求财富与享受,人们之间必将产生的不平等会最终摧毁经济秩序,因为穷人们最后将会发现他们是人数占优的一方,因此他们比富人天生更有力量。或者是另外一种情形,不愿接受教育而只执迷于自己善变的冲动,那么他们就易于聚集在一位拥有超凡魅力的人物周围,民主政治就有沦为僭政的危险。

城邦的教育塑造着个人的心灵与品性,它们相互支撑在一起,只有这样的政体才是长久的。"理想城邦"是第一长久的城邦,是唯一真正的统治形态,其他的统治形态最终都是赝品或冒牌货。苏格拉底没有依靠神灵奖惩的传统正义观,他构筑的奖惩主要基于个人的内心。即便一个人考虑来生，那也是对那个人此生选择追求正义或不义的回应。苏格拉底在对话最后阐述的一则神话故事表明了这一点：神灵与命运决定着一个人的来生，每一个人的灵魂都有机会去选择他或她的来生（受到一些偶然因素的限制），但在实际操作的时候它取决于人们前生的正义或不义情况。因此，来生的正义全然取决于一个人有生之年的内在价值，而不是受制于外在的、因此有可能是专横随意的神灵的直接奖惩。

苏格拉底以描绘城邦的起源展开讨论，它似乎没有理由是不义的，或许可以说它是自然正义的。这是一个存在着简单劳动分工的原始城邦，比如制鞋匠拿他们的产品与农民交易以换取食物。只要人们的需要停留在完全基本的水平上，只限于食物与衣服的质朴乡村需求，人们就没有行不义的动机，因为人们没有过多的欲望驱使他们行不义。每一个人凭着自己的技艺对城邦有所贡献，但除了与之而来的适度奖赏（简单的乡村饮食）以外，人们没有过多的贪欲。

然而，格劳孔对这样的城邦并不满意。对一个生长于雅典的富裕年轻人来说，这样一种简朴的乡村社会显得过于原始了；何况当时雅典是社会结构最复杂、最热爱艺术的世界大都。为了安抚格劳孔，苏格拉底允许奢侈享受进入他们所想象的城邦，使人们拥有较多的欲望，甚至刺激人们形成较大规模的消费。然而这将导致早期的城邦居民发动战争，为此就需要战士。苏格拉底此处走出了极富意识形态意义的一步。在民主政治的雅典，人民自己就是战士，然而苏格拉底表示，城邦需要构建一个独立的军事阶层。这些卫士对外承担防御的功能，但他们在城邦内同时还是监督者，具有捍卫城邦政制的功能。因此，防卫成为城邦基本的政治任务，他们既要保护城邦的政制，又要防止外邦人的入侵。根据军官与士兵的军事分工，卫士阶层又被分为两类。一类是更年长、更智慧的阶层，他们是统治者，一类是相对年轻的阶层，他们是前者的军事助手。在卫士阶层内部，对话中第一次出现了统治，然后统治才扩展到整个社会，即智慧阶层统治全体公民。[1]

那么，什么才是一个城邦真正的德性呢？它们存在于各阶层内部，以及各阶层之间。存在两种显而易见的德性：智慧是统治者的德性，勇气则属于军事助手们。节制与正义则存在于各阶层的相互关系之中。苏格拉底把节制定义为各阶层之间的协议，它们都同意由适合的人来统治。节制意味着另外两个阶层，即士兵阶层与乡村生产者都同意按照统治者的要求来约束自己的欲望。读者们最终在这里发现，统治者按照善的标准规范着另外两个阶层的欲望。苏格拉底把正义定义为每个阶层都履行自己的职责。在一个原始的城邦里，这是一种本能；在一个拥有奢侈享受的城邦里，人们需要时刻保持警觉，使奢侈享

---

[1] Long 指出守卫的功能占据着《理想国》的中心地位，参见 Alexander Long 2013。

受受到适当的制约。此处柏拉图暗示任何一种政体的人们都利用统治来满足自己的欲望,无论僭主政体、贵族政体,还是民主政体。统治不应成为满足欲望的工具,比如帝国主义的雅典运用权力的所作所为。统治应该被用来使人民去行正义之事,而不是让人民整日沉迷于欲望之中而行不义之举。

在一个正义的政体之下,个人的德性与城邦的德性是一致的,它们相互促进。在一个不义的政体下,个人身上的罪恶持续不断地侵害与恶化各种社会关系,继而恶化了的社会关系又激起了更大程度的腐化。良性或恶性循环,这是苏格拉底规划出的两条政治道路。现代各政体其实也面临着这两种选择。社会是支持了其成员的合理选择与决定,还是说人们不合理的行为动机产生了破坏性的行为,进而使社会契约的价值受到了进一步的损害?[1]

《理想国》:灵魂里的正义

柏拉图式的理想政治与我们已经考察过的希腊实际的政治形态之间存在基本的差异。在希腊的历史中,政治起初处于寡头的统治之下,然后受到了穷人们的挑战。穷人开始追求正义以保护自己免遭剥削与奴役。在柏拉图式的理想城邦里,政治承担着保卫城邦的职能,它需要为城邦的人民创造正义,但

---

[1] Lane 2011/2012.

这里的正义是说它充当卫士去塑造人民的喜好，以避免个人受制于自己的贪欲。雅典的民主派认为正义必然意味着穷人免遭傲慢的富人与强者的侵害，继而使他们得以享有平等的公民权力。柏拉图《理想国》中的苏格拉底则认为正义必然意味着城邦为个人提供保护以使他们不渴望成为傲慢的富人与强者——此种欲望带来的不是幸福而是痛苦。没有正义，权力一无是处；追逐可见的权力将导致不义。

个人的情况如何呢？柏拉图已经提供了关于希腊社会结构与众不同的论述，他把公民划分为士兵等几个阶层，接下来他又提出了关于每个具体个人的灵魂结构与众不同的论述。每个人可以分为两部分：理智、算计的灵魂部分与肉体的欲望部分。希腊人对此接受起来并不费劲。这就使苏格拉底把灵魂三部分结构中的两部分与城邦的阶层结构对应起来了，但是辨明第三部分要棘手得多。苏格拉底认为灵魂还拥有一个激情的部分，它使个人追求尊严而排斥轻蔑。理想的情况是激情与理智一起来反对肉体的欲望，但是如果激情堕落了，它可能转而支持肉体欲望。

在如何把德性与灵魂各部分联系起来的问题上，苏格拉底认为智慧与勇气——正如它们各自所对应的城邦阶层结构——很容易定位：智慧属于灵魂的理智部分，勇气属于激情部分。节制仍然是灵魂三部分达成的由理智来统治的共识。正义仍然难以定义，因为如果灵魂的三部分都同意由理智来统治，那么使各部分各安其职的正义又增加了什么呢？它所增加的意义是说灵魂的两个低级部分都放弃代理智而治的非分之想。低级部分只有在一定的约束之下去追求各自适宜的目标，而不是试图僭越理智的地位，它们才能够防止个人去行不义追求欲望的满足，因为欲望超出了理智所能接受的范围。

这样一幅政治图景对所有参与苏格拉底对话的雅典人，以及当时不在场的希腊人来说都是前所未闻的。实际上苏格拉底明确表示如果要实现这种政治观念，必须实行大规模的教育运动。不义反受神灵的奖赏，城邦的卫士一定不能被这样的观念败坏（格劳孔与阿得曼托斯在《理想国》第二、三卷中表示这种观念在雅典的文化传统中为世人熟知）。戏剧、史诗与音乐形式必须受到严格的监管，以防止它们在人民中激起不恰当的欲望或态度。这种"文化濡化"（enculturation）最好由一种统治者自己都会相信的谎言来支撑。它让公民自觉地相互视对方为自己的兄弟姐妹，又能让他们发觉相互之间存在品德的（真正）差异。这个"高贵的谎言"并不属于人们通常指责的政治操纵工具，因为按理说统治者自己也要相信它。然而，它的确是不折不扣的精英政治的工具，它建立在差别化的个人天赋能力的基础之上，然后又进一步依赖于个人的品性与成就。同时，它在同胞之情的掩饰下创造了共同的政治身份。[1]一个政

---

[1] 关于"高贵的谎言"，参考：Schofield 2006, pp. 292–309，以及 Tarnopolsky 2010。

治体是否可以同时没有精英政治的分层与同胞之情的迷思,这是阅读对话录的读者需要仔细思考的问题。毫无疑问的是我们在这里发现了政治体制的政制与生活方式的政制之间所存在的联系,即后者是使前者成为统一整体的方式。

这是《理想国》前四卷达成的结论,论证至此似已完整。五到七卷试图讨论的问题是如果统治者要保卫城邦人民而非剥削之,那么大大超乎先前的设想,他们必须远远异于寻常的统治者。什么样的人可以当统治者,以及他们如何生活等问题都必须不同于以往。他们不能由一般智慧的人来教育,相反他们必须由像苏格拉底本人那样的人即哲学家来教育。哲学家天生追求不易的真知,而不仅仅是某些想当然的信念。

哲学家既可以是男性也可以是女性。那些天生极具才能的女性接受哲学与军事的训练,她们与男性同胞一样轮流执政。所有男性或女性哲学家必须全身心地投入到统治与保卫城邦的角色之中,他们还必须经受得住剥削人民的诱惑。正因如此,他们必须按照一定的要求去生活(女性从雅典式的家庭事务中解脱出来)。为了城邦的利益,他们的性生活与生育行为都必须接受年长统治者的指导以保证繁衍出最优秀的后代子孙,然后把他们交由城邦集体抚养。与斯巴达人一样,他们要有共餐制度,但超出斯巴达标准的是他们不能有自己的财产。这样他们就能够最好地去保卫城邦,因为他们无法为自己而只能为人民谋利(这与斯巴达人不同,他们为了自己的利益而残酷地剥削奴隶)。

一个良好的社会需要排除统治者的财产与家庭,这是一种相当极端的观点。这使统治者没有任何腐化堕落的动机,因为他们无法积累起任何财产而又不被发觉,或者如果能够积累起任何财产,他们也找不到人去继承。这是一种家长制的政治观念,在规范繁衍行为以及为共同体抚育后代方面,它甚至超过了当时的斯巴达。优生主要被用于军事卫士阶层的受孕,对农业与手工业生产者不存在性生活上的限制。

没有财产与家庭,执政的精英们相互视对方为兄弟姐妹,他们把家庭关系中的权力转化为对城邦的爱。《理想国》此处存在着共产主义与女权主义的种子。如果要想去除贪婪与腐化的根源,一个人必须强行改变人性以使其适应非常规的政治机制,他必须再造社会,这是何等极端的观点![1]一些人认为柏拉图对此并未当真,废除卫士阶层的家庭与财产只是说说而已。然而,我认为柏拉图是认真的。如果城邦想担当起正义的美名,他非常清楚城邦将会产生怎样的变化。

---

[1] 参见 Lane 2001。在共产主义这个问题上(参见 Garnsey 2007),《理想国》的观点是取消某些人的财产权,然而亚里士多德的《政治学》误解了这个观点而认为柏拉图要消灭私有财产,在城邦推行集体所有制。这个误解(柏拉图在《法律篇》739c-e 中把所有人共同占有财产,并且共同组建统一大家庭的共产主义称为最好的政体。这可能对该误解起到了强化的作用)使人们长期以来一直把柏拉图视为积极的共产主义的鼻祖,认为他主张财产的集体所有制,还认为该观点影响了托马斯·莫尔的《乌托邦》(1516)以及法国的革命主义者,比如格拉克斯·贝巴夫(Gracchus Babeuf)。实际上柏拉图的《理想国》仅主张一种有限、消极的共产主义。统治者不能有私人财产,但私有财产关系在整体上并未废除。

在抛出了一系列新奇观点之后，比如赋予女性以平等地位，以及废除卫士阶层的家庭和财产，对话录确有滑稽可笑之处。苏格拉底表示他看起来最"荒诞"的建议是这样的：卫士不仅仅是传统意义上的聪明人，他们还须是真正的哲学家，即《高尔吉亚篇》（*Gorgias*）中被卡利克勒（Callicles）嘲笑的那些躲在城市角落里过一种非人生活的躲藏者。这些哲学家不仅仅接受诗学、音乐与军事的教育，还要学习数学、天文学与高级的哲学知识。他们并非如卡利克勒所描绘的那般与城邦莫不相干，也并非城邦的威胁——如苏格拉底本人被其同胞陪审员判定的那样，这些哲学家集知识与良好的道德品性于一身，他们是城邦潜在的救世主。

高级的哲学研习是什么呢？柏拉图认为是"理念"的学习，特别是"善的理念"。然而，当定义什么是"理念"的时候，他只给出了一些暗示与提醒，大多数的理念具体体现在他精心描绘的例子与故事之中，但是大致而言，理念是普遍、不变的真理，用以解释我们身处的特殊的不断变化的世界，比如平等、美、正义这样的真理，以及作为所有真理之基础的善。善是一种最基本的理念，因为它体现了存在物的目的本性，它是使一切物质具备价值的品质。

最能表现理念地位的是一个关于洞穴的故事，苏格拉底在其中运用隐喻的方法阐述了关于城邦教育以及脱离洞穴的困难与危险。在这个洞穴隐喻当中，苏格拉底把现实城邦中的人类比喻为终身被困于洞穴的囚徒，他们全身被缚而无法看见洞口，也无法看见太阳的任何自然光亮。在昏暗的空间之内，一些器物在囚徒身后借着人为的火光投射到洞壁上而产生了一些影像。这些影像就是囚徒所能看到的全部事物。那些最能辨别或说出影像的囚徒获得了同伴们的尊敬与奖赏。没有任何囚徒愿意相信在影像背后还存在着某种真实的东西，更不用说有人试图逃离洞穴了。

这个隐喻体现了一个浅显的道理，即真理隐藏在大部分人视野的背后。真理被城邦关于荣誉与价值的各种谎言束缚，因而它无法被大部分人理解。理念是关于事物的真正本性的真理。正如洞穴内的那些虚假器物只能借着人为的火光以影像的形式被人看见，众多的理念也只能借着善的观念被人理解——柏拉图把善比喻为太阳。哲学家——或因为偶然因素，或被迫而为——就是那些发现真理的人。然而向那些深受现实城邦驯化的人们宣扬真理是一项危险的工作。洞穴中的囚徒不愿意跟着任何人向上去。（苏格拉底表示）他们会说那个逃犯"把眼睛弄坏了"，继而得出结论认为"甚至连起一个向上走的念头都是不值得的"（即走出洞穴）。[1]

这就是《理想国》长久的悖论。哲学家是城邦潜在的救世主，然而他们所试图拯救的公民天生地倾向于排斥甚至试图消

---

[1] Rep. 517a，Grube 译文，Reeve 校订，参见 Cooper 1997。

灭那些向他们提供帮助的人。任何针对如此严重的政治不幸的诊断都会面临一个这样的问题：如果城邦病入膏肓，那么除了外部力量的介入或者城邦内某个被放逐的人，拯救从何而来呢？《理想国》在面对这个两难问题时认为，必须（无论人为还是自然地）要强迫人民接受某种形式的帮助，而不是让他们对其嗤之以鼻。这尽管是一种非常微弱的可能性，但是苏格拉底坚称这是可能的。[1]

即便哲学家在某种程度上能够执政，那么还有另外一个问题：他们关于理念的知识如何帮助他们成为好的统治者？对话中苏格拉底从来没有表示拥有了关于理念的知识就足以保证他们成为好的统治者。柏拉图此处以及在别处关于德性与知识相互统一的论述存在两种可能：如果所有的德性最终都是知识，那么一个人不会在有见识的同时却没有德性。在《理想国》中，苏格拉底试图阐明这种情况能够发生在具备哲学气质的人身上，这表明任何具备哲学气质的人在身体欲望上会是禁欲的，或者说他们本能地剔除了身体的欲望而只对知识充满渴望。这就使他们倾向于从同一处同时发展出良好的道德品格与良好的智识成就。[2] 然而柏拉图认为这个过程也可能走上歧

---

[1] 另外一种解读观点认为《理想国》其实是为了证明哲学（王）的统治及其必需条件是不可能实现的（参见 Strauss 1964, 以及 Bloom 1991）。我认为（参见 Lane 1999）这种解读低估了苏格拉底在第五卷中对这种可能性所做的明确分析。关于柏拉图观念可能性的更多论述，参见 Laks 1990。

[2] Lane 2007.

路，尤其是当面临外界的诱惑与腐蚀的时候。因此像"理想城邦"这样的良治社会在决定让哪些哲学家成为其统治者之前，需要竭尽全力地去考察那些心怀壮志的哲学家的道德品格、忍耐力、记忆力以及其他的必备素质。

一旦选定了一些知识与道德都合格的人，问题仍然存在：凭借理念的知识，他们凭什么能够比别人统治得更好？一个自然而然的反对观点是政治不需要冠冕堂皇的哲学知识，政治只需要切合实际的能力，而理念的知识无法为政治提供这些能力，它们甚至还有可能成为政治统治的障碍。然而，柏拉图式的回答是这样的：关于具体事务的决定——哲人王实际上极为重视具体事务的工作，在塑造与培养后代合适继承人的时候，他们事无巨细——是需要一种启发性的视角以反映人类那些最广泛的理解。

认识理念就是认识真实的、不变的与本质的事物。正是因为这个世界可以从理念的角度进行理解，所以它才是可以被理解与解释的，余外不过是些不可解的非理性事物，它们接受但也制约了理念的塑造力。这些关于不变事物的知识——德性的内涵以及让所有目的都变良善的观念——将会使统治者做出所有具体的政治决定。统治者需要做出具体的政治决定。这个小孩应该如何抚养？这个心怀壮志的哲学家在知识上是否已经达标？在了解了什么才是真正有价值的事物的前提下，他们做出诸如此类的决定。[1]

色拉叙马霍斯曾经一度以惨淡而愤世嫉俗的语气看待政治，但柏拉图在此处已经推翻了这种关于政治的一般看法。一直以来统治者都为自己的利益而统治，然而这些被重新塑造的柏拉图式的统治者则为了统治对象的利益而统治。他们的自我利益源于所拥有的正义与其他德性，而这些都得益于他们各自的哲学品性；人民的利益则源于他们各自所操持的技艺。在柏拉图看来，政治与个人的自我利益无关；如果恰当理解的话，它甚至不是以自我利益为目标的实践活动。统治别人是一项"位高则任重"（noblesse oblige）的活动。当人们无法认清或得到自己的真正利益时，政治给他们以帮助。《理想国》的意义在于它把以下两者联系了起来，即个人德性的价值与特定的政制形态。在这种政制形态之下，那些天生（以及通过后天培养的方式）掌握了所有德性与知识的人在大家一致同意的条件下，必须站出来去统治其他人。这种观点首先吸引了一批保守派，他们注重柏拉图对话录中的精英主义与等级制；其次它也吸引了一批进步主义者，他们注重对话录中对性别与财产区分的批评，因为柏拉图表示它们没有合理性并且会引起社会的割裂。[2] 个人之间、个人与社会之间，通过哲人王的统治可以达成社会的和谐。它服务于统治对象的利益而非剥削他们。这一

---

[1] Ley-Pineda 2009.

[2] Lane 2001.

图景极具影响力,它既让形形色色的读者(古代与现代的、犹太人、基督徒与伊斯兰教徒、保守主义者与极端主义者)心神不宁,又让他们自觉深受启发。

政治知识与法律之治

《理想国》赋予哲学以极其崇高的地位,这既是一种优势,也是一种缺陷。它的优势之处在于向人们展示了如何使统治指向有价值的目标。缺陷在于它把政治视为哲学的必然衍生物,只需掌握理念的知识,加上一些实践经验与军事训练,然后把它们混杂在一起。哲学家是那些掌握观念知识的人,然后让他们做王,这样的观点没有最终回答"政治技艺是什么"的问题,它于具体的政治问题建树不大。

在柏拉图的另一部对话录著作《政治家篇》(Statesman)中,苏格拉底只是一位旁观者。对话的主要角色是一位来自其他希腊城邦(埃利亚[Elea])的佚名访客,然而柏拉图确实通过此人发表了他对政治知识的看法。这位访客一再致力于辨别"伪政治知识"。他首先向智者询问,而智者只具备政治知识的幻觉,然后他向专业的政治人士即政治家询问。专业政治人士知道些什么呢?他们知晓如何统治人类。统治人类的活动与牧羊人放牧一群默不吭声的羊群不同。如《理想国》所示,做人民的统治者就是为人民谋福利,但是如何才对人民真正有利呢?政治家不是医生,他无法为人民治病;政治家不是面包师，他无法提供给人民食物；政治家也不是将军，他无法护卫人民的安全。最接近政治家的技艺是将军的技艺，需要知道如何打仗；还有演说家的技艺，需要知道如何做雄辩的演讲去说服别人；最后还有法官的技艺，需要知道如何解决公民间的争端、监督契约的履行以及做出正义的裁决。这三类人物似乎已经基本体现了所有重要的政治角色。当雅典人讨论他们的政治领袖的时候，毕竟他们是在讨论"将军们与演说家们"。然而在那位埃利亚的访客眼中，政治家还要承担一种特殊的政治角色，它超乎希腊政治文化传统中常见的将军、演说家与法官（包括陪审员与戏剧竞赛中的评委们）等角色之上。这一角色懂得时机掌握。政治家需要知晓何时指导将军发动战争或媾和；何时指定演说家发表令人信服的演说；以及何时委任法官进行裁决。政治家不是凭空决定，他知晓何时开展上述活动来达到最佳的目标，以有利于塑造公民的德性和服务于城邦真正的利益。

《政治家篇》还提供了一种关于统治的新观念。对大部分的希腊人来说，统治者就是城邦内担任公职的人，即那些将军、司库和长官团的长官；抑或是民主政体下的议事会成员们，以及陪审员与出席政治会议的公民们。然而那位来自埃利亚的访客表示统治者在这些职位之上还承担着另外一项职责。当然，城邦需要将军、演说家、陪审员和法官。然而，为了把公民团结在一起并使他们追求德性以达成良善的目标，上述所有职位及相应的政治技艺就不够了。真正的政治需要恰当掌握时机以选择运用相应的政治技艺的能力。真正的政治家站在这些既定的政治角色之上，承担着一种新的职能，即为了达成最优的目标，它居于各种政治角色的中心来指挥协调它们以发挥各自职能。[1]《理想国》告诉人们政治需要协调统一，《政治家篇》在这里又向人们揭示政治的协调统一反过来又取决于时机的选择与政治协调以达成最优的目标。

政治的协调统一工作同样作用于公民的性情与世界观，因为政治冲突与有害的政治决定通常源于公民世界观根深蒂固的分歧。《政治家篇》对两种公民作了区分与对比，一种公民的性情倾向于迟缓与沉稳，另一种公民则倾向于鲁莽与果敢。让我们回想一下鹰与鸽的经典对照吧！如果对他们放任不管，两种人群可能会持续地发生冲突，这无疑会进一步加深两者之间的隔阂。因为任何一方都不太可能与对方通婚或者交流，任何一方都不愿意与自己性情格格不入的人交往。公民们发现他们彼此之间相互疏远而非亲同手足。这（可以引起内战）是一种危险，甚至可能是最大的政治危险。《政治家篇》最后所描述的政治家的角色正是试图通过创建教育性的社会纽带与鼓励通婚（我们大可把眼界放宽广一点，并注意到当今时代各式各样的社会交流与多元政策）来消除这种危险。通过让人民分

---

[1] Lane 1998b 以及 Lane 2013d。

享评价意见与观点，他们能够形成共同的判断而彼此欣赏，然后更可能制定出准确而恰当的政策以适应不断变化的局势。

《政治家篇》的最后一个贡献是论述了政治社会中的法律，特别是成文法律的作用。因为如果政治知识是重要的，现在它又可以被理解为关于时机选择的知识，随着具体环境而不断变化，并且还掺杂了关于如何达成最佳目标的个人化建议（比如健身教练或专业医生给出的建议），那么在政治生活中实行法律的统治还有什么意义呢？法律恰恰是精确化、个人化建议的反义词，它们是"固执而愚蠢的"。（试想一下当今美国司法实践中的"三次犯罪终身监禁"的法律，它要求法官花费巨大的社会成本对那些非暴力的被告施加严厉的惩罚。）

至少相对于一位专业的政治家所能给出的具体建议，依靠法律实施统治似乎是那些呆板而不精确的政治决策开出的处方。法律通常以成文法的形式出现，特别是在民主政体之中。成文法以其明确规定了责任制而自豪，正如在第二章中我们在提修斯的演讲中看到的那样。然而在《政治家篇》中的那位埃利亚访客看来，创建成文法只会加剧法律之治的危险。因为即便书写法条的行为本身没有问题——医生可能会匆匆开出一具新处方，那种把法律永远固定下来，并且把它们雕刻在石板与城市公共墙壁上的观念使书写法条的行为在某种程度上产生了僵化的问题。《政治家篇》指出尽管政治决策也许不可避免地需要法律，但是最优秀的政治家如同最优秀的医生一样，仅仅把成文法条当成一种工具。按照法律的多少来定义一个政体的品质如何的做法是错误的。法律仅仅是统治的可用工具。只有体现理智的政治知识才能够创造出良好的统治。

与政治知识相比，尽管针对法律的不精确而提出了上述责难，柏拉图的另一部对话录还是把法律视为又一个想象政治体的中心。《法律篇》是柏拉图唯一没有苏格拉底参与的对话录，尽管他在其他对话录中的思想一再被引用。《法律篇》中三位长者——一个雅典的访客、一个克里特人与一个斯巴达人——正跋涉在朝圣的路上，他们打算前往克里特岛上供奉米诺斯王的洞穴。在路上三位长者讨论起了什么才是最好的法律，并且拿各自城邦的法律作比较。克里特与斯巴达都因古老法典的统治而闻名，它们都讲着多利亚方言，且拥有相似的军事主义观念，执迷于培养年轻人的勇气和战斗技巧，这与雅典重视修辞术和艺术的做法大不相同。这位克里特长者最终表明自己隶属于某个集团，他们正打算拓展一块新的殖民地，于是请求他的朝圣同伴们不要再从比较与历史的角度去谈论法律了，而是假设自己就要为那块新殖民地筹划法律。

因此与《理想国》类似，《法律篇》也是一项关于理想城邦创建的口头计划，然而与《理想国》的对话者着手拟定法律不同的是，《法律篇》谋划的法律更加具体。[1]更有甚者，它所为之谋划法律的城邦当中似乎没有哲学家的位置。"哲学"一词在这部对话录中以各种语法形式仅仅出现了两次。与《理想国》的理想城邦——废除了统治者的私有财产——相比，《法律篇》的理想城邦自称是次好的。[2]与《理想国》不同，这个理想城邦允许财产的存在，由此形成了与梭伦时期的雅典相类似的四个财富等级的公民，但是它需要指导公民为了公共目标而合理使用各自的财产。城邦指导公民的主要政治机制就是法律。为了不使法律成为忙碌的政治专家不称手的工具，法律重新披上了神圣理性的外衣。公民要将城邦看作是在神灵的帮助下才建立起来的。那些具有无神论倾向的人将会受到理性的劝服而去信仰神灵。《理想国》中缺失的一种重要德性即敬神在《法律篇》中是公共生活的基石。

在神灵的授权之下，公民从一出生开始就被要求去热爱与遵守法律。这种要求甚至在他们还没出生以前就开始了（对话录详细阐述了对孕妇最适宜的音乐与锻炼形式）。法律塑造了一种平衡的政制形式，它是"君主政治"与"民主政治"的中值（693e）。[3]公民们"自愿地"接受统治，尽管他们同时也受

---

[1] Lane 2013a.
[2] 关于《法律篇》中次好城邦的研究，参见 Laks 1990。《法律篇》739c-e 节表示最好的城邦需要废除全部公民的财产与家庭（与《理想国》对"理想城邦"的要求不同）。
[3] Saunders 译文，参见 Cooper 1997。

到了立法者的劝服与强迫。为了使各种因素有效运转，城邦必须相对孤立且远离海岸线以免遭各种诱惑的腐蚀。只有很少的公民才被允许出国，他们主要是为了考察外邦社会的面貌，看有什么好的地方可以吸收进自己的城邦之中。《法律篇》提供了一幅改良了的希腊社会图景。在这个理想城邦之中，公民自我管理而不是受神灵般的哲学卫士的统治。然而，通过对法典的严格服从（甚至背诵），他们仍然需要遵守德性与良善。法典最终得以确定下来，很少发生变化。它的地位恰如神圣律法一般受人尊敬，就像安提戈涅在对比神圣律法与人类法律时所表现的那样（第一章）。[1]

如果说《理想国》表现了柏拉图式的哲学统治的雄心，《政治家篇》解释了什么才是真正的政治统治知识，那么《法律篇》则向人们表明，一个明显缺乏哲学指导的良好城邦可以通过对法律的严格服从而保持良好的德性。《法律篇》为公民对城邦的服从披上了神圣的外衣，一些人认为此举与苏格拉底的行为存在矛盾，因为假如法庭禁止苏格拉底继续研讨哲学，那么苏格拉底不会接受这个判决。然而，正是同一个苏格拉底服从了对他的死刑判决。如果说《理想国》想象了一个城邦，像苏格拉底那样的人可以利用哲学在这里为同胞谋福利（而不是被公

---

[1] 关于《法律篇》中自治的研究，参见 Bohonich 2002。Lane（2010）对 Bohonich 的研究做了一定程度的批评。关于法律及其制定的研究，参见 Nightingale 1993 与 1999。

民同胞视作某种威胁),那么《法律篇》则向我们提供了另外一个城邦,人们在这里可以过一种体面的生活,但它无需哲人的直接统治,因为哲人太难寻找了,即便找到了这样的哲人,他们也很难被委以权力而又不面临腐化堕落的危险。尽管存在一个由精英组成的议事会,成员们在黎明之际碰头商讨各种问题,看是否要根据实际需要去修改法律,以及监管源于邦外的各种情况,但是《法律篇》所包含的最大智慧不在于一个个具体的哲人,而在于法律的内容与权威。

柏拉图远涉重洋

除了留有大量的对话录著作以外,据说柏拉图还有十三封信件被保存了下来。这十三封信件给后世以巨大的诱惑,但它们的来源也颇受人质疑。基本而言,这十三封信件大多出自旁人之手,它们的作者可能是古时一位受人爱戴的名人。然而,后世学者仍然为"第七封信"的真假吵得不可开交。[1] 如果它果真出自柏拉图之手,那么这的确是令人振奋的消息,然而我认为这不太可能。尽管如此,"第七封信"仍然给人以相当的教诲,它表现了柏拉图的追随者对老师思想的看法。这封信以柏拉图自己的语气阐述了他自从苏格拉底死后对政治丧失信心的事实,还阐述了他晚年三次出海前往西西里岛试图用哲学

---

[1] 关于该文本地位的客观评价,参见:Brunt 1993, pp. 282–342。

使一位年轻的僭主继承人皈化的故事。第一次发生在公元前388年，柏拉图与这位年轻继承人的导师狄翁（Dion）——与柏拉图志趣相投，两人成为密友——共同教育他。第二次发生在公元前366年，此时这位年轻的继承人已经成为统治者（狄奥尼修斯二世）。柏拉图此行的目的是为了保护已经遭到放逐的狄翁。第三次发生于公元前361—360年，多疑的狄奥尼修斯二世把狄翁置于严密的监禁之下，而柏拉图费尽千辛万苦也无法说服他取消对狄翁的放逐决定。

柏拉图的这三次造访都相当失败。第一次时，柏拉图被一艘斯巴达的船只遣送回国，但是船长收受狄奥尼修斯一世的贿赂而把柏拉图卖为奴隶；第二次时，柏拉图一直处于狄奥尼修斯二世的监禁之中；第三次时，柏拉图受到狄奥尼修斯二世的雇佣兵的严重威胁。（雇佣兵极其憎恨柏拉图，因为"他们以为柏拉图试图说服狄奥尼修斯二世放弃僭政以及废除贴身卫士"[*Dion* 19.5]。[1]）我们在看待这些具体事件的时候一定要保持警惕，因为后世的希腊历史学家和传记作家没有就这些具体事件达成过共识，甚至都说不清柏拉图前往西西里岛的次数。[2] 然而，看到柏拉图试图亲自去培养一位哲人王，这本身就是令人振奋的消息。

---

[1] 译文参见：Plutarch 1973, p. 119。
[2] 一次：狄奥多罗斯·西科勒斯（Diodorus Siculus）；两次：康涅利乌斯·尼波斯（Cornelius Nepos）；三次：《第七封信》与普鲁塔克。非常可惜的是后世作家援引的西西里岛历史学家的著作一部也没流传下来。

《理想国》提出建立哲人王统治的两种方法：要么使一位现实的统治者成为哲学家，要么使哲学家成为统治者。柏拉图可能把第一种方法用在了狄奥尼修斯二世的身上，而把第二种方法用于狄翁。普鲁塔克在谈到柏拉图与狄翁关系时表示柏拉图坚信僭主是悲惨的，因为他们行不义；与之相反，正义的人则能享受幸福的生活（*Dion* 5.1）。试图说服一位僭主放弃不义，继而接受哲学，这本身就强有力地证明了柏拉图的哲学立场。在柏拉图第二次前往西西里岛的幸福时光里，据说王宫大殿铺满了沙子，一位哲学家与一位僭主一起在上面研究几何学。

叙拉古对柏拉图来说可能是一个巨大的诱惑，使他幻想把自己的哲学直接付诸实践。然而，他所开创的学园以及付诸笔端的众多对话录著作将证明它们才是宣扬柏拉图思想的恒久而宽广的舞台。通过授徒施教，他创立了一种更具吸引力与持久力的思想宣扬模式。世界其他文明同样也有散发着言辞辩论与口传身教的神秘力量。通过著书立说，他树立了一种新的创作样式。他的对话录著作极其鲜明地刻画了人类的各种情感、相互之间的关系以及众多的思想观念，它们使读者不自觉地把自己置于著作故事的场景之中。[1] 柏拉图创造出了一系列反映并宣扬其思想主张的意象，同时他还邀请读者一

---

[1] 该段论证借鉴了 Allen（2010）的研究成果。

起参与对话讨论,因此各式各样的人都深受影响。他使自己的哲学成为一出展现人物冲突的戏剧表演,每个读者受邀参与其中的一个角色以重新发现自己。在政治领域,他创造了一幅由知识来统治并且追求德性的图景,德性在其中是唯一真实的利益,然后,他又把这幅图景与时下流行的政治观念相对比,发现所有现实的政体都受到了修辞术或强力的统治,它们无非是为了追求权力与贪欲这些个人利益。柏拉图对一切政治家所追逐的基本目标提出了根本的挑战。他认为政治不仅仅是权力的竞技场,它恰恰是追求哲学的最佳场所,这是柏拉图对人们的最大教诲。

第五章
CHAPTER 5

公民身份

柏拉图创造了一种政治哲学，认为有必要让富有知识与德性的人服务于那些无法认识或达成它们的人。他认为政治是一门罕见的专门技艺，只有专业的政治家或少数的哲人王（与女王）才能稳妥地实践好它（《法律篇》提及的大部分人民自己统治自己的政治形态是次优选择）。精英们为多数人提供服务，这才是最高也是最好的政治形态。它能够使人民摆脱肮脏的权力争斗，引导人民去追求自己最大的利益。这种高超的政治技艺只能被一个人或少数人掌握。他们必须运用这样的政治技艺去引导普通的人民群众，因为大多数情况下人民群众无法达成自己的目标。

柏拉图创建的学园培养出了一位优秀的学生即亚里士多德。在这位学生的思想当中，人们发现上述政治观念已经发生了改变。亚里士多德从十七岁到三十七岁一直在柏拉图的指导下进行学习与研究，此后他在雅典创建了自己的学园（吕克昂学园）。他最终发展出了一种既深受柏拉图影响又与之截然不同的政治观念。我们可以认为柏拉图（再一次把《法律篇》排除在外）的政治在本质上是一种等级制的结构关系：在他的大部分著作中，一个人或少数人能够并且应该掌握权力，以塑造那些无法彻底塑造自己的人们。与柏拉图相反，亚里士多德认为政治在本质上是一种合作性关系，是人类之为人类的相互合作。政治展现了我们人类自己最具特色的能力。虽然亚里士多德仍然承认柏拉图的基本政治观点，即认为权力应追求恰当的目标（以知识追求德性），但是他认为当有德行的公民都能够自己参与政治的时候，这个目标一般最容易达成。

公民身份的观念与本书已经讨论过的其他观念之间存在复杂的联系（第二章"政制"的原初意义是"公民身份的条件"，于是政制与公民身份之间存在极为紧密的联系；除此以外，公民身份与其他观念也存在关联）。因为，当暗示说存在一种公民间的平等关系，他们共同身处于某一共同体（*a koinonia*）之中时，公民身份似乎也接近于民主政治，或者在选举的意义上它至少与民主政治存在着密切的关联。然而，正如我们的观察，希腊世界也存在很多其他类型的政制形态。亚里士多德意识到他必须同时要解释寡头政体与君主政体下同样存在的公民身份。更有甚者，他从柏拉图那里认识到现实的各种政制形态没有哪一种是真正地在追求德性，这与他们政治理论的理想预期有所不同。现实的各种政体可能去追求自由、财富或荣誉，但就是没有德性。它们在追求各自目标的时候，只会发展出为一己私利而着想的平等、正义与自由的理论。

因此，讨论公民身份就是讨论谁在理论与实践上在一个既定的政制形态"之内"，谁在"之外"以及为什么。这就使它成为一种双面（Janus-faced）模型。它似乎表达了一种普遍的可能性，但同时也具有内在的封闭性。它小于整个人类的特定共同体，使共同体成员之间互惠互利，但把该共同体成员的利益置于其他共同体成员利益之上。（第六章将探讨另外一种理念即"世界主义"的起源，或者顾名思义，一种隶属于整个宇宙而非特定城邦的公民观念。）当亚里士多德再次把奴隶与部分女性排除在政治之外，创造一种自然的奴隶的时候，现代社会的读者发现这与他断定的人是政治动物的观念相矛盾。与此类似，穷人在他的理想城邦（"我们所祈求的城邦"，《政治学》第7-8卷）之中也被排除在公民之外。在规范与经验的双层意义上，这种做法都是令人不安的。他认为穷人缺乏教养与闲暇，这就使他们无法追求德性，而从规范的角度而言，德性是一个优良城邦的必需条件。

现如今很多读者对亚里士多德关于公民身份的思想表现出了极大的兴趣，对他们来说，这种张力更进一步地体现在他对民主政治的思考之中。现代的民主主义者旗帜鲜明地歌颂着所有公民天生就具有的自治的可能性，并且认为他们平等地分享着这一特征。这使得民主政治似乎是终极理性的政制形态，它表达了公民身份的基本意义，因此它使很多现代的民主主义者试图在亚里士多德身上寻找民主政治的理论合理性，即便他对民主政治提出了特别的批评，认为它并非理想的政体形式。[1]在辨别亚里士多德为什么批评民主政治，以及他的思想如何被民主理论家利用等问题的基础上，我们将能够了解他关于公民身份的理论的复杂性。不管是从狭义还是广义的角度上说，一个公民的身份及目标都受到其所在政体的政制形态的根本塑造。因此，每一特殊政体下的公民身份的价值最终取决于那个政体所追求的价值。每一特殊政体的价值通过它的公民，甚至全部的城邦居民来体现，同时每一特殊政体向它的公民与居民灌输着自己的价值诉求。对公民身份的颂扬同时也增加了对某些政体彻底批判的可能性，因为它们无法把自己引导到最有价值的目标上去。

亚里士多德认为，只有当一个人彻底发掘了自己身上的公民身份的潜能（以及他理解世界的潜能，这是一种更高的能力）的时候，他的人性才得以彻底实现。然而对那些普通的人来说，他们不得不为了生计而辛勤工作，他们也缺乏必要的教养，因此他们必定无法很好地发展与实践这种能力。亚里士多德的理想政体实际上具有极其深刻的人类相互交往的特性：那些相互间平等的公民应该锻炼他们关于德性与实践智慧的能力，他们共同决定着公共事务。然而只有那些实际上有机会实

---

[1] 这是 Ober 和其他一些人的计划，参见 Ober 2005。

践与培养自己的伦理与政治德性的人，才是实施自治的理想群体。亚里士多德与柏拉图都认为德性是政治生活的目标价值与检验标准。如果某些人或大部分人无法达成——无论是天生，还是偶然原因造成的——德性，那么他们就不是合适的政治参与者。为了从亚里士多德的著作中得到有益的教诲，我们需要格外注意他政治思想的渊源与限度，同时我们也需要考察一下他的政治思想如何在我们的时代得到更进一步的发展。

亚里士多德是谁？

亚里士多德（公元前384—前322年）的一生充满矛盾。虽然作为一个公民身份与政治参与的鼓吹者，但他成年时期一直居于异乡，因此没有与本国同胞一起参与过任何政治事务。他十七岁的时候远离自己的故土斯塔基拉（Stagira），前往雅典的学园学习，从此以后就再也没有回过自己的家乡。他一生大部分的时间（除了下文提到的两段插曲）都在雅典度过，先是参加学园成为柏拉图的学生，然后在吕克昂成立了自己的学园。

公元前4世纪，亚里士多德生活的时代正好是希腊各独立城邦受到新的威胁的时代，即马其顿诸王（他们都来自希腊世界的北部，并且靠近亚里士多德的出生地）的威胁。亚里士多德的父亲曾经是马其顿王室的医师。跟他的父亲一样，亚里士多德曾短暂供职于马其顿王室，担任过年轻王子的家庭教师。这位年轻的王子在自己的父亲腓力普被暗杀后，于公元前336

年执掌大权，后来即成为征服大部分希腊地区，以及远至阿富汗部分亚洲地区的"亚历山大大帝"。公元前323年亚历山大大帝突然死去后，此时人们正因亚历山大大帝的将军安堤巴特（Antipater）在雅典的统治而怒不可遏，雅典人民群情激愤，纷纷谴责亚里士多德这位非城邦公民的不敬神行为，指控他与马其顿有着千丝万缕的联系，因为他曾经在那里生活并且担任过马其顿王室的家庭教师。与自己老师的精神导师苏格拉底不同，亚里士多德逃离雅典以躲避审判，他宣称此举是为了避免雅典人再次对哲学犯下罪过。之后在不到一年的时间内，亚里士多德因自然原因死亡。他指定那位被很多雅典人深恶痛绝的雅典将军，即安堤巴特，为自己的遗嘱执行人。

因此，与同为雅典公民的苏格拉底和柏拉图不同，亚里士多德深陷于马其顿政权崛起的复杂国际环境之中。马其顿人的崛起威胁着亚里士多德生活与教学的城邦的独立地位，甚至从更一般的意义上来说，它还威胁着整个希腊世界其他各城邦的独立地位。亚历山大大帝征服了从希腊到亚洲的广袤领土，这是人类前所未闻的大事件。他的帝国包括了波斯以及其他多个东方王国，他把它们全部融合成为一个新型的帝国式君主国。这就把希腊与东方世界更为多样的政治观念、语言和文明样式融合在一起，尽管众多城市与王国保持了各自的多样性，它们在帝国内享有相对自主的地位。正是在这个世界政治版图的重组过程即将完成，或说在腓力普和亚历山大的主导下这个过程正步入正轨的时候，亚里士多德写下了他对公民身份与城邦的赞歌——很可能是在他第二次旅居雅典（公元前335—前323年）创建吕克昂学园之时。他以"梅迪克"的身份寄居于雅典而鼓吹公民自治，但他本人在这里却无权参与。他注意到了帝国王权的吸引力与雄心壮志，但他却歌颂独立自主的城邦理想。这些张力充斥于亚里士多德极其丰富的智识生活之中。

此外我们还需注意考察另外一种张力。我已经强调了亚里士多德推崇政治的事实。他把政治视为人类所独有的卓越品质的体现。不管是在个体还是集体的层面上，他认为只有人类才拥有讨论与思考如何行为的能力——即实践知识或实践智慧（*phronesis*）。这就使政治既是可能的，又是必须的。然而他认为人类不仅仅是人类，人类这种动物还分有神灵的某些能力，尤其是我们人类拥有思考事物本性的能力，以及理解与领会（沉思[contemplating]）实在的永恒真理的能力。亚里士多德把这种能力称为理论知识（*theoria*）。对我们来说有点吊诡的是亚里士多德实际上把这种沉思活动视为人类行为的最高可能形式，因为在对事物本性的沉思过程中，我们人类才能积极地理解它们（*Pol*.1325b）。

这使人类在亚里士多德关于自然的论述中占据了一个不同寻常的位置。他辨识出大部分生物所具有的独特本性同时也构成了它们的最高能力。比如，一只奶牛所具有的奶牛式的能力同时也就概括了奶牛这一类生物的最高可能性。对于人类而言，我们人类所具有的最具特色的能力是政治参与，然而它并不是我们人类的最高能力——沉思。我们可以说政治生活是大部分的人类生活，但它不是最好的人类生活。然而最好的人类生活——即与神灵所共享的沉思的生活——并不是完全可能的，因为作为人类我们只能进行间歇性的沉思活动，我们不得不打断它而去照料我们其他的需要与功能——这些都是神灵无需顾及的内容。人类栖身于野兽与神灵之间。从理想的角度而言，人类渴望尽可能地过一种与神灵一样的生活，但是我们也明白人类无法一直如此。

亚里士多德认识宇宙的方式

一翻开亚里士多德的《形而上学》，首先映入眼帘的是他自信的判断"求知是所有人的本性"（980a）。他以无与伦比的劲头与学识投身于追寻知识，这使得他的同伴们从一个主题探索到另一个主题，从灵魂、颜色、植物、形而上学到诗学。这些仅仅是被保存下来的著作（将近500个题目中的30多个）其中大部分是亚里士多德本人或他的学生做的大量的授课笔记，不是专题论文与对话录的形式，然而从亚里士多德的时代到我们今天，浩浩数千年，它们大多早已散佚。

他所有的探究活动都使用了同一个特殊的方法。他首先从现实存在的信念或意见（*endoxa*，有时也被称为"表象"或"现象"[*phainomena*]）开始。它们一方面包括了普通人（多数人）

的信念，另一方面也尤其包括了有学问的人（智者）的各种理论。亚里士多德认为所有这些都是真理与理解的潜在来源，尽管它们可能需要一些纠正与提炼。因为各种原因多数人与智者都可能犯错，这就需要纠正。但仍然可以这么说，人们如何看待世界指引他们理解世界的真正本性。柏拉图倾向于把普通人的信念视为误导性与欺骗性的，然而亚里士多德并不这样认为，他认为人类的天性就非常适合理解世界。[1]

亚里士多德用这种方法研究自然的永恒真理以及人性的特质。他认为自然由各种"实体"（substances）构成。它们是一些独特的个体，无论是动物、植物，还是手工制品。在这些实体的质料（matter）之内包含着一种特殊的本性（即形式[form]）。通过目的（*telos*）每一种实体的形式得以最好地界定，目的反过来又决定着每一实体发挥各自功能的特殊方式。通过手工制品的例子，最能使人们理解这一点。为了既定的目的，工匠制作手工制品以行使特定的功能，比如一只碗被制成凹面的形状，目的就是为了装水果。亚里士多德同样对生物作这样的分析，他把生物视为永恒的存在物，它们各自体现着一定的功能与目的，比如一只奶牛的目的就是过一只奶牛的全部生活，它独特的功能在于繁衍下一代。对生物来说，合适行动所需的各项能力的全面发展与实践，以及特定的行动的生命，

---

[1] 亚里士多德非常强调这一出发点，一项卓越的概述性研究成果，参见 Lear 1988。

便是幸福。

人类的情况如何呢？人类与其他生物，特别是动物一样都承担着一系列的功能，比如营养、繁衍、运动、感知与情感。人类与神灵一样也具有沉思永恒真理的能力。然而人类同样也拥有自己独特的行动领域，比如人类可以根据不同的情况决定如何行动。人类在作决定的时候是凭借相互的语言交流与审慎的协商，而不是按照本能的交流模式去行动（比如蚂蚁或蜜蜂）。在探究世界的过程中，我们形成了一种意图（prohairesis），它既是对探究对象的掌控，又表达了一种渴望。当我们决定如何行动时，这种意图塑造着我们的思考。然而当我们做出一定行为时，不管是恰当行为还是过分行为，我们都是依照自己的习性。此时意愿就受制于我们的习性。

人性的独特之处在于其拥有实践理性的能力。如果我们能够发展出"实践智慧"，除此以外如果我们还能在各式各样的环境中都培养起做合理行为的性情，继而使之成为伦理德性，那么我们就能使自己实践理性的能力得以完善。亚里士多德认为德性是两种极端情形的中值，比如勇气就是鲁莽与懦弱的中值。因为幸福来自于行动，所以如果我们整天懒在沙发上看电视，或者离群寡居过无聊的生活，那么我们不可能真正的幸福。我们人类是行动者，只有这样的人类才是幸福的：他们以恰当的程度，在恰当的时间与环境下实践着自己的各种能力，比如崇高而神圣的沉思活动，或者是人类特有的审慎思考与决断。

政治在其中占据什么角色呢？人类行为不是精确的学习领域，如同对关于宇宙的永恒真理的学习。人类行为是特殊的学习领域，它不仅追求良好的理解，还追求良好的行动。在亚里士多德为他的儿子尼各马可（Nicomachus）所写的重要伦理学著作《尼各马可伦理学》中，他说"目的不是知识而是行为"（EN1095a），特别是德性的行为。在人类行为领域，"我们到处探究，目的不是为了认识德性，而是为了成为良善的"。[1] 所以，人类行为的基本目标在于与事物相处——即在面对各种选择——的时候，我们能够去做良好的行动而非其他。更有甚者，个人行为与集体行为、伦理学与政治学之间不存在明确的界限。伦理学与政治学同样以善作为人类行为的目的，同样把最高的善理解为幸福，为此它们同样都运用实践的理性与知识。

政治学是关于集体选择与集体决策的领域。集体行为反过来又使个人的德性决定成为可能，因为政治共同体的法律与习俗为个人提供了环境，个人在其中得以锻炼与德性相关的各种能力。人类拥有同样的能力，既可以形成不好与邪恶的习惯，也可以发展出良善与德性的习惯。一个政治体当中的法律造成了这样的差别。法律提供了一种习惯环境，它能够从我们先天第一本性的潜能当中发展出德性的"第二本性"。它也能在害

---

[1] EN 1103b，我严格遵循 Barnes（1984）中的译文，但也对其做了些许修改。

怕法律惩罚的心理之外，为公民的服从创造额外的动力。这里我们再次发现狭义的政制塑造了广义的政制，政治的组织与结构塑造着人民的生活方式以及一个政治体下的公民品性。

在不好或不完善的政治体中，人们不去学习如何追求德性。他们经常被引诱去追求享乐、财富或荣誉，这些都偏离了真正的善。人们只知纵情于宴饮而牺牲了身体的健康或家庭；富豪们无止境地积累财富而忽视了公共义务；将军们为了保有发号施令的荣誉而违反了战争的伦理责任。所有这样的人都丧失了享受真正幸福的希望，他们让那些低等的目标扭曲了他们对更高的善的理解。然而这不意味着欢乐、财富与荣誉就必须被统统抛弃。亚里士多德不是一个禁欲主义者。与之相反，追求欢乐、财富与荣誉的能力同样属于人类真正的能力。他实际上认为我们应该接受良好的教育方式，进而把这些动机与追求真正的善的目标结合起来。[1] 一个孩童要习惯于从善待他人当中获得快乐，从完成有意义的工作当中获得金钱，从遵守规则当中获得荣誉。这样的孩童将发展出使自己真正幸福的性情。他将获得欢乐、财富与荣誉，但唯有当他实践自己德性的能力的时候才可以。

这里的"他"需要仔细斟酌。我们将会发现亚里士多德与柏拉图不同，他认为女性因为她们的性别，不管是从一般还

---

[1] 关于亚里士多德该伦理学观点的卓越分析，参见 Burnyeat 1980。

是从其他别有意味的角度而言都缺乏发展与实践理性的可靠能力。女性被认为不具备实践她们理性的可靠能力，因此据说丈夫的统治对她们是有好处的。然而这里亚里士多德也使自己陷入了困境，他把丈夫对妻子的统治称为"政制地"统治（*politikos*，副词形式），但是他不得不承认与大部分的政制统治不同，此种形态下的公民不是平等的，因此他（她）们不能轮流统治与被统治。另外一种不包含对等统治地位的政制关系是亚里士多德将要论述的君主政治。这两种反例反映了界定政制统治形态的困境，因为政制统治从某种程度上来说包含的是平等个体，但是某种永久打上了等级与不平等关系烙印的政制形态也是被允许的。

除此以外，这个思想还有另外一处硬伤。因为如果某人不是在这样的环境中长大，如果他周围的成人都是一些窃贼或骗子，他们训练他让他穿上德性的外衣，但背地里却从不义的行为中谋取好处，那么阅读亚里士多德的《伦理学》或《政治学》这类书籍将无法帮助他做出正确的行为。从理想的角度而言，学习伦理学将产生良好的行为，但这唯有在良好习惯的基础上才行，此时良好的习惯能够引导人们去认识并且追求善。学习伦理学无法皈化道德沦丧之人，它只能对具有良好教养的人实施进一步的教育，帮助他们更加完善（1103b）。

这又凸显了政治学对于伦理学的重要意义，用现在的话来说就是政治上的公民身份同时塑造了人们的公共与个人品性。

习惯不仅仅是关于家庭生活的事务，它同时也与法律和习俗密切相关，它们是孩子学习如何行为所仰仗的对象。我们在第二章讨论斯巴达的时候发现了这一点。斯巴达的男孩与女孩都要接受严格的训练，以至于他（她）们很多人宁可去死，也不愿意屈服于军事上的战败或者被卖身为奴。然而政治在这里仍然不能被视作某种外在的强制力量。与之相反，政治参与本身就是卓越与完满的成年人本性的一部分。成年人的政治参与同时也能够创造出适宜的社会氛围。年轻一代得以在这样的氛围中长大成人，为了有朝一日他们也能享有这样的卓越与完满。公民身份既是良好生活的条件，也是它的组成部分。

包容与排拒

这一部分将讨论亚里士多德最重要的一句名言。为此我们首先可以提出一个更加具体的问题，即人类是如何步入政治生活的？亚里士多德在《政治学》第一卷当中探究了人类共同体的起源，他认为人类共同体起源于相互联合的自然倾向。人类的自然联合——男性与女性之间发生的性关系在很大程度上是为了繁衍的需要——跟其他动物的繁殖并无大多区别。它是一种自然本性，承担着繁衍后代的功能，它并非人类深思熟虑的特别选择。一个家庭就由一对这样的夫妇与后代来构成。一个村落由多个家庭聚集而成，起初可能因相互的亲属关系而结合在一起，就像一家的众多兄弟后来各自都建立了自己的家庭。这里亚里士多德明确指出家庭对偶关系中的一方要比另外一方能够更好地管理公共生活，他还预料男性一般是实践理性能力更出色的一方（他这里并不考虑同性伴侣）："男人在本性上比女人更适合发号施令。"（1259b，尽管他也承认一些情况可能会违反这条一般的自然法则，他在《物理学》中多次提醒说自然倾向性仅在"大多数时候"有效。）

所有这些人类共同体源于生存的需要，目的都是为了满足基本的动物需要与功能。然而在人类相互结合为家庭以及其他形式的时候，他们必定会尽可能地运用自己的全部能力，这就意味着家庭已经成为人们追求良好生活（幸福生活，即德性的生活）的场域，它不仅仅是为了生存的需要（亚里士多德称之为"单纯的生活"[mere life]）。[1]虽然如此，人类如果在分散隔绝的家庭或村落中去追求良好生活，那么这将会受到很大的限制。因为平等个体所共同拥有的实践理性的能力——人们据此可以通过语言交流的形式而集体地做出关于"善与恶，正义与不义"的行动决定——在一个城邦（多个村落联合而形成的人类共同体）当中才能得到完全的发展（1253a-b）。

城邦不仅仅是一个更大规模的村落。它"达到了完全自足的限度"，为人类实践其所有能力创造了一个框架。它"产生于人类生活的发展"，因此城邦存在的目的是"为了优良的生

---

[1] 关于家庭及其成员如何被包含在城邦之内的研究，参见：Cooper 2012, pp. 70–143。

活"(1252b)。它是人类结合在一起的终极目的。

亚里士多德此处作出了其著名的判断:"由此可以明白城邦是出于自然的结果,而人类在本性上也正是一个政治动物。"(1252a)这不是说国家像森林里的蘑菇一样是突然冒出来的。恰恰相反,亚里士多德认为的"出于自然"并不是说城邦的出现不需要人类的干预,它们是必然或自发形成的结果。实际上,他立即承认并不是所有人类都生活在各式各样的城邦(poleis)之中。政治共同体是由人类所创造的,但有时人类也创造不出城邦来,或者有的人被城邦所驱逐。亚里士多德在说城邦是出于自然的结果,以及"人类在本性上也正是一个政治动物"的时候,他的意思是说人性天生具有与别人交往的能力,他们通过相互的语言交流做出关于善与恶、正义与不义的行动决定。

人类拥有这样的能力,他们可以过一种全然的人类的生活,但前提是人类能够意识到这一点,并且能够在城邦这种特殊的形态之中按照自己的这种能力做出行动。一些人就没有这样的好运,他们可能是些奇怪而变态的寡居者,他们骨子里具有这样天生的缺陷而经常被人挖苦为"好战分子"。因此,亚里士多德认为自然不是"一切人反对一切人的战争",如17世纪的英国哲学家托马斯·霍布斯在其著作《利维坦》中所认为的那样。恰恰相反,亚里士多德认为与其他人类天生为敌是不自然的。人性的本质(不是普遍或必然,而是一种典型特征)

是社会的，特别是政治的。人类从本性上来说应处于政治共同体之中，人类在其中相互交往并用语言进行交流，共同做出良好生活的决定，按照正义的法则进行统治。只有远离这般公共生活的人们才"渴望战争"，这仅仅是因为他们从本性上来说就是些奇怪而变态的寡居者，他们是"棋局中的一个闲子"（1253a）。人类正常而自然的情况是乐意从事政治而非战争。

这就把我们带入了亚里士多德关于人性讨论的另外一个争议之处，即他对自然奴隶的区分。既然平等的统治取决于平等的实践理性的能力，那么从理论逻辑上来说，实践理性的缺陷自然就得出不平等统治的结论。[1]亚里士多德在女性的身上发现了这种缺陷，他认为女性的实践理性一般而言不像男性的那样具有权威性。除此以外，他还在自然奴隶的身上发现了这种缺陷。自然奴隶（按照这种逻辑）全然不能掌控自己的行为。这样的人简直不能算作独立行动的主体。他们毋宁是他们各自主人的工具，服务于主人的目的，并且也从主人的专制统治中获得好处。从规范的角度而言，他们不具备统治自己的能力。

亚里士多德真的认为存在这样的人吗？他认为很多从战俘被迫成为奴隶的人——当时这是希腊以及周边国家获得奴隶的典型方式——并不是自然奴隶。（比如试想一下特洛伊的贵族女性因为城市被攻陷而被卖身为奴的情况。）他曾针对某

---

[1] 此处我借鉴了 Schofield 的观点，参见：Schofield 1999a, pp. 115–40。

观点评论说所有的奴隶只是协议的,他们是偶然事件的结果,根本不是建立在自然的基础之上(唉!他没有提到名字,所以我们现在无法知晓当时他是针对谁而作出的批评)。尽管如此,他仍然坚信合法的自然奴隶制的可能性。也就是说,原则上存在这样的人群,他们不具备掌控自己行为的能力,因此作为一种可能的工具而服务于别人,这对他们的主人以及他们自身来说都是有好处的。

然而,他关于这种可能性的讨论充满了矛盾。因为如果奴隶还算作人,如果为了主人的利益他不得不具备一定能力去理解与遵循主人的指使,那么他是如何全然缺乏理性能力的呢?一边认为人类具备相互交流的能力与做出有效行为的足够理性,一边又认为奴隶无法理解行为的目的,也不具备自律的全部能力,这看起来更像是一种不稳固的理论类型,而不是一种实际的可能性。(这并没有阻止很多奴隶制的辩护者到亚里士多德关于自然奴隶的思想当中去寻找奴隶制的合法论证,比如他们为西班牙对美洲大陆的侵略,以及南北战争前美国南方的黑人奴隶制进行辩护。[①])如果确实不存在这样的自然奴隶——尽管亚里士多德坚称自然奴隶的可能性,如果女性不比男性缺乏自治的能力——尽管亚里士多德相信她们是缺乏的;

---

① 利用亚里士多德来为西班牙对美洲大陆的侵略进行辩护的研究,参见 Pagden 1995;利用亚里士多德来为南北战争前美国南方的黑人奴隶制进行辩护的研究,参见 Monoson 2011。

那么亚里士多德关于人性的理论将不会指向政治支配与父权制，而是指向平等的公民身份。这也就是为何很多公民身份的理论家在亚里士多德那里能够得到启发的原因，尽管他本人接受了公共支配的形式并且为之辩护。

平等的竞技

如果对政治作一种恰当的理解，那么平等就是政治的本质，正如亚里士多德所言"政制统治是平等的自由人的统治"（1255b）。从概念上来说，平等的个体之间不存在统治（他们之间不存在隶属关系），因为让一个平等个体隶属于另外一个平等个体，这在逻辑上讲不通。然而因为统治在实践中是必需的——亚里士多德向经验所作的重大让步，所以自由与平等的公民轮流掌握政权。因此，亚里士多德对一个良好公民进行了定义，他认为一个良好公民是知晓如何统治与被统治的人，尽管他之前对严格而全称的公民已经作了定义，即"凡得参加司法事务和治权机构的人们"（1277a,1275a）。然而这个定义并不自动暗示民主政治（也不暗示全部公民一定有资格担任所有公职），也不暗示对君主政治的否定，因为在一位君主之下公民们仍然可能承担一定的政府职能。参与——平等地参与其中一部分——并不一定是绝对平等的参与。基于公民另外的一些相关品性，它为某些政府职能在公民之间的不平等分配留出了空间。

对亚里士多德来说,"谁是平等的个体"这个基本问题需要从语法上去分析,他认为依照逻辑,"平等"可能存在不同的意义。有现代学者认为为了定义平等我们必须要不停追问"关于什么的平等?"[1]亚里士多德已经告诉人们说"关于什么的平等"几乎等同于"谁的平等"。基于对平等的基础的不同理解,一些人将被划为公民或被排除在外。

当时寡头政体与民主政体之间持续不断地爆发冲突,与此同时寡头政体愈发明显地发展为君主制帝国。在此种局面之下,亚里士多德认为有两种基本不同的平等观念在起作用。一种是"数量相等",公民有一个算一个,正如按照多数原则所实行的投票。这种平等倾向于与民主政治联系在一起。另外一种是"比值相等",只有拥有平等价值——无论德性还是更为常见的财富的平等——的人们才是平等的。这种平等更倾向于寡头政治。也就是说,在逻辑上对平等所作的这两种开放的解读造成了两种相反的政治立场。在现实当中,民主政体与寡头政体都算是政制统治的形式。因为它们都建立在平等的假设之上,尽管各自在不同的基础上界定了谁才是"平等的个体"。然而每一种政体都视对方的解读不够完美:民主派说他们自己"相互之间是平等的,就要求一切归于绝对的平等",而寡头们说他们自己"(与多数人)不是平等的,进而要求比别人获得

---

[1] Amartya Sen(1982)相当著名地提出了这个问题。

更多"（1301a）。

公元前4、5世纪的整个希腊世界到处充斥着寡头政治与民主政治的各自党羽的激烈争斗，它们是亚里士多德平等思想的活生生的证明：把政治视为一项关于平等公民的事务并不能解决哪些公民才算是平等的难题。（现代社会为劳工、曾经的奴隶以及女性争取选举权的斗争同样如此。）亚里士多德实际上把争取平等权的斗争视为现实所有政治动乱与派系斗争的根源："所有内讧以不平等为发难原因"（1301b），尽管寡头憎恨他们与穷人拥有一样的平等的程度不亚于民主派争取与富人拥有一样的平等的程度。更为一般的情况的是："较低的人为了求得平等而掀起内讧，同等的人们为了取得优越（与较低的人相比，然而他们相互之间是平等的；这是他们理解的真正的平等）也掀起内讧"（1302a）。

采取措施防止革命，这是政治家的任务。从亚里士多德相当宽泛的论述中可以得出如下建议，比如绝对不要"不公正地对待荣耀的追逐者，使他们处于不受尊敬的境地；绝不剥夺一般民众的财物"（1308a）。"为政最重要的规律是：一切政体都应订立法制以及其他管理制度，使任何人都不能假借公职，营求私利"（1308b）。亚里士多德此处回溯了柏拉图关于政治是服务而非追求个人财富或荣耀的手段的观点。柏拉图认为哲学家只是迫不得已才站出来实施统治，他们必须以人民而非自己的利益作为执政的目标。亚里士多德认为即便官员们可以合法地把谋求公职视为某种形式的荣耀，他们也必须避免利用公职谋求私利。

亚里士多德关于政治冲突的论述表明，他既分析了政治的基本属性，又对变幻莫测、多种多样的现实政治保有敏锐的洞察力。"人们对于他人往往采取在自己人之间认为不义或不宜的手段而不以为可耻；他们在自己人之间，处理内部事情的权威总要求以正义为依据；逢到自己以外的人们，他们就不谈正义了"（1324b）。他对这种行径作了尖锐的评论。然而他没有卖弄自己的学识去描述一个僭主如何行为才能保有权力：无论是散播不信任的种子，从臣民手中抢夺权力，贬低与恐吓他们；还是表现得更像一位得体的国王，守护着城邦的公共财政收入，在战时保护城邦的安全。如果政体都肆无忌惮地过度追求各自的内在目标，那么亚里士多德认为它们都将陷入困境之中。这正如他的伦理学理论，德性总是处于两个极端的中值。如果富裕的寡头们一味为自己谋求特权，那么他们的政体将不太可能长久，他们毋宁应该用更节制的手段去抚慰那些平民。这在当时是一个极为重要的问题。亚里士多德曾经注意到当时一些不知收敛的寡头的誓言，这些寡头们知道他们的利益与平民的利益相悖："我深恶平民（意思是政体中的穷人或普通人；他们甚至还不能算作公民），当尽我力之所及，惩罚他们。"此处亚里士多德辛辣地评论说，他们毋宁应该发下一种相反的誓言"我绝不加害于平民"（1310a），这将更有利于他们的自我保存。

以共同利益之名的统治

亚里士多德首先论述了政治的本质特征，把政治视为人类能力的表达方式，然后又对鲁莽的僭主以及躁动的寡头作了极为精到的点评。这是他基于一个重要的问题对政体所做的分类。因为决定谁作为公民而掌握权力只是问题的一半，另外一半则需考虑公民运用权力应该做什么。他们是否应该不顾别人而自私地追求自我利益？如果这样的话，那么他们就只是变了味的一人/少数人/多数人统治的政府形式，他们只顾追求自我利益。按照统治的目的是为了共同利益还是自我利益，亚里士多德系统地界定了好的与坏的政体类别，每一类别由三种基本的希罗多德式的政制形式组成。在坏的政体类别里，他首先列入了"僭主政体"（由一人为了自我利益而统治），然后又列入了希腊人所熟悉的"寡头政体"（由少数人为了自我利益而统治）与"民主政体"（由多数人——区别于少数人——为了自我利益而统治）。这三种政体形式的特征都十分明显，但都是错误的政体形式。与它们相对，他还列出了"正确的政府形式"，即"旨在照顾共同利益的一人/少数人/多数人统治"（1279a）。它们分别被命名为"君主政体""贵族政体"（一个自觉比"寡头政体"更有德性的名字）与"共和政体"（即希腊单词政制 [*politeia*]；此处亚里士多德把一般名称的"政制"

特别指代一种政体形式,用以代替现在看起来已带贬义色彩的"民主政体",它代表着多数人的合法统治)。

正确或真实的政府形式是由公民们为了他们的利益而进行的统治,即便并不总是由全部公民来统治;变态的政府形式是由公民们单就统治者的利益而进行的统治。然而建立正确的政府形式并非易事,特别是共和政体。亚里士多德曾在某处指出只有当共和政体下的公民们大都具备了某种形式的德性或卓越品性的时候,该政体才会达成为共同利益而治的目标。他说实际上并不是所有公民都能如此,而主要针对的是那些装甲步兵阶层。这些公民能够承担起装甲武器的费用,并且能够带着自己的武装去训练与作战(1279b)。作为多数人统治的示范的共和政体实际上也是排外的示范:多数的穷人因为无力承担装甲武器的费用,他们因此在政制中不能算为公民。

然而,即使存在这样的社会学修正,它也不足以确保一种正确的政府形式。因为亚里士多德认为一人/少数人/多数人都可能把自己任命为统治者而把统治建立在纯粹的财富或权力,而非真正的德性的基础上。(因此他在这六种政体形式之外另外寻找"最优良的政体",此种政体下所有并且只有具备德性的人才能算作公民。我们在后面将进一步讨论之。)此时,这种自命统治者的方式使所有三种正确的政体形式都将面临不稳定的危险,比如贫穷的多数人将憎恶自命的少数人的家长制统治。这使亚里士多德开始考虑如何在实践中通过平衡相反政体的方式来达到使政体稳定的目标。

其中一种方法是采纳或借鉴竞争对手的政策主张,比如现代社会的一个保守主义政府可以提高失业人员的福利水平。这就需要统治集团超越自己的党派立场,摆脱政党信条的束缚,而把注意力集中到长久执政的目标上去。"他(立法者)不可以这样认为,既然一个政体成立了平民主义或寡头主义的政府,那么就应该使它在任何方面都是平民主义或寡头主义的;他应该考虑如何使城邦最长久"(1302a)。

另外一种方法是建立一种融合两种相反原则的政体,比如把一些权利授予给自由与贫穷的多数人,而把另外一些权利授予给少数富人。亚里士多德描述说僭主可以通过约束他们自己行为的方式来达到永保江山的目的。与此相似,民主政体也可以采取一些具有寡头色彩的措施(比如设置一些低门槛的财产限制条件。古希腊很多民主政体至少在一些公共需要之下都会设置一些低门槛的财产限制条件)来使自己变温良,进而获得更长的生命力。后世学者所谓的"混合政体"正起源于此。

然而,亚里士多德最倾向的并非混合政体,而是中等或中间政体。与混合政体不同,一个中间政体不是融合民主政体与寡头政体各自政策主张的政体形式,它是把政治重心与政治身份置于少数富人与多数穷人之间的"中产阶级"(*mesoi*)的公民群体的政体形式(1295b)。这些公民最可能是"平等与相似的个体"，因此他们构成了政治生活的稳固基础。古希腊的大部分城邦实际上只有很少的中产阶级，尽管亚里士多德希望有更多这样的公民来使这种政体形式成为可能。他说这种政体形式"对大部分城邦（*poleis*）来说是最好的政制形式，对大部分人类来说是最好的生活方式"（1295a）。因为与绝对最好的政体相比，人类更容易找到一些中等生活水平的人群。

"共同利益"的范围扩及到哪里呢？即它应该有哪些严格的要求？亚里士多德把城邦视为一个公民"共同体"：它事关公民的公共活动，人们在家庭领域内从事着日常的生活活动，但在政治决策的事务中，他们是平等的公民。[1]问题的关键就在于哪些公共活动对城邦的生存发展是充分而必要的。比如，财产是否应该被共同占有？亚里士多德认为柏拉图在《理想国》中实际上就为整个国家提出了这样的一种共产主义信条（*Pol.* 1261a；然而正如我们前面的介绍，《理想国》只是主张取消统治者的财产，这是另外一个问题）。

亚里士多德反对财产的公共占有，因为一般而言它是低效的（亚里士多德认为财产的公共占有将破坏责任制，并会引发党派林立），它使国家过度地联结在一起。整个国家因此变成了一个无比庞大的家庭，而不是多元而独特的公民及其各自家庭所构成的整体。然而他倾向于把财产视为促进公共利益的手

---

[1] 一项关于家庭及其成员如何被包含在城邦之内的有价值研究，参见：Cooper 2012, pp. 70–143。

段，财产有时可以直接被城邦所征用。如果把这种财产思想用于实践的话，那么比如它可能会允许别人在私人领地上狩猎，以及要求公民资助城邦的共餐：或者是对私人土地的产品直接征税，或者是建立城邦的公共土地以供养整个共同体的人民。克里特与斯巴达都实行过共餐制度，而雅典的共餐制度则更为隆重与严格。共餐制度是公民们参与公共活动的象征与体现，而城邦因公共活动而成立。

民主政体及其限度

至此我们强调了这一事实，即亚里士多德对政治平等与公民身份的论述远非是为了承认民主政体那么简单。他所谓的"民主政体"是另外一种高级政体形态即"共和政体"的偏差形式，而"共和政体"实际上把多数穷人排除在了公民之外。他认可了支撑寡头制而非民主政体的平等形式。他视德性为政治参与的目标与基础。另外，他还持有当时（绵延此后数世代）精英主义的看法，即穷人不得不为了生计而操劳，他们无法培养自己的德性，至少是因为他们缺乏闲暇与良好的教养。然而他曾一度在《政治学》中停下来着重思考：多数穷人如何才可能被纳入政治的范围。人民（包括最穷的公民）应当成为政府的主权者，民主政体的这个信条有自己的道理吗？如果有的话，那么人民作为主权者意味着什么？

这个问题构成了《政治学》当中著名的一个篇章（3.11）。

该章着重论述了整体的人民（demos）——不仅仅是人民中的优秀分子——作为主人（kurios）决定法律以外事务的问题（亚里士多德坚持认为法律整体而言就像主人一样）。我们可以把 kurios 翻译为主权者（sovereign，因为像拉丁文单词 dominus [主人]一样，kurios 起初与奴隶的主人、女性的丈夫或男性监护人是同一个单词）。[①] 把 kurios 翻译为主权者以后，亚里士多德在该章直接提出了民主或人民主权的问题。为了回答这一问题，亚里士多德阐明了人民作为主权者如何选择以及监督高级政府官员的问题。这是一种真正的人民主权形式，但它并非是对任何民主参与形式的无条件或全盘认可（人们经常想当然地如此认为）。亚里士多德为民主政体下的多数人划定了合适的范围。为此亚里士多德既反对他们可能会提出的宽泛诉求，又不同意绝对禁止他们参与政治。然而亚里士多德的这些思想——即他围绕多数人参与决策的价值与能力而展开的各种各样的论述，又一次地激发了后世追随者的进一步阐发。追随者们把这些思想发展为政治制度的设计，这已经与亚里士多德原先把它们限定在一定范围的情况相去甚远了。

他自己的出发点是这样的：一个政体当中最高级的个人职位只能分配给那些更有希望发展出他们的个人政治能力的

[①] Lane 2013e，即将发表的成果。值得注意的是，我认为它可以被视为人民主权的概念，尽管它不是人民权利这样的法律词汇，它也不代表人民能够控制与管理自己的事务与利益——正如西塞罗所发展出的人民主权理论那般（参见：Schofield 1999a, pp. 178–94）。

人。在实践中，这意味着为最高个人职位设定一定的财产要求，尽管他在其他地方以一种柏拉图式的论调承认财富仅仅是德性的粗略象征（古希腊相当多的富人无法运用财富帮助他们达成德性）。然而这反过来又引发了另外一个问题。因为在公元前4世纪希腊的政制氛围下，那些最高职位的拥有者（*tas archas*）很容易被认为是实施统治（*archein*）的人。按照这种情况来看，那些被排除在最高职位以外的多数穷人似乎实际上没有在"轮流统治与被统治"，因此他们实际上也不能算作平等的公民。

通过"一方面是这样，另一方面是那样"的鲜明策略，以及扩展统治与主权者的概念关联，亚里士多德成功地解决了这一难题。一方面当然是最高职位的执掌者在实施统治。然而另一方面，只有那些选择掌权者（以及审查他们是否具备资格）并且评判掌权者绩效的人们才是主权者。他们自身无需掌握最高职位，而是（以这些方式）控制最高职位的执掌者。民主政体下多数人作为主权者的权力是决定（谁应该统治）与评判（他们统治的好坏）的权力。即便是多数穷人也能够很好地行使这些职能，亚里士多德给出了如下的理由："就多数而论，其中每个单独的人常常是乏善可陈的；但当他们合而为一个集体时，却往往可能超过少数贤良的智慧。多人出资举办的宴会可以胜过一人独办的宴会。"①

亚里士多德所谓的"多人出资举办的宴会"既是诱人的,又是难以捉摸的。正如经常被援引的这段话那样,亚里士多德"民主的宴会"通常被解读为多数人可以提供更大的多样性,尽管他也可能是在强调多数人能够提供更大规模的人口数量(亚里士多德在本讨论中作为例子提出的其他意象也充满了模糊性)。②不管多数人集体判断的优越性源于何处,多数人在进行判断的时候——即《政治学》那一章所体现出的决策权在政治上的运用,他们的角色被具体限定在控制高级职位的执掌者上。在那一章中,这被用来解释人民主权的行使何以能够控制职位的执掌者,即便人民在某些特定的体制背景下无法亲自掌握那些职位。

所有官员,包括最高级别的官员都被置于法律之下。③亚里士多德此处再次超出了雅典民主政治的实践范围,他一边宣称人是法律的评判者,一边又赋予法律比人更多的尊荣,他在这两者之间来回变动。亚里士多德十足地确立了法律在共同体

---

① *Pol.* 1281a-b, 译文参见 Reeve 1998。
② 雅典的集体宴会通常依赖一个公民小组所提供的集体资金,而像克里特这样的城市的集体宴会则由城市的公共资金来提供,斯巴达的集体宴会采取个人贡献食物的方式。克里特与斯巴达都对基本的生活供应品,以及偶尔打猎获得的肉类或其他美味进行征税。学者们通常主要注重集体宴会中的百家餐色彩,或者更一般意义的参与人员的多样性,这种观点主要见于 Waldron 1995,并且在 Wilson 2011 以及 Ober 2013 的著作中得到了很好的捍卫。然而,Lane(2013d)则注重数量的积累。对我观点的一系列怀疑意见,参见 Cammack 2013。
③ 关于柏拉图与亚里士多德对"法律之治"理想的贡献的研究,参见 Allen 2000。

中作为理想的统治者的地位，法律高于执政官，因为它不受人类激情的羁绊，它是公正无私的。只有在"法律有所不及的时候"，[①]执政官或官员们才是主权者。然而法律本身对一个既定的政体来说是相对的。寡头政体与民主政治不能适用同样的法律，而最优良政体的法律与这两者又都有所不同。

最好的政体

在《政治学》的最后，亚里士多德讨论了一般意义上的最好政体即"我们所祈求的城邦"，将之与大多数人、大多数社会的最好政体相对比。这需要我们回顾一下什么是最好的生活。幸福的人必须具备三项善因——"外物诸善，躯体诸善以及灵魂诸善"，但这三项善因最终都要服从于灵魂诸善，因此"各个人所得幸福的分量，恰好应该相等于他的善德和明哲以及他所作善行和所显智慧的分量"。[②]幸福不全部归功于幸运。尽管一个人可能因为无法享受发展自己各项能力的教育，或可能遭受厄运的打击（丧失家人或家庭），他的幸福因而受到伤害，但是幸福却是根源于一个人的自我行为。当城邦使自己的公民们达成了各自的幸福——不管是理论上还是实践上的有德性行为——的时候，这个城邦就是幸福的。最好的城邦就是能够塑造并由这样全然有德性的公民所构成的城邦。

---

① *Pol.* 1282b，译文参见 Reeve 1998。
② 引文分别见于 *Pol.* 1323a, 1323b。

亚里士多德从多个方面论述了在实践中构建这种最好的政体的方法。可能因为当时的政治与军事集会都依赖口头发布命令,将军们大声下达命令,传令官们口头召集开会,因此亚里士多德认为城邦必须拥有规模上的自然限制:"为数那么多的群众,谁能做他们的将领而加以统率?除了具有斯顿笃(Stentor)那样的嗓音,又谁能给他传令?"(1326b)最好的城邦需要有保证自给自足的足够领土,但是与柏拉图在《法律篇》中的观点不同,亚里士多德不反对在城邦开辟一个经营对外贸易的港埠(尽管他十分赞赏某些城市在市场的商贸区域以外划出一定的空间以专门用于政治集会的做法)。我们从他关于最好的城邦的论述中看到了他整个政治学思想的张力。一方面,他坚持认为任何公民都不能从事工匠或商贩的职业,"因为这种生活不光彩而有碍善德",任何公民也不能从事农民的职业,因为农民没有培养德性的闲暇(1328b-1329a)。然而另一方面,这些人的缺陷是因为职业习惯与实践活动,而非因为他们的固有能力。他们(被迫)的生活方式而非他们的固有品性使工人与农民们无法获得最好城邦的公民身份。[1]"老寡头"曾经认为穷人的无知是因为缺乏教育而非他们固有的能力,亚里士多德这里与其类似,他把穷人缺乏政治能力的原因归结于他们的境遇而非各自的本性。

---

[1] 这里的论证思路受到了 Frank(2005)的影响。

这表明他们被排除在公民身份之外并非亚里士多德理想政体的本意，而毋宁是经济社会构成方式的一种结果。在一个某些人被排除在公民身份之外的政体当中，一个有德性的政体由实施自我统治的少数有德性的公民组成。然而当经济和社会条件使多数人也能够享有达成德性的良好教育与闲暇的时候，亚里士多德的论证逻辑将把公民实施自我统治的范围扩展到这些人的身上。我们此处再次发现亚里士多德的论证逻辑排斥他自己以及我们对民主政治的过度理想化，然而也发现他的论证逻辑具有向民主方向扩展的可能性。

亚里士多德在总结《政治学》时强调教育应该适应于每一特殊的政制形式（1337a），它应培养人民的各种恰当习惯以使政体长盛不衰。实际上，每一种政体形态都会试图去塑造公民的品性，以适应它们各自的政治目标，有些政体形态比另外一些做得更成功。这就是为什么为一个良好政体立法具有如此重要的意义的原因。因为只有在最好的政体之下，好人与好公民才能完全吻合。在每一不完善的政体之中，公民的各种能力与性情必然会受到一定程度的扭曲，以适应统治集团特殊或乖张的利益——即便那是把所有公民都包含在内实行一种多数意见的暴政。我们必须努力按照人类最好的本性去创造一种政治，以免让政治按照最坏的本性去塑造我们。

在实践自己的理论理性时，人类分有神灵的能力。在与公民同胞共同协作时，人类能够最好地实践与完善自己的实践理性。公民身份从理想上来说是实践人类本性这种深刻能力的条件与顶峰。当人类本性的这种能力具有平等分配的可能性时，人们为之欢声鼓舞，但这种能力也可能不是平等分配的，这又导致了公民身份自身分配的不平等。公民间相互平等的诉求开启了关于政治制度安排的大量问题，同时也开启了公民身份自身的基础的问题。

尽管亚里士多德的思想大大超出了公民身份的范围，但是他对公民本性及其与政治体关系的论述明确表达了一种政体理想。另外，他还探究了这个理想政体在现实政治实践中的各种变体与背离形态。不同政制形态可能会误解德性的必需条件，或者把政治权力置于德性的不当象征之上，比如财富或单纯的人数。这些政体中的公民不断内化与坚守着他们的价值理念，极易恶化自己的弱势处境。只有最好政体下的公民才能够发展出彻头彻尾的公民美德与优势力量。正如柏拉图认为的那样，对亚里士多德来说一个人所身处的政体对他将来成为什么样的人至关重要。我们在下一章将发现，在柏拉图与亚里士多德之后还有很多后辈学者在雅典教授哲学，他们以多种方式探索出了更大规模的政治体，但也有另外一些人对把最好政体与个人追求最好的生活相联系的传统看法提出了挑战。

第六章
CHAPTER 6

世界主义

亚里士多德的政治理想是单一城邦的公民身份。城邦是一个城市国家,它通常依靠法律进行自我管理,也会构筑城市围墙来自我防卫。[①]希腊的后世学者,以及后来罗马的哲学家们开始质疑一个政治共同体的疆域与定义。各式各样的学术流派通过不同的视角开始怀疑最好的共同体是否可能不局限于城市的法律与围墙。它可能仅仅是从城市某一区域内遴选而出的友谊群体;或者可能向外扩展而囊括了一切理性的个人,无论他地理上身处何方。

亚里士多德还在世的时候,人们就已经开始探索上述以及其他的可能性了,特别是在他生命的大约最后二十五年里,此时雅典诞生了两个新的哲学流派。这两个哲学流派对作为政治

---

① 亚里士多德的确在某处曾表示过希腊人能够统治周边各民族,进而大胆地发展出"一个单一的政制"(*Pol.* 1327b31-3)。按照亚历山大大帝的帝国思路,这种解读是非常有吸引力的,比如 Meier 2011, p. 41,但是最好把其理解为所有希腊城邦都施行同样的政制形态而不是融合成一个单一城邦(参见:Reeve 1998, p. 202&31)。

理想的城市法律与围墙提出了严峻的挑战。基提翁（Citium）的芝诺（Zeno）创建了斯多葛学派，据说他在其著作《政制》(Politeia)中反对根据个人的正义体系来划定城市各区域或地方的边界（Plutarch, *De Alex. Fort*.329A-B）。[1]与此同时，萨摩斯（Samos）的伊壁鸠鲁（Epicurus）创建了伊壁鸠鲁学派，在哲学论证中成为斯多葛学派的主要对手。该学派数世纪后激发了一位狂热的信徒在一块石头上雕刻下了一个时代的呼声："城市将无需围墙或法律。"[2]我们在本章将会发现这两个学派提出了根本不同的政治理解，但它们也拥有相同的信念，即哲学与政治理想最终将不受城市法律与围墙的限制。

其中最著名的新理想是斯多葛学者所提出世界主义。实际上，世界主义仅仅是这一时期针对政治共同体的疆界、价值与定义而提出的一系列挑战中最重要的一个。在所有此类新挑战之下，人们围绕正义的自然或约定根源、平等的定义及其与公民身份的关系——前面章节的重要主题——展开了全新的关

---

[1] Schofield 1991, pp. 104–11. 他认为普鲁塔克在这里误解了芝诺有点类似于斯巴达政制的意思，表示普鲁塔克误认为芝诺试图把城邦纳入亚历山大大帝的政治计划之中。因为我这里的目的仅限于介绍，所以城邦不再有确定的围墙与法律的判断同样适用于 Schofield 对芝诺思想的重构。他认为芝诺是从共同社会规范的角度来定义政制的（Schofield 1991, p. 73）。

[2] New fragment 21.1.1–14, 这段引文的译文见于 LS 22S。这段铭文（极具讽刺意味的是它被雕刻在约 100 米高的城墙之上，表面被陶土所掩盖）由奥诺安达（Oenoanda）的第欧根尼在约公元 200 年委托别人刻成（不要把他与犬儒主义者锡诺普的第欧根尼相混淆）。该刻文残篇连同其他残篇在 Clay 论文的概述与回顾当中都被突出强调，参见：Clay 2007, p. 288；它见于 Smith 2003。

注与讨论。是否有一种政治可以超越既定政体的法律或围墙的限制？这既是一个极为严峻的挑战，同时又使人们对政治自身的性质产生了质疑。

亚里士多德还在世的时候，世界主义的初始版本就已经产生，它首先由另外一场哲学运动的支持者即第欧根尼清晰地阐述出来。有人曾经问第欧根尼来自哪里，第欧根尼回答说他并非来自任一城邦，而是 *kosmopolites*，即一位世界公民。在第欧根尼看来（后来以犬儒主义者的名号被世人所熟知；犬儒主义者在希腊文中的意思是狗，因为他致力于按照自己的动物本性而生活），"世界主义"的意思是说他一并反对任何政治共同体对其自身所施加的一切要求。从第欧根尼及其追随者们那里借来这个单词，斯多葛主义者们对它作了巧妙却在方向上十分不同的发展。他们没有取消各种地域形式的公民身份，而是把它们纳入到世界公民身份之中，使其具备了更多的积极意义。他们用这种形式的世界主义对抗伊壁鸠鲁主义者们，后者已经开始明确呼吁另外一种形式的理想共同体，即一个政治体内部的友谊群体——它能够给人带来安全与正义。最后是"怀疑主义者"或"问询者"，他们按照两条谱系脉络（一种是更为温和的后柏拉图学园的"学院派"怀疑主义者，之后的另外一种则是更为极端的怀疑主义，他们把自己的思想追溯到与芝诺和伊壁鸠鲁同时代的一位前辈学者）发展，他们都认为所有的政治诉求不过是表面而肤浅的约定，但对它们是根源于理性还是自然的问题不置可否。

除了第欧根尼以外,所有这些思想家以及他们的观念都属于历史上的"希腊化"时代,即从公元前323年亚历山大大帝死亡到公元前30年埃及托勒密王朝(由亚历山大大帝的将军们的后裔所统治的最后一块帝国领土)臣服于罗马的古希腊历史时期。[①]希腊化时代及稍早时期的关于世界主义的各种变体及替代形式的讨论为人们思考政治的起源、价值、位置及其疆域范围开创了新的平台。除了能于这一时期发现新的学术流派(早期的犬儒主义者,以及斯多葛主义者、伊壁鸠鲁主义者与怀疑主义者)以外,我们还能看到柏拉图的思想在其学园里面,亚里士多德的思想在吕克昂学园里面得以继续发展,后者的追随者们甚至有了新的名字即"逍遥学派"。在思考这些政治问题的时候,大部分学派把它们置于更宏大的物理学、逻辑学与伦理学的理论框架之中。他们的政治观点是伦理学的一部分,只有在为了说明这一点的时候,我才会涉及到这些学科。

苏格拉底与智者们关于自然与约定的讨论在这些新的哲学框架内得以复兴与延续,但关于世界主义及其定义的新问题同时被提了出来。希腊化时期哲学论辩的主要问题包括:是否真如亚里士多德与斯多葛主义者们以各种方式所提议的,人是

[①] 亚历山大大帝死后,他的诸位将军们瓜分了他的帝国并精心谋划了君主国的政治理想。他们之间成为相互敌对的君主。当然他们的君主国理想在一定程度上延续了亚历山大大帝的帝国抱负。关于希腊化时期的历史与政治的概述性研究成果,参见 Walbank 1981。

天生的社会动物，进而直接体现于某些政治之中？如果真是如此的话，人的政治实现形式是自然地还是理想地限于有围墙的单一城邦，抑或更大范围的"世界城邦"（cosmopolitan）之内？或者与之相反，政治仅仅是一组有用的约定而与人类更深层次的自我实现无关——正如伊壁鸠鲁主义者所主张的，而怀疑主义者则对它的可能性不置可否？抑或是说这些政治约定实际上伤害了人类自身的繁荣发展，正如犬儒主义者对它们的无情斥责？人类共同体的起源与存在场域、法律的性质、良好生活是源于德性还是享乐、正义的价值，所有这些问题都成为哲学论辩的主题。

世界主义之场景一：反政治（anti-politics）的犬儒主义者

当第欧根尼被问及来自于哪里的时候，他没有按照人们的预想说出自己的出生城邦（锡诺普[Sinope]，一块位于黑海之滨的希腊殖民地，它盛产日后文艺复兴时期用于壁画创作的红黏土）。当他回答说自己是一位世界公民——字面意思即为整个宇宙的公民（DL 6.2.63）——的时候，他似乎是在说自己从本性上而言不是任何特殊的城邦的公民。他并非在构想世界范围内的公共责任。与此相反，他宣称放弃并抨击任何普通的人类城邦对自己可能施加的那些要求。

因为第欧根尼认为任何城邦所强制或期望的任何生活方式对他都无效，所以他没有遵循传统所期望的公民的生活方式。与此相反，他过着一种在周围人看来像狗一样的生活（Cynic 这个单词来自于 *kuon*［狗］；然而第欧根尼视别人的辱骂为一种荣耀）。因为狗不会有什么积极的政治抱负或身份，所以第欧根尼也没有。[①]他像狗一样地生活是对纯粹动物生活的一种尝试。一切法律与人类的约定对他来说都是外在而不自然的。因此他像狗一样在大庭广众之下撒尿、排泄以及交媾，对此他不觉任何羞耻。他宁可栖身于一个红色储物大桶里——有时狗也可能前来此处寻找庇护，也不去建造人类自认合适的住宅居所。他蔑视一切礼仪与廉耻规范，或者说他拒绝它们对自己的效力。他对政治利害或周围的环境没有任何要求，也没有任何恐惧。据说某天亚历山大大帝前去探望第欧根尼而想提供给他一些好处时，这位犬儒主义者——正在外面全身赤裸享受日光浴——仅仅请求这位君王不要挡住阳光。

第欧根尼的生活不在此世，因为他对人类事务一无所知，他也不仅仅是处于人类的原始状态。恰恰相反，他在兑现一种哲学承诺。让我们重新回到公元前 5 世纪习俗与自然（*nomos/phusis*，即法律与自然）之间的争论。第欧根尼反对仅仅是人类专横约定的习俗而赋予自然以绝对的意义。尽管苏格拉底、柏拉图与亚里士多德都曾经批判过人类的某些约定，但他们最终都坚信有一种与自然相协调一致的真正的正义形式。第欧根

---

① 参见 Moles 2000。

尼则不然，他认为正义不过是人类的一种约定，它与自然始终处于矛盾之中。遵循自然的生活就是通往理性、幸福、自由与自给自足的生活。尽管第欧根尼曾一度被卖为奴隶，但他保持了自己的独立自主地位。他的买主认为第欧根尼比其他家庭成员更适合掌管家务（DL 6.2.74）。犬儒主义者的自然生活方式不是按照自然正义去建构法律，它毋宁是为了反对法律与正义的一切虚假要求。第欧根尼宣称自己是一位世界公民，实际上他是在宣称自己根本不是公民："唯一正确的政制形式是根据宇宙而来的。"（DL 6.2.72）

他的声明没有阻止其他的犬儒主义者把自己打扮为第欧根尼的徒子徒孙（第欧根尼自己当然没有创建任何正式的学派）。他的追随者们致力于传道授业，甚至还充当起了多个王室的内部成员。[1]犬儒主义者们没有建立完整的哲学体系，也没有在任何地方建立自己的学派，但他们思想中所体现出的反文化的生活方式不断吸引着新的追随者。在公元前最后的几个世纪里，犬儒主义一再受到普遍的欢迎，最终它被四处布道的传教士与乞丐哲学家们所吸纳。第一次是在公元前300年左

---

[1] 不管这听起来多么不可能，据说在亚历山大大帝的身边有一位犬儒主义哲学家欧奈西克瑞塔斯（Onesicritus）伴其左右；后来其他的一些犬儒主义者也是宫廷哲学家。比昂（Bion）一出生就是一位奴隶，公元4世纪末期他在老学园（Academy）之中进行学习，然后成长为一名哲学家，并且成为一名受人欢迎的犬儒主义哲学教师。安提柯二世（Antigonus Gonatas）曾经是统治马其顿的将军。在讨论比昂与安提柯二世的关系的时候，Kindstrand谈到了犬儒主义者充当王室内部成员的情况，参见：Kindstrand 1976, pp. 14–15。

右，此时希腊化时期的其他学术流派正蓬勃而起，特别是在基督教崛起时的公元1世纪的罗马时期。[1]犬儒主义者们与后来中世纪的弄臣相类似，但他们更为彻底地推翻了人们阿谀逢迎与渴求王室荫庇的观念与期望。他们信奉并珍视独立与自足的价值，像其他希腊哲学家那样，他们以实现了这些价值而自夸。据说后来亚历山大大帝认可了自由与自足之间存在的关联性。第欧根尼通过反对一切人类约定的方式得到了它们，但亚历山大大帝本人则通过对外征服也掌握了它们。一直流传着他的这样一个说法："如果我不是亚历山大的话，那么我是（即想要变成）第欧根尼。"[2]

世界主义之场景二：跨政治（trans-politics）的斯多葛主义者

芝诺是斯多葛主义的创始人，他曾经与犬儒主义者克拉特斯（Crates）一同学习，后来两人相继拜服在第欧根尼的门下。这激发了芝诺的反政治思想。我们将首先讨论这一点，然后再讨论他如何重新塑造了世界主义理想的主要内容。犬儒主义在一定程度上对一切地域性政治秩序中的自然性进行了批判，但

---

[1] 实际上耶稣寓言故事中的反文化特征使一些学者（有争议地）把耶稣称为"犬儒主义者耶稣"。我们可以发现犬儒主义的生活方式已经变作强大的意象，它在某些方面塑造了人们对耶稣，以及后来的布道者保罗的生活的理解。参见 Bosman 2008 以及 Downing 1992。

[2] *Alex.* 14.

芝诺改变了这一做法，进而认为宇宙内特定居民的某种政治秩序作为一个整体具备自然性。

芝诺吸收了犬儒主义者怀疑日常现实政治体制的思想，而认为大部分的现实政治不适用于理想的政体。即便是被希腊人所普遍认可的有利于公共秩序的禁忌，比如乱伦与食人肉都受到了芝诺的学生克律西波斯（Chrysippus）的挑战。克律西波斯认为"与母亲、女儿或姐妹发生性行为的禁忌在理性当中找不到根据"；如果食人肉是有用的话，人类相食甚至是吃掉死去的父母也并非不自然，因为正如野兽一般，人类死去的尸体不过是待消耗或被抛弃的物质而已。[①]

与这些不当的禁忌相对，芝诺与克律西波斯各自写了一部《政制》（Politeia），他们在书中提出了全新的理想政治制度。其内容要比苏格拉底在柏拉图的《理想国》中描绘的政制更加全面，更加严苛与彻底。为了理解斯多葛的思想创新，我们必须快速地回顾一下柏拉图著作中的理想城邦。他所构想的哲人王们不能有个人的财产与家庭，他们的生活所需与住房都由城邦所供给，他们所繁育的后代也由城邦来集体抚养。在苏格拉底—柏拉图的计划之中，这些限制仅仅适用于统治精英们，普通公民将拥有个人的财产与子女。另外，在他们的计划中只有

---

① 关于克律西波斯这些文字的记述见于 Plutarch, *On Stoic Self-Contradictions* 1044F– 1045A, 译文见于 LS 67F; 以及 Sextus Empiricus, *Outlines of Pyrrhonism* 3.247-8, 译文见于 LS 67G。

统治精英们才是全然富有德性的,因为只有他们才拥有德性所必需的知识。其他公民将尽可能地保有德性,他们将受到统治者理性的托管,但自己无需拥有全然的德性。

芝诺指出了柏拉图式的政制的张力:如果所有公民不都是全然富有德性的,那么城邦也不是一个完全有德性的城邦。因此在他看来,有且只有所有富有德性的人们才是"公民、朋友、亲戚与自由人"。与他们相反,所有不具备德性的人都是"相互疏远的敌人与奴隶"(DL 7.32-3,译文见于 LS 67B)。然而,这种真正的公民德性需要特定的社会与政治制度的支持。[1]

斯多葛主义者与犬儒主义者在此产生了分歧。他们没有反对一切人类法律与约定,而是——如柏拉图一般——发展出了他们自己所认可的人类法律与约定,他们描绘了一种真正的政制形态,并且以此来要求公民的服从。当芝诺与其追随者们像第欧根尼一样对现实的法律与习惯展开猛烈批评的时候(芝诺的理想城邦同样禁止庙宇、法庭、体育场以及金钱货币),[2]他们主张用真正符合自然的法律与习惯代替它们,但这在第欧根尼看来根本就是不可能完成的事业,也是毫无必要的。芝诺所提议的社会机制包括了所有公民的集体性交行为(柏拉图《理想国》的理想政体仅把此局限于城邦的卫士阶层),以及不分

---

[1] 这里的论证方式与本章对斯多葛主义的论述很大程度上归功于 Schofield 1991。
[2] 芝诺的批评者提供了该叙述,参见 DL 7.32-3,译文见于 LS 67B。

男女一律统一的近乎于裸体的服饰。他《政制》一书中的这两项建议都是为了促进公民之间的爱意与和谐,使他们结合为一个统一体。

这表明芝诺及其学派所认可的自然生活方式不是第欧根尼所谓的像狗一样的简单生活。相反,自然生活需要重塑个人的反应来与理性相协调,以及追求德性的完善。自然是一种规范与标准。一个人所有想做的事情不都算是自然的。只有那些表征并把我们的本性与宇宙中无处不在的理性相联系起来的行为才是真正合乎自然的。学习并且渴望去行一切(并且只有)最自然之举,这本身就是一项道德成就。

年轻人在学习理性的过程中会发展出与其他动物一样的自然冲动。对一只幼兽来说,体现自然的密切关联的东西都属于自然冲动:首先是生命,以及跟生命"紧密相关"的事物,还有避免祸害(DL 7.85.4);其次是与别人的相互协作。[1]这种与别人发生联系——即"归家"(*oikeiosis*)——的自然冲动由内而外地从自我经过家庭、共同体,最终在理性的指引之下扩展到整个宇宙。因此人类从自然本性上来说具有社会性。个人在自己与别人的利益之间不存在尖锐的或自然的割裂。这是极为重要的,因为它表明伦理学与政治学——如果正确理解的话——都同样是自然的。过一种富有德性以及公民的生活都根

---

[1] DL 中关于多位斯多葛主义者的叙述见于 Inwood & Gerson 2008; 他们两位依次对多位斯多葛主义者的资料进行了收集,并提供了译文,使人们受益良多。

源于人类的自然冲动，我们人类从自然本性上来说就具有发展它们的能力。

然而，如果斯多葛主义者把公民生活视为"归家"的自然结果，那么世界公民就是它的自然极致。在总结斯多葛主义的时候，我们发现了这种观点："世界就像一个城邦，它由神灵与人类所构成。他们都是共同体的一部分，因为他们都分有理性，即自然法。"[1]克律西波斯在其著作《论法律》的开头就详细阐述了自然法："法律是所有人类与神灵的主宰。作为主宰与向导，法律必须说明什么是荣耀与卑劣，因此它乃是非对错的标尺，它向那些本性是政治的物种说明什么应该做什么不应该做。"尤其对后期的斯多葛主义者来说，自然法能够赋予人类法律以意义的观点成为协调日常政治与世界主义的主要方式。斯多葛主义者爱比克泰德（Epictetus，他曾经是希腊奴隶，后来在罗马人治下从事创作）宣称你必须担负起你的一切社会角色（作为儿子、兄弟、议事会成员以及其他任何可能的身份）的相应行为。[2]然而你也必须谨记"你是宇宙的公民。"[3]你拥有这样的能力，你不应该孤立于整体之外，你应该审慎地对待一切事物，始终参照整体而做出自己的思考与行为。我们在这里发现世界公民的新理想被用作人类行为的评判标准，尽管日

---

[1] 出自 Arius Didymus, Eusebius 记述之；DL（67L）对文本进行了选译。

[2] *D* 2.10.7–12.

[3] *D* 2.10.3, 译文参见 Inwood & Gerson 2008, Text 144（p. 200）。

常的政治关系同时也得以维持。世界主义也可能包含人们对地域政治的服从，斯多葛主义者们从没有放弃过这一立场。近代政治哲学后来继续捍卫了这一立场，将其发展为一种"有根的世界主义"[①]（rooted cosmopolitanism）理想。

友谊群体：内政治（infra-politics）的伊壁鸠鲁主义者

斯多葛主义者们把人类与神灵都视为同一个宇宙城邦的组成部分，他们确信人类与神灵都能够达成理性与法律的共同自然标准。公元前307年，伊壁鸠鲁把一种新的哲学流派带入了雅典，并在雅典的一个庭园内传道授业。在与伊壁鸠鲁及其追随者们的哲学论争中，斯多葛主义者们必须去捍卫人类与神灵的相互关联性。在伊壁鸠鲁看来，神灵与人类的世俗世界没有任何关系。人类的生活独立于神灵的授权或惩罚，它完全按照凡人的时间线索而独自展开。伊壁鸠鲁认为"死亡对我们来说并没有什么意义"，因为当感官体验停止的时候，任何能影响人类的事物——痛苦与欢乐——也就都停止了。因此，人类的使命就只不过是尽最大的可能去追寻牢靠的欢乐，以及避免痛苦。

人类的使命当中没有斯多葛主义者所谓的作为向导的理性自然法，也不存在苏格拉底所谓的正义的自然标准。犬儒主

---

① Appiah 2006.

义者、斯多葛主义者以及后来的怀疑主义者都把苏格拉底视为楷模,但是伊壁鸠鲁主义者独独排斥他。在经常出入伊壁鸠鲁的花园的朋友们看来,法律不过就是公元前5世纪某些智者所持的看法:人为创造的约定;它无非是为了促进人类牢靠的欢乐,以及避免不必要的痛苦。政治可能有利于人类的生存,但它并非基于人类关于社会性——无论它青睐于一个地域还是宇宙的政制形式——的自然冲动。它不过是一种人造之物,它不应试图激励个人自我牺牲的德性,而应去促进人们日常生活的欢乐(尽管伊壁鸠鲁持有欢乐的普遍观点,但是通过降低欲望的方式,他认为欢乐最容易达成与满足;伊壁鸠鲁的欢乐来自于面包与水,而不是名贵的松露与香槟)。尽管如此,政治还是有利于人们达成牢靠的安宁状态。

在追求安宁生活的过程之中,伊壁鸠鲁主义者与犬儒主义者不同,他们并不蔑视社会的各种约定(伊壁鸠鲁主义者也不像芝诺与克律西波斯那样去创造更理性的法律)。伊壁鸠鲁主义者外表上过着一种正常的生活:他们会结婚,也会遵守性行为的法律;他们有所失的时候也会感到悲伤;他们甚至也会"提起法律诉讼,在即将死去的时候也会留下著述。"[1]从同一文献中我们得知"他们不会参与政治",但是他们"偶尔也会向君王献殷勤"。然而,他们的目的不是为了追求荣耀,或者基

---

[1] DL 10.117–20,译文见于 LS 22Q。

于什么德性的义务，他们只是乐于履行日常的公民职责。伊壁鸠鲁坚持认为其追随者们都应该愿意"担当陪审员。"[1]尽管如此，与斯多葛主义者相比，伊壁鸠鲁主义者对政治参与的各种传统形式表现出了少得多的兴趣与热情，比如他们把修辞术称为"卑鄙的技艺"。[2]

因此对伊壁鸠鲁主义者来说，政治关系的角色主要是功能性的。人们应当按照用途而不是什么固有的内在价值对它们做出冷静而客观的评价与支持。法律只不过是人类实施强制力的一种工具，它并非什么神圣理性。正如伊壁鸠鲁主义者赫尔马库斯（Hermarchus）的劝诫："人们对效用视而不见的唯一解决办法是对法律惩戒的惧怕。"[3]与柏拉图主义者与斯多葛主义者的观点不同，正义并非基于自然。恰恰相反，正义是人类创造的互惠约定。伊壁鸠鲁说"自然正义"并非确定的词汇，正义是"互惠互利的保证或承诺，既不伤害别人也不受到别人的伤害"。[4]从本质上而言，不义之举不是一种错误，它无悖于自然。只有在他害怕其不义之举会带来伤害或惩罚的意义上而言，它才是错的，进而损害了他的自信与安宁。

伊壁鸠鲁主义者们的分析既不以某一政治共同体，也不以

---

[1] DL 10.119, 译文参见：Inwood & Gerson 1997, p. 42。
[2] Ammianus Marcellinus, 30. 4. 3（51 Usener），译文参见：Inwood & Gerson 1997, p. 96。
[3] Porphyry 记述之，见于 *On Abstinence* 1.71–9.4, 译文见于 LS 22M。
[4] DL 10. 139–54, 译文参见：Inwood & Gerson 1997, p. 35。

整个世界共同体为中心，反而聚焦于一种我们可以称为"内政治"（infra-political，即政治之内或政治之下）的特殊共同体形式。这种共同体因相互的友谊关系而得以定义。[①]它由出入伊壁鸠鲁式花园的朋友们所构成，他们都过着一种简单的生活。友谊对形成与促进安全感以及心灵的平和——伊壁鸠鲁主义者们孜孜以求的目标——起着至关重要的作用。[②]据说友谊实际上是最大、最持久的欢乐，它是一种真正的喜悦。[③]尽管友谊与正义一样一定是源于效用，但是友谊所蕴含的真切的安宁需要一个人像爱自己一样去爱别人。因此伊壁鸠鲁主义者们对友谊的坚守是绝对而不讲条件的，以至于说一个伊壁鸠鲁主义的哲人"有时会为朋友献出自己的生命"。[④]

当犬儒主义者们试图像动物一样过活的时候，伊壁鸠鲁主义者们痛斥此种"没有朋友的生活"无异于"狮子和狼的生活"。[⑤]另外，与斯多葛主义者们不同，伊壁鸠鲁主义者们认为友谊而非法律才是理想的共同体形式。然而友谊群体也可能超越花园的范围，进而发展为更宽广范围内的共同体，此时普

[①] 早期的斯多葛主义者也赞赏哲人智者之间的友谊，他们称这种友谊是为了"自身的利益"（出自 Fin. 3.70, 译文见于 Inwood & Gerson 1997, p. 242）而非其他。然而，他们重视哲人智者社群的同一性程度要大于特殊的友谊关系。

[②] Epicurus, *Key Doctrines* 7.27, 译文见于 LS 22C, 22E。

[③] Cicero, *Fin.* 1.66–70, 译文见于 LS 22O。

[④] 同上；后未引原文见于 DL 10. 120, 译文见于 LS 22Q。

[⑤] 出自 Seneca, Ep. 19. 10, 译文见于 LS 22I。

通形态的政治就会消亡。因此很多伊壁鸠鲁主义者们是热情的慈善家。这其中比较著名的例子就是吕西亚山区奥诺安达（Oenoanda）城城墙上的一段铭文："城市将无需围墙或法律"。[1]它可能由一位伊壁鸠鲁主义的哲人在公元前200年左右所创作，它向人们传递了一幅人类世界没有围墙或法律的伊壁鸠鲁主义式的愿景。现在我们知道铭文的作者是奥诺安达的第欧根尼，这位哲人与捐助人解释该铭文说："帮助我们的后人是正确与恰当的"，也就是说帮助后人不受"虚假观念的时疫"[2]的影响。伊壁鸠鲁主义者们认为不受围墙与法律阻隔的世界将是一个由效用与友谊所构成的人类共同体，它不受制于什么自然与神圣的法律。

不管伊壁鸠鲁主义者们如何乐善好施，一般而言他们只认可自己特殊群体内的正义条款，并且用自己的哲学立场——寻求牢靠的安宁——去捍卫之。斯多葛主义者与柏拉图主义者们对此都不甚满意，他们认为伊壁鸠鲁主义者只把正义视为算计与自私的工具。然而至少伊壁鸠鲁主义者们在人们互利互惠的过程中找到了一种牢靠的正义。另外，尽管各学派互有分歧，但斯多葛主义者与伊壁鸠鲁主义者都认为好的生活只可能建立在正确的哲学立场与理解之上。

---

[1] New fragment 21. 1. 4–14, 译文见于 LS 22S。
[2] Fragments 3.2.7–3.6.2, Smith. 该铭文残篇连同其他残篇在 Clay 论文的概述与回顾当中都被突出强调，参见：Clay 2007, p. 288；它见于 Smith 1993。

希腊化时期最后的哲学流派是怀疑主义（两条脉络），它从理论上提出了更为彻底的批判，尽管在实践中接受与"寂静主义者"（quietist）颇为类似的做法而恪守现实政治的要求。一旦一个人理解了为何以及如何按照自然生活，他就能够拥有智慧与德性，因此他就是一个幸福与自由的斯多葛主义者；一旦一个人理解了神灵、死亡与欢乐的本质，并把它们视为同一个善，他就能够拥有智慧与安稳，因此他就是一个得以享受安宁的伊壁鸠鲁主义者。当一个人正在获得对世界的真实理解的时候，他就能够获得这些恩赐。（伊壁鸠鲁《梵蒂格言》[*Vatican Sayings*]的第 31 节一直萦绕在人们的头脑之中。与其他大部分的事物相比，人类最能获得安宁。"死亡来临的时候，我们人类都能居于没有围墙的城"[LS 24B]。）与之相反，希腊化时期后来崛起的哲学怀疑主义运动认为实践中理解世界的努力恰恰伤害了安宁。停止这种努力，停止下判断，这才是（极具吊诡色彩）获取安宁——希腊化时期所有哲学流派都认可的幸福之必需条件——的最佳途径。

城邦怀疑主义者（Scepti-politanism）

怀疑主义学派的名字来源于希腊单词"问询"（*skepsis*），它诞生于希腊化时期的斯多葛主义与伊壁鸠鲁主义（以及其他学派）学派之间的争论中。如果各家各派只是让自己的信徒们处于相互攻击的悲惨处境，那么它们怎能提供获得安宁的良好训诫呢？怀疑主义者认为这些争论与反驳都不具备理性的基础。唯一合理的回应是停止对所有争论作正确与错误的判断。一个人可能会理性地选择一种学派，认为它比其他学派更具可能性与说服力，因此在实践中遵循这种学派；一个人也可能只是遵循自己共同体的各种约定，而不质疑该共同体的任何正当性。这后一种情况正是后来更为激进的在公元前1世纪到公元1世纪之间达到顶峰的怀疑主义的观点。激进的的怀疑主义者们把自己视为皮浪（Pyrrho）的追随者，因此可以统称他们为"皮浪主义者"。他们令人兴奋的怀疑主义观点认为人们能够获得哲学争论所追求的安宁，只要人们不再执迷于任何一种哲学流派。

怀疑主义的政治影响在理论上是极为深刻的，尽管稍后我们将发现它在实践中可能并不是那么地举足轻重。在理论上，怀疑主义者们认为斯多葛主义与伊壁鸠鲁主义者们所认为的对良好生活至关重要的各种信念都毫无用处。公元前155年，由雅典的三位哲学家——一位逍遥学派的代表、一位斯多葛主义者与一位怀疑主义者——组成的大使团出使罗马。面对每位大使各自阐述的哲学立场，罗马贵族们都深受鼓舞，以至于允诺派遣各自的子弟们前往希腊学习哲学，他们甚至还邀请这些远道而来的希腊哲人到自己的家里与朋友圈中做客。

没有哪位大使比怀疑主义者卡涅阿德斯（Carneades）的阐述更为有力或更加令人不安了。他代表了当时柏拉图学园的温和怀疑主义转向。他第一天先作了一个著名的公共演讲，大谈特谈正义对政治生活是何等的重要；然后第二天又做了一个公众演讲，为同一目的转而又高度赞扬了不义对政治生活的意义。对同一哲学立场从正反两方面进行论证，这是怀疑主义辩论方法的精髓。任何一方都不能说服另外一方，这位怀疑主义者宁可拒绝作出任何判断，也不对它们的正确或错误进行武断的评价。然而人们可以采取更为温和的方式，得出一方比另一方更有可能性的结论，即使是卡涅阿德斯本人。卡涅阿德斯对不义的赞扬使怀疑主义成为最有可能侵蚀政治关系正当性的哲学流派。

卡涅阿德斯的演讲最好的记录是在西塞罗的《国家篇》中。西塞罗记述了两位罗马公民在公元前129年（因此他们还保有卡涅阿德斯出访罗马的鲜活记忆）聚会时的谈话。这两位公民采用倒叙的方式重现了这位雅典的怀疑主义者的演讲。我们下一章将详细讨论西塞罗，此处我们的目的是为了说明他的著作确实向人们介绍了希腊化时期的哲学观念，他对其进行研究、记录，乃至有所发展。西塞罗记录的卡涅阿德斯的演讲，通过后来的两位罗马公民，实际上是现存对其内容最为完整的表述。西塞罗先是安排了卢修斯·弗里乌斯·菲卢斯（Lucius Furius Philus）赞扬不义的言论，然后又让盖尤斯·莱利乌斯（Gaius Laelius）作出了赞扬正义的回应。莱利乌斯的回答较之著作的其他内容现在只剩下一些残篇。然而我们能够发现他提供了一种与斯多葛主义者相类似的观点:"真正的法律是与本性相合的正确的理性;它是普遍适用于一切人类的……罗马和雅典将不会有不同的法律,也不会有现在与将来不同的法律,而只有一种永恒不变并将对一切民族和一切时代有效的法律;也就是说神灵是我们一切人类的共同主宰与将军。"[1]然而我们此处将主要关注西塞罗让菲卢斯发表的赞扬不义的言论,因为他代表了卡涅阿德斯的观点。

据说卡涅阿德斯对斯多葛主义的观点提出了针锋相对的反驳,他认为"根本没有什么自然法"。在重述了这种反斯多葛主义的观点之后,菲卢斯又搬出了伊壁鸠鲁主义的观点:"根据效用的原则,人类为自己制定法律。"然而他转向了一种极具诡辩色彩的方向。伊壁鸠鲁还认为应当尊重法律与正义,因为它们是有效用的,但是怀疑主义者们对此誓死不从,他们认为"不存在什么正义之类的东西,或者说如果存在的话,那么它也是最大的愚蠢",因为正义的人将为了别人的利益而牺牲自己。[2]

菲卢斯首先声明正义并不存在,或者说它的存在仅仅是基于人类的约定而非什么自然(智者观点的再现)。他认为"如

---

[1] 《共和国》的所有译文均见于 Cicero 1991;《共和国》中的残篇有着自己的编序体系,但在印刷的时候并非总是按照数字顺序,因此我在引用的时候同时表明了残篇的数字与所在页码。这里的引文见于 3.33, pp. 71–72。关于其他现存的不完整古代文本,一些残篇在后来的文献中被引用或记述,因此它们可能遭到后世的重新塑造。
[2] 该段中的所有引文均见于 Cicero 1991, 3.21a, p. 63。

果（正义）是自然的……那么正义与不义——像冷热酸甜一样——对每一个人都应该是一样的。"[1]然而正如希罗多德用其历史叙述告诉我们的（本书第二章），人类社会对何为正义与不义的判断大相径庭。菲卢斯提供了大量的例子来证明正义与法律不可能是自然的，因为人类的约定不停在发生激烈的变化。[2]（其中一个例子是说罗马法律的变化。它实际上使富人们无法把大部分的女性列为遗产继承人。菲卢斯说这种法律"对女性极为不利"，他追问："为什么女性不应当拥有她自己的金钱？"[3]）在说明正义源于约定之后，菲卢斯继续论证认为寻求正义，特别是在外交关系领域，违反了智慧对一个人的告诫："统治尽可能多的臣民，享受快乐，变得富有，成为统治者和主人。"[4]

我们在第一章与第四章分别讨论了关于正义的各种挑战——柏拉图《理想国》中卡里克利斯所持的论点，与格劳孔和阿得曼托斯急切希望听到的相反观点，它们前后相承地联系在一起。在本章讨论怀疑主义对正义的挑战时，我们无疑也要参考前面的内容。卡涅阿德斯首倡而菲卢斯重述了怀疑主义对正义的批评，其核心是批评正义的自然性，以及后来伊壁鸠鲁

---

[1] Ibid., 3.13.
[2] Ibid., 3.17, p. 65.
[3] Ibid.
[4] Ibid., 3.24b, p. 66.

主义者把正义（至多）视为效用的观点。然而菲卢斯与伊壁鸠鲁主义者也存在分歧，前者提供了许多正义与效用截然两分的案例。一个人在紧要关头最自然与聪明的办法当然是保全自己的生命，但这需要以牺牲别人为代价吗？如果是的话，那么智慧与正义无法协调在一起，这是一种反苏格拉底、柏拉图与斯多葛主义的观点。但效用与正义也并非总是一致的，这又是一种反伊壁鸠鲁主义的观点。怀疑主义者无法全然认可斯多葛主义和伊壁鸠鲁主义的任何一方。

卡涅阿德斯赞扬不义的演讲对个人与政治生活都具有显著的影响。如果他赞扬不义的观点成立，那么这就将超越伊壁鸠鲁主义把正义视为效用的观点，进而主张积极追求利益与权力而不管手段的正义与否：不管是因为个人自己的财政状况而逃避法律，还是在帝国扩张中不公正地对待那些被征服的各民族。卡涅阿德斯演讲当中的伊壁鸠鲁主义与诡辩腔调使其变得如此令人不安，尽管从怀疑主义的论辩方法上来说，它们并没有被令人信服地驳倒。按照怀疑主义的论辩方法，对正义的辩护也没有被令人信服地驳倒。这就解释了怀疑主义为什么在政治实践上比在政治理论上没有表现出那么多的令人不安的因素。因为怀疑主义用不义反对正义的做法并不会导致它对不义孤注一掷地追求，而是要求停止对双方的正确或错误作判断。怀疑主义者不会得出伊壁鸠鲁主义者或智者的结论，他们也不会得出斯多葛主义者的结论。他们对一切相反的哲学观点都不会全然接受。

那么,一个怀疑主义者如何生活呢?没有教条主义的正当理由去公然藐视人类习俗,怀疑主义者将按照他所在的城邦的习惯而生活。更有甚者,如果他采纳最具可能性与说服力的立场标准,那么这种生活实践方式将得到进一步地加强。然而即便他遵循那种可能最好的生活方式,他也不会对这些习惯与法律是否真的正确或错误作出判断。[①] 因此从表面上看一个怀疑主义者的生活方式与他的不懂哲学的邻居毫无二致。不纠结于事物的本质到底如何,你就能获得安宁的生活。怀疑主义者不会是什么挑衅或教唆者。如果我们想象一个女性怀疑主义者,那么她并没有教义学说的正当理由去教唆或挑衅她的邻居或当权者。她不会执迷于某一种哲学信条,正因如此她没有理由去公然藐视社会的各种习俗。她将遵循一种我们可以称为"城邦怀疑主义"(scepti-politanism)的生活方式。这种生活方式将从内部掏空她对城邦的承诺,而不是采取某种世界主义身份的形式从外部挫伤城邦的元气(如犬儒主义者所做的那样),抑或把自己的需求相对化而扩展到宇宙共同体中的理性个人

---

① 皮浪,伊壁鸠鲁与芝诺的同代人,他的人生经历与教诲学说被自己的学生提蒙(Timon)记述了下来,他的思想被后来的怀疑主义者埃涅西戴谟司(Aenesidemus)盗用而被奉为宗师。据说他以一种更加激进与大胆的方式实践着自己的理论。"一定不要追逐什么目的,不要做什么准备,勇于面对所有的风险,不管它们是马车、深渊、狗,还是别的什么东西"(DL 9.11, Hicks 译文,见于 Diogenes Laertius 1925)。然而,皮浪的怀疑主义立场要比后来的那些自称为"皮浪主义"的追随者们更教条。

们（如斯多葛主义者那样）。

绝境之中的希腊化时期哲学

在这些哲学流派之间作抉择不是一件小事情。对希腊与罗马人来说，选择遵循哪条哲学道路，按照哪种哲学方式去生活，加入哪个流派，对个人来说都是急迫而意义重大的事。一个人在社会现实中的理想与抱负，他是去追求担当公共职务，还是退隐于世俗之外，以及一个人的心理状况，面对配偶或孩子的死亡该如何反应，这些都取决于他所坚守的哲学，以及这一哲学内化于自己的程度。尤其是对伊壁鸠鲁主义者与斯多葛主义者来说，选择一种生活方式也意味着一种哲学观念的承诺，即他们或多或少都要跋涉在力图对哲学作彻底理解的旅途之中。一个人的伦理、政治决定与他关于宇宙的本质的看法相互交织在一起。宇宙是否如斯多葛主义者的判断那样是已然确定的，充斥着自己的精神与理性，而神灵是为了宇宙的共同利益？还是如伊壁鸠鲁主义者的看法那样，宇宙是随机的、物质的，而仁慈的神灵与人类事务漠不相关？抑或是如怀疑主义者的观点，一个人根本不应该作出任何选择？

在多种多样的哲学世界观中，人们非常惊奇地发现斯多葛主义最支持日常的政治参与和政治领导，尽管它把地域的政治诉求置于世界主义的背景下理解。芝诺开创了斯多葛学派，他最得意的门生珀耳塞斯（Persaeus）生下来便是奴隶。珀耳塞斯与芝诺曾经一起学习，后来供职于马其顿的王室，最终被任命为希腊城市科林斯的执政官。另外一位斯多葛主义者可能在斯巴达国王克利奥米尼斯三世（Cleomenes Ⅲ）在公元前3世纪的激进政治改革中充当过顾问，据说这场政治改革的目标是要恢复莱库古（Lycurgan）的先王之法。斯多葛主义者并不是唯一推动参与政治活动的人。此外还有亚里士多德的学派，这可能很容易理解，因为他们与斯多葛主义者一样认为人类具有社交的本性。亚里士多德的吕克昂学园在希腊化时期继续开放（如柏拉图的学园一样）。学园曾经培养出了一位学生，在亚历山大大帝死后，他被马其顿的掌权者们任命为雅典的保护者与将军。学园的另外一位学生作为特使而被秘密派遣至外邦的一个君主国，并且在那里受到君主的委任而为一个新城市即梅格洛玻利斯（Megalopolis）拟定政制（Polyb.5.93）。还有一位学园的学生甚至在埃及成为首位希腊化时期君主的儿子的老师。

因此这就产生了一个悖论。尽管世界主义的政治观念已经出现，但是希腊化时期的哲学家们在担任统治者的顾问与教师方面，他们做得甚至比自己古典时期的前辈们更为成功。在进入希腊化时期以后，城邦的影子不管在理论上还是实践上都没有立即消失。如果一些希腊城邦在稍早的时候丧失了独立自主的地位，那么另外的一些城邦得以相互结盟，并且维持了数世纪的独立与自由。同时，与古典时期的哲学前辈们一样（就亚里士多德来说，他也仅只早了十五年多一点而已），斯多葛主义的创立者们也勾勒了各种各样的理想政制形式（*politeiai*）。那些斯多葛主义的竞争对手们——崇尚友谊的伊壁鸠鲁主义者与对公民政治忠诚感的真实性拒绝作出判断的怀疑主义者们，尽管他们对政治共同体的各种诉求持有更多的怀疑态度，但是在必要的时候他们也供职于自己的政治共同体之中。（公元前1世纪的罗马，朱利乌斯·恺撒［Julius Caesar］的行刺者之一政治家卡西乌斯［Cassius］就是一位伊壁鸠鲁主义的信奉者。伊壁鸠鲁主义者们认为当一位暴君对安宁构成严重威胁的时候，他们就可以采取行动使政治共同体摆脱这种威胁，卡西乌斯及其同谋者们认为恺撒就是这样的一种威胁。）

在斯多葛主义者的努力下，世界主义开始以新的方式思考一种政制，它超越了传统城邦的疆域限制，尽管斯多葛主义的追随者及其竞争对手们在理论与实践上仍然很严肃地对待现存政治共同体的地域规模。世界主义把日常政治的诉求与价值置于一个特定的视角之下，将其与个人的身份与义务进行比较，个人作为理性存在者，与宇宙内其他理性存在整体地联系在一起。我们发现这就是世界主义的政治观念对罗马共和主义思想家们所起到的重要影响之一。他们深深地受到了希腊化时期各种哲学争论的影响，但同时他们也试图效忠于自己独特的政治共同体。我们下章将探究把希腊人置于自己的阴影之下的罗马人,如何旗帜鲜明地发表他们关于罗马共和国政制的独特性质的看法,以及他们如何吸收、发展与重塑了希腊古典时期与后来的希腊化时期的各种政治理想。

第七章
CHAPTER 7

共和国

爱尔兰

不列颠

伦敦

英吉利海峡

莱茵河

大西洋

长发高卢（前58年）

阿尔卑斯山

那傍高卢（约前120年）

山南高卢（约前

马赛

科西嘉岛

内西班牙（前197年）

外西班牙（前197年）

罗马

卡普亚

贝提河

撒丁岛（前227年）

西西里岛（前

恺撒利亚

地中海

迦太基

叙拉

非洲（前146年）

撒哈拉沙漠

| 0 | 500 英里 |
| 0 | 1000 公里 |

地图3 罗马扩张图（至公元前30年）

前146年
拜占庭
比提尼亚和本都（前64年）
亚细亚（前133年）
以弗所
迈安德河
西利西亚（约前102年）
雅典
安提河
叙利亚（前64年）
塞浦路斯（前57年）
大马士革
特岛（前67年）
被西利西亚吞并
耶路撒冷
亚历山大
尼卡（约前74年）
埃及（前30年）

顿河
里海
多瑙河
黑海
尼罗河
红海

在遥远的古风时期与稍晚的古典时期，希腊与罗马的历史基本上同时展开。根据传说故事，公元前753年，与斯巴达的创立基本同时，罗马城建立，它起初是一个王国。人们普遍认为罗马七王的最后一个王于公元前509年被推翻，与克里斯提尼在雅典实行的政制革新几乎同时。王制被推翻以后，罗马人创造了一个更能保护关于"共和国事务"（拉丁文 *res publica*，即"人民的事务"，意思是人民的事务或关切）的政体的基础。在英语中我们把 *res publica* 这一政治观念直接称为罗马共和国，它被理解为一种理想的规范或标准，它是能够保护与促进公共关切的最佳政制形态。[1] 在罗马人的思想观念中，人民共同关心的事务包括对具体物质利益的重视，公共（*publicum*）事务一般包括了共同占有的土地、税赋与物资供

---

[1] 关于 *res publica* 的含义，我借鉴了 Schofield 的观点，参见：Schofield 1999a, pp. 178-94。然而他在其著作中采取了一种更为谨慎与警示性的方法而省略了共和国的这层意义。按照自己的意图与目的，我没有完全采纳他的观点。

应,这也方便我们在英语中把 res publica 翻译为"联邦或共和国"(commonwealth)。

起初罗马共和国刚建立的时候,它用两位执政官代替了国王,他们掌握了行政与军事的权力;除此之外,还有作为协商与顾问机构的元老院(起初由贵族元老们把持,但其成员最终从曾担任过高级民选职务的贵族与富裕平民中选拔)以及一系列的人民政治会议机构,它负责选举各种官员、制定法律以及履行召集政务官所规定的其他职责。在随后的几个世纪中,罗马按照两条相互交错的历史脉络发展,本章会对此展开讨论。一方面,共和国的政制设置得以继续进化,通常是贵族与穷人的社会与政治斗争的结果。另一方面,共和国展开了一系列重大的对外军事征服活动,首先是意大利半岛,然后扩展到西西里岛和撒丁岛、西班牙、高卢南部、伊利里亚和巴尔干半岛,与更广范围内的希腊世界,及至更远的地方。罗马人的海外扩张集中于公元前264年至公元前146年之间——公元前264年罗马与迦太基之间爆发了争夺西西里岛的第一次布匿战争;公元前146年罗马人攻占了迦太基人的首都(现在的突尼斯)以及希腊城市科林斯,最终他们在此后的几个世纪内控制了地中海世界的广袤领土。罗马人建立起了对希腊各政治体的霸权统治后,希腊的各种政治观念传入了罗马,这就使罗马的思想家们全面接触到了希腊的历史、文学与哲学。

尽管罗马政制表现出了自己的独特性,但是它实际上是我们第二章讨论的希腊三种基本政制形态的复合体。它们充斥于我们目前关于希腊政治的各种分析中,并且经常被详细讨论。更为基本的是,我们迄今研究的主要存在于希腊社会与思想中的所有政治观念都能在罗马找到自己的副本,因此有必要对此书之前各章的主题作一个简短的回顾,并把它们与罗马政治思想前后对照起来加以理解。希腊的基本问题,即正义与利益是可以协调在一起,还是两者之间必定会发生矛盾(第一章),在拉丁世界中被转化为以下争论:让个人感到荣耀(*honestas*)的事情是否总是与对个人有效用(*utilitas*)的事情冲突?平等的本质——谁能算作平等的公民以及相应的政治制度设置——就其自身而言仍然是理解罗马政治的基本问题。与平等问题相对应的是自由的价值,即我们第二章着重讨论的内容。

希腊与罗马的自由诸观念——希腊文单词 *eleutheria* 与拉丁文单词 *libertas*——都围绕自由与奴隶制在概念与法律上的对抗而展开。自由诸观念既适用于个体也适用于政治体,它们都表达了不受他人、团体或外界政治体的专横意志所左右的独立自主的理想,因此它们与我们在第三章讨论雅典民主政治时提到的自治理想联系在一起。[1]罗马人把德性视为共和国公民身份的重要特征,这与苏格拉底、柏拉图与亚里士多德都把其

---

[1] Brunt 1988, p.283,更为一般的讨论见于 pp. 281–350。

视为公民身份的重要特征的情况相同(第四、五章)。罗马政制建立在斯多葛主义的自然法的基础之上,共和国后来囊括了当时一切已知的各民族,这几乎与第六章讨论的希腊化时期的几位哲学家关于世界主义的理想毫无二致(第八章将重新讨论这一主题)。与当时的希腊各政治体一样,罗马人也建立起了自己的公共神殿,发展出了多种宗教仪式与节日,但是公民们也可以崇拜其他神灵,只要他们认可并且履行共和国共同的宗教仪式。

尽管如此,罗马政制在很多重要方面与我们已经讨论的希腊各城邦都有所不同,即便通过协议与征服罗马已经把希腊各城邦纳入了自己的版图。罗马的各种政治观念对希腊的原始模型进行了巧妙的创新与变通。鉴于罗马法在实践中以及在记录和将其系统化的法学家的著述中的复杂构想,法律词汇和辩论方式提供了特别有影响的政治思考方式。罗马人把政治体视为公民的集合体(*civitas*)或社会体(*societas*)。不为自己共同体的不同政体形式而争论,他们把自己的政治斗争(共和政制建立之后)视为共同体内部的法律与权力分配问题。也就是说,政治斗争保持在被广泛接受的非君主制的政制范围内,尽管政制的实际运行因此而发生过重大的变化。政治斗争有时也会引发重大的制度变革,其中最重要的是公元前494年每年一选的保民官的设立(起初只有两位,后来发展为十位)。保民官能够保护普通公民不致遭受针对其人身的暴力行为以及致力于促进他们的共同利益。与此形成鲜明对照的是，试图把一直被富人经常以腐败的方式占有的公共土地——重新分配给穷人的努力历经数代最终也没有成功。

尽管罗马的平民不断加强对自己的法律保护，但是在很多重要方面非精英的罗马平民的政治影响力受到了比雅典更多的制约，特别是行动与问责的权力。作为一种政制模范，罗马共和国的政治观念赋予贵族精英以牢不可破的政治权威，同时把穷人置于重要但多少有些被动色彩的境地。从希腊的角度来看，罗马把寡头制植入了民主政治的内核之中，尽管它保护穷人一定的自主地位，并且也赋予他们一定的政治决定机会。因此这就造就了一个独特的政体形态。一方面，它可能向人们展现出全新的政治机制，现代的"民主政体"借之可以保护甚至扩大最贫穷公民的政治权力。[1]另一方面，它向人们提出了一个令人不舒服的问题，即现代的"民主政体"在多大程度上隐藏了类似的寡头化倾向。

包容与拒斥的政治，也即关于公民身份的范围，在很多重要的方面也有所不同。与希腊一样，罗马的奴隶也被视为一种财产，但是如果奴隶通过公开的登记程序而重获自由，那么他们就被算作正常的公民，而只有很少数的权力限制——如果他

---

[1] McCormich（2011）对罗马共和国作了民主与民粹的解读；他在马基雅维利对李维的历史著述的反思中发现了这一点。

们还有什么社会污点的话。罗马的公民身份逐渐扩大着自己的范围，其目的是为了安抚新近被征服或缔约的城市（它们时常在一开始并没有投票权，但最终被逐渐授予）。最终在元首制实施前的最后几十年内，罗马拥有九十多万成年男性投票人（我们在第八章将予以解释）。一个罗马家庭的大家长拥有对奴隶、女性、孩子，甚至是成年儿子的广泛法律权力。然而女性在某些条件下也可能脱离男性的监护而获得自由，她们的名下可以拥有财产，很多女性甚至在实际的商贸活动、宗教仪式与社交活动中表现活跃。

当时的观察者发现了罗马政制的独特性，它是我们第二章讨论的希腊三种简单政制形态（一人／少数人／多数人统治）的结合体。人们发现罗马与斯巴达很像，它无法被准确地归于任何一种政制形态之中，而是从这些政制形态的相互平衡中汲取力量。这是什么样的力量啊！到公元前2世纪中叶，罗马已经崛起为无可匹敌的支配力量。恰逢此时，罗马产生了其政治生活第一位重要的观察家与分析家，即波里比阿——我们将马上对其进行探究。考察完波里比阿关于罗马政制的记述之后，我们将转向一个世纪以后的另外一位罗马政治生活的分析者与参与者，即西塞罗。惊讶于罗马在广阔地域内所建立起来的霸权，波里比阿通过希腊观察者的视角把我们带入罗马，而西塞罗从公元前1世纪罗马纷繁复杂的历史内部出色地为我们介绍了共和国的本质——共和国的权力分配不断受到威胁，并最终永久地被改变。

波里比阿

波里比阿脑中所设想的问题一定并且应该也是他的读者始终关注的问题，这个问题很简单，即"罗马人如何以及实行了什么样的政制形式，能够在短短不到五十三年的时间内使当时几乎一半的有人居住的世界臣服于自己的唯一统治之下？"[①]波里比阿所说的"不到五十三年"是指从公元前220年罗马人在与迦太基（即今天阿尔及利亚*的突尼斯城）的竞争中抢占了意大利的波河地区开始，截至公元前168年罗马攻占马其顿王国的这段时间。波里比阿的《历史》首先就是从这一时间段开始记述的，他的历史叙事最终持续到公元前146年。该年罗马军队攻陷了迦太基与科林斯，然后在一年之内击溃了自己最大的竞争对手（公元前216年迦太基在汉尼拔将军的率领下出人意料地令罗马在坎尼［Cannae］遭到了惨败），并且占领了希腊半岛的各城邦。实际上罗马的扩张早就已经开始了，它首先征服了意大利半岛波河峡谷以下的众多地区，然后在与迦太基的正面对抗中夺占了西西里岛、撒丁岛与科西嘉岛，最终

---

① Polyb. 1.1.5. 在 Budé 译本（Polybius 2004）的基础上，我自己进行了翻译。标准的英文译本出自于 Evelyn S. Shuckburgh（Polybius 1962），对此我也有所参考与借鉴，但有时也对译文作了修改。

* 原文如此。现在的突尼斯城是突尼斯共和国的首都，一般认为它是古迦太基文明的中心，但并不属于现在的阿尔及利亚。——译注

通过不同方式把大部分的地中海世界以及其他地方置于自己的控制之下。

波里比阿主动承担起了回答上述问题的任务。他试图撰写一部历史，不单单是意大利、希腊或埃及的历史，而是一部"普遍的历史"（5.31，5.33），一部与罗马崛起相称的历史，它与当时人们已知的几乎所有其他政权进行作战或缔约。因为自己非凡的生活经历，波里比阿是从事这项工作的不二人选。公元前200年左右，波里比阿出生于晚近建立的一座城市梅格洛玻利斯，我们在第六章介绍过，一位逍遥派学者曾经为该城市拟定政制。他的家族在阿哈伊亚（Achaean）同盟——伯罗奔尼撒半岛上希腊各城邦的同盟——中处于领导地位。[①] 波里比阿出生的时候，阿哈伊亚同盟通过一定的策略与不断崛起中的罗马保持了数十年的良好外交关系，因此同盟各方享有非常实质性的政治独立地位。同盟各城邦都称自己为"民主政体"，意思是说它们都不是僭主政治，也不是寡头政治，所有公民都有权参加日常与特殊的政治会议来共同决定同盟的政策。然而它们都是温良的民主政体，这与雅典大不相同。现实中精英们在各自城邦中占据着相当重要的地位，而穷人们的权力则要小得多，比如各城邦不向轮流参加政治会议的贫穷公民支付报酬，这在实践中意味着只有相对少数的人才能参加政治会议。依据这种政治文

---

① 关于波里比阿生平的简要介绍参见 Walbank 1962，此处的论述对其多有借鉴。

化，与历史学前辈修昔底德一样，波里比阿保持了自己的批判精神，他对僭主政治（比如他在 5.11 中把僭主与合法君主进行了对比）以及不受约束的民主政治（他在 6.57 中把其称为 *ochlokratian* 或"mob-rule"[暴民统治]）都提出了自己的批评。

波里比阿的父亲是联盟内活跃的政治家，且他的家族在高级外交委员会中享有重要的地位，并且还经常设宴款待罗马与其他的外邦客人，在这样的背景下，波里比阿平步青云地担任了联盟骑兵指挥官的高级职务。公元前 167 年，因为联盟政治的争端，阿哈伊亚同盟的一千名公民——波里比阿也在其中——作为人质被强行带到了罗马。一位亲罗马的联盟同胞谎称需要对他们公开谴责罗马的言行进行审查。大部分人质都被关押在意大利半岛上的行省城镇之中，因为在那里他们无法滋生事端。然而可能因为家庭关系，波里比阿得以前往罗马城的核心社区，并且在那里度过了他十七年人质岁月的大部分时光。他在西庇阿·埃米利安努斯（Scipio Aemilianus）——日后崛起成为罗马成功的执政官与将军，并于公元前 146 年带兵攻陷了迦太基——的家族中担任家庭教师。波里比阿亲眼目睹了自己的朋友攻占众多城市，然后把那些幸存下来的居民卖为奴隶并把那些城市烧成灰烬。此后波里比阿乘船远赴海外，在非洲西海岸四处游历（作为一名无畏的旅行家，他曾追寻汉尼拔的足迹翻越了阿尔卑斯山）。同年，其他罗马军队摧毁了希

图表4　此章所论罗马历史大事记

公元前753年	罗穆卢斯（Romulus）创建罗马的传说
公元前509年	共和国的创建：最后一位王被推翻，代之以两位每年一选的执政官
公元前5世纪	
494年	设立保护平民的保民官
451—449年	十二铜表法——罗马法的基础
公元前3到2世纪	
约200—118年	波里比阿生活的年代
146年	罗马征服迦太基与科林斯
133年	保民官提比略·格拉古（Tiberius Gracchus）推行土地改革
123、122年	保民官盖尤斯·格拉古（Caius Gracchus）推行类似的土地改革

公元前 2 到 1 世纪

106—43 年	西塞罗生活的年代
63 年	西塞罗担任执政官；揭发喀提林（Catilina）
44 年	朱利乌斯·恺撒被暗杀
43 年	西塞罗被暗杀
27 年	屋大维成为奥古斯都·恺撒

腊城市科林斯，解散了阿哈伊亚同盟，并结束了同盟各城邦的民主政制，这其中就包括了波里比阿自己成长并在年轻时曾担当官职的城市。波里比阿成功地在自己的城市与罗马之间达成和解，他同时受到了双方的赞扬，他的雕塑遍布于整个伯罗奔尼撒半岛而受人景仰。之后他跟随西庇阿·埃米利安努斯以及罗马军队到过更多的地方，比如他可能见证并且记述了公元前134—133年西班牙的努曼提亚（Numantia）被攻陷的事件，那是罗马向西扩张的重要时刻。[1]

波里比阿在罗马作为人质时就已经开始撰写《历史》了。此书的本意可能是希望指导希腊的政治领导人与罗马进行辩论，但最终成为罗马不断取得成功及其权力行使方式的历史汇编与分析。波里比阿算是一个旁观者，但他前所未有地接触到了罗马的元老院政治。专注于希腊的历史与哲学，然而却与希腊的拉丁征服者们长期生活在一起，这都使他身处旁人无法企及的有利地位。通过希腊政制分析的传统视角，他的著述能够为我们提供大量关于罗马的信息。我们将格外注意他贬低或排除了什么，也将格外注意他看重什么。

"不到五十三年的时间内"：罗马崛起的原因

在通晓修昔底德与柏拉图著作的基础上，波里比阿认为国

---

[1] Baronowski 2011, pp. 2–3.

家的兴亡在很大程度上取决于它们的政制形态。修昔底德曾经把政治稳定的斯巴达与扩张主义的雅典进行过对比。他认为莱库古为斯巴达创立的独一无二的严刑峻法是保持斯巴达内部政制稳定的原因，而勇猛或冒失致使雅典走上了帝国主义扩张的道路，虽则一度令它更为成功。柏拉图在《理想国》第八章中讲述了政制嬗变的理论：一个理想的政体堕落为荣誉政治（timocracy）——正如斯巴达对荣誉与军事胜利的崇尚，然后堕落为崇尚财富的寡头政治，接着是崇尚自由的民主政治，最终堕落为满足僭主个人的卑劣欲望的僭主政治。后来的历史学家与哲学家不太注重去描述政制嬗变的理论，而是专注于考察寡头政治中的奢靡与傲慢如何导致了民主派的妒忌与憎恨。比如，我们在第五章中发现亚里士多德考察了不同团体的各式各样的动机所导致的政制嬗变过程。希腊古典时期盛行一人/少数人/多数人统治形态政制讨论，其后我们在第六章探讨的希腊化时期的伊壁鸠鲁主义者们又开始重视人们追求安全的原始欲望，他们认为这种原始欲望是法律与政制得以发展的原因。

在借鉴过一人/少数人/多数人统治的经典政制架构，与柏拉图式的政制嬗变过程理论后，波里比阿把它们融合为自己的政体循环理论，并且认为所有政体最终都将走向灭亡。这就是他著名的政制嬗变的自然循环理论。原始状态中的人类，不是指人类的史前状态，而是洪水、地震等自然灾害不断发生的状态下的人类，跟其他动物一样服从于最强者的领导，这就是专制主义的政治。然而随着人们相互交往的加深，他们理性的自然力量开始产生感恩、荣誉与正义，尤其是效用（波里比阿此处受到了伊壁鸠鲁主义者的影响）的观念，于是他们开始把领导人视为有益于自己的国王，而不是令自己害怕的专制主。但世袭的国王不可避免地走向腐化，他们摇身一变而成为僭主，进而被贵族所罢黜，由此贵族政治建立起来。这次轮到了贵族的自我腐化，他们变为贪婪的寡头（如柏拉图所言），贵族政治进而被平民革命所建立的民主政治所替代。然而腐化必定会再次出现。平民接受了贪婪而野心勃勃的贵族的贿赂，直到民主政治最终因为屠杀与毁坏而自我崩溃——此时专制主义再次兴起。

波里比阿的政制分析到目前为止都是希腊式的，并且在很多方面都与柏拉图很像，尽管他比柏拉图更重视政体生长与消亡的自然序列（他们两位的自然序列有些许不同）。然而当波里比阿转而讨论罗马，并把它与斯巴达作对比的时候，才显示出其著作最大的独创性。因为他认为自然序列中任何政体的单一特性都将加剧其不稳定性。比如一个单一的寡头政体，它拥有非常明显的缺陷或恶，比如领导层的贪婪就会使它直接滑向堕落的深渊，这就像铁锈对铁自然的侵蚀一样（6.10中讨论了莱库古力图使斯巴达避免此命运的努力）。然而也存在避免这些必然缺陷的方法。那就是建立一种平衡的政制，一方面在每一种政制的优点之间进行平衡，另一方面用一种政制的优点去纠正另一种政制的缺陷。莱库古依靠自己的立法智慧为斯巴达创立了这样的政制，而罗马人通过不断地实验与斗争也创立了这样的政制。一种平衡的政制可以避免堕落，至少能使自己维持一段相当长的时期。对罗马来说时间已经足够长久而能向人们展示其了不起的政治优势了。这样的政制摆脱了政制嬗变的自然序列，它将会是稳定而繁荣的，可能是几十年或几百年，尽管最终所有的城邦如自然事物一样必定会走向灭亡。

波里比阿无疑在修昔底德、柏拉图以及亚里士多德的简要论述中发现了"混合政制"观念的影子，他经常在其著作中如此描述。① 修昔底德把雅典五千人的统治——公元前411年寡头政变后所建立起的短暂政权——形容为少数人与多数人的"中庸混合体"。② 柏拉图在《法律篇》中描述说斯巴达拥有针对傲慢自大的权力与可能出现的权力腐化的制约机制：一方面是莱库古把一个元老委员会与国王"融合"在一起，另一方面是每年选举五位长官组成的长官团，目的是为政府加上约束或"马勒"（"马勒"[bridle]的意思是说它是一种外在而非内在的制约）。③《法律篇》中引导对话的那位雅典佚名老者提出

---

① 波里比阿没有使用这么简略的标签，相反他详细论述了政体内各元素的相互平衡。与其说波里比阿的思想观念是"混合的"，不如说是"平衡的"。正如Paul Cartledge 给我的明确建议，它是上下移动的"跷跷板"，而不是多种原料混合而成的"布丁"。

② Thuc. 8.97.2.

③ Plato, *Laws* 691e. 本段中的引文译文出自 Saunders，参见 Cooper 1997。

了更为一般意义的告诫：在立法的时候，你必须把君主制与民主制这两种"元政制"混合在一起，以创立一个优良而稳定的政制形态。[1]亚里士多德在《政治学》中更加注重寡头制与民主制的混合，以在现实中维持政治稳定（正如我们在第五章中所发现的那样）。[2]所有这些希腊古典时期的作家都主要把"混合"政制或政体视为两种政制形态的融合，不管是就它们的独特政制形态，还是占主导地位的社会团体而言。

波里比阿吸收了希腊古典时期的单一政制形态相互结合的思想，但他更关注平衡而非融合。在他的分析之中（可能受到了柏拉图《法律篇》中作为"马勒"的斯巴达长官团的观念的影响），斯巴达与罗马的混合政制运转良好，它们在持续的动态平衡甚至斗争中保持了君主制、贵族制与民主制的各自元素，每一种政制形态都制约着别的政制形态。这是日后共和主义政治理论"制约与平衡"思想的最重要来源，特别是对18世纪的法国政治思想家孟德斯鸠和美国的国父们来说。[3]在讨论斯巴达的时候，波里比阿对此作了简明扼要的阐述，他高度赞赏莱库古政制设计的目的，即让"每一种权力都受到其他权力的制约，没有哪种权力能够决定政制的整体倾向；每一种权

---

[1] Ibid., 693d.
[2] Fritz（1954）在介绍波里比阿的混合政制思想的时候，他注意到其与亚里士多德著作中的相关论述存在着一定的联系（pp.v–vi）。
[3] 关于罗马政制对后世政治思想影响的著作，参见 Millar 2002。

力根据对等原则都要平等地受到制约与平衡,统治将万古长存"(6.10)。

如此精巧的政制平衡似乎必然是人类深思熟虑的发明物。然而波里比阿宣称罗马人获得混合政制的方式"不是通过理性的论证(与莱库古不同),而是建立在多次斗争与经验的基础之上;经过多次的尝试与学习,他们不断获取了最佳的解决之道"(6.10)。希腊的政制分析家猜不透斯巴达的政制形态,是否它的两个王使其成为君主制,还是它的元老委员会(*gerousia*,字面的意思是"元老机构",它的成员被选出来之后即终身任职)使其成为贵族制,抑或它对公民身份的严格限制使其成为民主制。同样,罗马也不能被轻易地归于任何简单的希腊政制形态之中:"任何人,即便罗马人自己都无法确切地辨明统治集团在整体上是贵族制、民主制还是君主制的"(6.11)。波里比阿的希腊同胞们可能倾向于对罗马不屑一顾,它的政制形态并非得益于一位开国立法者,但这是不对的。通过经验与斗争,罗马人的政制形态达到了极为完美的状态,它足以与希腊最伟大的立法者创立的政制相媲美。

罗马政制的三个组成部分

波里比阿如何把罗马视为平衡的政制呢?他在政制的统治主体中依次辨别出了三种"最伟大的部分",以此来表明每一部分在实践中如何依赖于其他部分。因为人们无法明确地指出哪一部分占据着绝对的支配地位,因此就没有哪一部分可以把自己的名字加于整个政制形态之上(比如人民的支配地位就使一个政体成为民主制)。相反地,它们的各自角色与权力之间的平衡才使整个政制得以成形。通过依次考察罗马政制中的君主制、贵族制与民主制成分,波里比阿向人们说明了这一点。他指出其中任何一种都无法解释罗马实际所表现出的不同权力来源的复杂平衡性(正如他的理解,他的观察反映了其独特的希腊式理论视角)。每一种成分可能都试图战胜其他成分而把自己的名字独自加于整个政体之上,却在实践中都无法彻底做到这一点。也就是说,波里比阿指出罗马无法被彻底描述为君主制、贵族制或民主制中的任意一种。相反地,三种成分之间的相互竞争、相互平衡才是罗马复杂的政制形态。

让我们首先考察一下执政官,就像波里比阿所做的那样。从某种意义上而言,执政官代表了罗马的君主或专制主的原则。问题的关键在于执政官的权力是否强大到足以把罗马政制视为王制(kingship),不能说它是一个"君主国"(monarchy),因为存在两位执政官共同掌权。波里比阿之所以把执政官类比于国王是因为他们继承了帝权(*imperium*),它的意思严格来说仅限于军事指挥权,尽管有时也宽泛地指代一般性权力。[①]因

---

① Drogula 2007.

为执政官的存在，让我们姑且先把罗马视为王制，波里比阿说执政官对其他行政官员们发号施令（现实中每一位行政官员都有自己的等级职权范围，因此他们并非像波里比阿所描述的那样听命于执政官）。波里比阿还说执政官组织一切军事准备活动，并且在战场上指挥军队。除此之外，他们还可以为元老院以及（某些）人民的政治会议设定议事日程，并且还负责执行它们作出的决策（6.12）。他们还可以按照自己的意愿来安排公共资金的开支。

然而，每年一选的执政官在任期结束的时候都要经过一定的问责程序，这就使罗马不太像王制了。实际上波里比阿总结说现实存在着的共和国不应该被视为王制。他指出每一位执政官在任期结束的时候都要接受财政审计，他们都要宣誓服从罗马的法律，并且可以在人民法庭上受到起诉（尽管不像雅典一样通过抽签的原则来组织法庭）。更有甚者，尽管他们在战场上拥有对军队的绝对指挥权或帝权，但是军费的划拨权属于元老院。实际上执政官军事活动——针对某行省或其他形式的军事行动——的决定权掌握在元老院的手中。当执政官在外开展军事行动的时候，他就不能继续在罗马行使自己的执政官的权力了。总之，波里比阿认为尽管国王权力的很多内容都被转移到了执政官的身上，但是罗马不能被视为王制。

除了为展现他们希腊式政制的强大威力之外，没有罗马人倾向于把共和国描述为王制的。罗马人把他们的公共行动视为

"元老院与罗马人民"的产物,这才是共和国原则的精髓。没有任何一个希腊城邦拥有与罗马相媲美的元老机构,它的成员都是终身制的。斯巴达的元老委员会可能是一个例外,与罗马的元老院一样,它的成员也是终身任职。罗马共和国中期,元老院成员从曾经担任过高级行政职务的官员中间选拔。那么鉴于元老院如此重要的地位,罗马最像贵族政体吗?

元老院起初由王室精英集团所构成。后来富有的平民们也成了精英,他们与早先的贵族们一起构成了新贵族阶层。与此同时,元老院的成员被严格限定在那些曾经担任过高级行政职务的官员之间。精英的光环还是使罗马元老院拥有了相当的权势。正如波里比阿所指出的那样,罗马元老院没有立法的权力,与后世的权力制衡与分割理论不同,所有立法权都属于人民。与此相反,元老院的权力是审议、调查、管理与提出建议的权力。元老院行使审议的权力来管理公共资金(除了那些被特别授予给特定的行政官员来掌管的资金以外),调查公共犯罪以及掌管对外关系。可能在波里比阿完成其历史作品之后,元老院开始偶尔颁布一种名为"元老院终极议决"(*senatus consultum ultimum*,尽管现存资料显示仅实行过两次)的政令,意思是说授权给一些特定行政官员以"留意波及共和国的危险"。该政令使元老院的地位排在了那些行政官员之后,鼓励他们采取一切可能必要的措施——即便不完全合乎法律——来保卫共和国。[1]在该政令实施以前,及该政令以外,元老院仍然占据着极为重要的地位。然而尽管元老院享有极大的权威,也得到了人们相当的尊敬,但是它同样也要受到各种各样的制衡,因此共和国也不能被简单地视为贵族制。波里比阿指出平民的保民官(只能由非贵族的平民选举产生)可以否决元老院的政令,甚至可以禁止元老院开会。依靠自己的立法权限,人民还可以在更宽泛的意义上重塑元老院的特权。

既然人民的政治会议拥有制定与撤销法律的独一无二的重要职权,那么波里比阿最后追问,罗马应该算作民主政治吗?该问题最近被众多学者重拾起来,其中一些人注重罗马政制中的民主政治内容而倾向于给出肯定的回答。[2]与这些晚近的学者一样,波里比阿表示立法权在罗马共和国时期(实际上持续到了帝国时期)一直仅被人民所掌握。只有人民才可以制定或撤销法律。人民的立法权限也扩展到了关系共和国生存的其他基本事务上:人民单独享有媾和或宣战、缔约与结盟等元老院所建议的重大事项的处理权。波里比阿进一步地赋予人民以更具一般意义的角色,他把罗马人民(*demos*,在拉丁语中它的意思是平民[*populus*])视为"政制中荣耀与惩罚的主权者"

---

[1] 此处译文参见:Arena 2012, p. 201,Arena 同时还引用了另外两处使用该词组的出处,参见:Caes., B. Civ. 1.5 以及 Livy 3.4.9。
[2] 关于这场辩论的综述,参见 North 1990。

(6.10)。他所谓的"荣耀"主要是说行政官员的选举以及严格按照"关于帝位的法律"(*lex de imperio*)对帝权(*imperium*)进行授权。他所谓的"惩罚"指的是涉及死刑与重金处罚的司法案件。相对来说波里比阿很少论及保民官的权力。罗马的保民官在希腊政制理论中没有准确对应的角色。

人民的这些实权足以把罗马归为一个民主政体吗?与那些晚近支持此观点的学者相反,也有一些学者认为制定法律的权力不是拟定(frame)法律的权力。除了行政官员或保民官外,人民在政治会议上并没有提出法律的权利,在投票会议上也没有任何的发言权。即便是在那些只讨论不表决的政治会议上(*contiones*),人民也没有发表观点的权利,除非他们被主持会议的行政官员或保民官点名要求发言。(比如对照雅典在那里,为人民政治会议设置议程的议事会的成员通过抽签的方式产生,任何愿意在政治会议上发言的人都可以发言。)罗马人民的政治会议存在很多不同的种类,但所有会议都按照某一集团内某一成员的方式来投票,个人的立场取决于多数原则。在其中一种政治会议上,各集团按照地位与财富的顺序(起初与军事等级联系在一起)上前投票,这意味着后面的一些集团甚至还未投票,某事项就已经有表决结果了。还有一些政治会议,公民被划分为另外的一些集团形式,其中一些集团的人数要远远多于其他集团,这样大集团中的个体的影响力相对来说就被削弱了。

波里比阿同样也否认罗马最像民主政治的观点，即便人民在罗马政制中发挥着相当重要的作用。然而他援引罗马政制中的另外一些特性来阐明这一点。他看重制衡：人民作为主权者享有荣耀与惩罚、制定法律、媾和与宣战的权力，但依赖于元老院对公共工程的财政拨款；元老们在民事案件中发挥着重要的司法功能；罗马士兵（一直到公元前107年，罗马士兵仅仅从达到一定财产条件的人中招募）则需服从于将军的指挥或帝权。

因此波里比阿总结，罗马不应该被归于民主制、贵族制或君主制中的任何一种。相反，它应该被理解为三部分相互平衡的政制，同时包含了三种倾向。通过三者的总体架构与相互间的协调，它致力于保护所有公民的自由：

> 当三部分中的任何一部分一面独大而醉心于谋取与行使不当权力时，非常确定的是——目前所述表明没有哪一部分能够如此自作主张——任一部分都能对之实行周密地制衡与约束，因此没有哪一部分能够一面独大或者过分卑微（6.18）。

然而在避免腐化的过程中，这位历史学家认为即便罗马也将最终变得不稳定而吞下权力与人民野心的恶果（6.57）。他以一种柏拉图式的口吻描述了这个腐化过程，他预言罗马最终将沦落为一种民主政治（*demokratian*），盛名之下难掩其"暴民统治"（*ochlokratian*，6.57）的本质，然后等待着在下一轮的政制循环中最终成为专制主义的猎物。

波里比阿认为罗马政制的这些主要特征——我们可以称之为制约与平衡——回答了起初他所提出的问题：罗马在帝国扩张的过程中如何获得了空前而彻底的成功？波里比阿运用希腊的话语体系对罗马政制进行了归类分析，进而把其视为平衡的政制类型，但是罗马政制的一位最重要的分析家则更进一步考察了政制内自由、财产、正义与自然法的内在关联。如果说波里比阿带领我们了解了罗马共和国崛起的历史，那么我们接下来将转向西塞罗。他是在共和国晚期纷繁复杂的历史中写作的。

公元前1世纪的绝大多数时间内，因为持续不断的威胁与内部战争，罗马摇摇欲坠。将军们一个个利用自己的驻外军队在罗马共和国内部谋取更大的权力。通过制定、歪曲，甚至违反法律的方式，他们授予自己以新的权力，进而重塑了自己与他人所承担的各种政治角色。公元前80年代，第一波内部战争以苏拉（Sulla）成为独裁者而结束；公元前63年，罗马贵族喀提林（Catilina）密谋推翻共和国；公元前50年代，曾经的三巨头联盟的破裂导致了公元前49年朱利乌斯·恺撒（Julius Caesar）入侵意大利，内部战争再次爆发；公元前44年恺撒被暗杀，但是他的追随者与继承人掌握了权力。战争最后在马克·安东尼

（Mark Antony）与屋大维（Octaviam，恺撒的继承人）二人之间展开，最终屋大维在公元前31年的亚克兴（Actium）战役中战胜了安东尼。此后屋大维巩固了自己的权力，并恢复了共和国的政治形式（第八章我们将讨论之）。西塞罗生活的时代恰逢罗马的此段历史动荡时期，他在其间一些事件中不仅是一位政治参与者，还从哲学上对共和国政制的意义进行了阐释。

西塞罗

西塞罗出生于意大利南部，他的家族在当地属于小地主阶层，在很晚的时候才拥有全部的公民权。公元前106年，年轻的西塞罗离开自己的家乡远赴罗马与雅典学习哲学，之后他重返罗马开始了自己的政治生涯。尽管他拥有"刺耳与令人不快"的嗓音，[1]但是西塞罗还是成了一名出色的律师。公元前70年，他起诉了西西里岛的一名腐败官员，后来还曾担任过辩护律师，尽管此时西塞罗通过自己出色的才华以及心中的远大抱负已经踏上了"荣耀之路"（*cursus honorum*［行政官的晋级体系］）。虽然西塞罗出身没有多么高贵，但是他在公元前63年（以当时法定的最低年龄四十二岁）被选为两名执政官之一，从而达到自己事业的顶峰。这是西塞罗政治生涯中既辉煌又致命的时刻。

---

[1] *Cic.* 3.7，J. L. Moles 译文，参见 Plutarch 1998。

在担任执政官时，西塞罗揭发了罗马贵族喀提林推翻共和国的阴谋，接着他又残酷地镇压了这场谋反运动，最后在没有经过审判的情况下，他非法地把元凶处死了。此举伤害了西塞罗刚刚被授予的"祖国之父"[①]的荣耀，进而使其一度流亡海外，尽管西塞罗标榜自己的行为拯救了共和国："难道不正是在我管理国家的时候，使得武夫听命于托加长袍（toga）代表的权力……什么样的凯旋可以和它相比拟？"[②]

结束流亡回到罗马以后，西塞罗愤怒地发现自己仍然被排除于公共事务之外。为了抚慰自己受伤的心灵，他继而转向哲学创作。公元前55—51年之间，他完成了自己最重要的三部政治哲学著作：《论演说家》《国家篇》与《法律篇》——在形式与主题上都模仿了柏拉图的三部对话录著作。之后他被任命为某一行省的总督，在任的一年时间内他又获得了把自己的理论与观念付诸实践的机会。随着共和国开始变得四分五裂，政治强人们不断变换阵营而谋取权力，西塞罗的立场变得极为尴尬，特别是在朱利乌斯·恺撒打赢内战，并于公元前49年被任命为"独裁官"以后。独裁官是罗马历史与政制实践所认可并偶尔准许设立的公共职位，它授权一人行使紧急权力，允许他在一定的时间内废除其他公职与法律。西塞罗与恺撒之间存在着复杂的关系，他们二人既互相钦慕对方的哲学与修辞技

[①] Zetzel 1999, p.vii.

[②] *Off.* 1.77, Margaret Atkins 译文，参见 Cicero 1991。

能，又在大部分的时间内反对彼此的政治目标。恺撒获得胜利后，西塞罗策略性地隐退于乡间的别墅，在那里度过了两年的时光，此时西塞罗迎来了自己哲学著述的第二个高峰期。

西塞罗没有被邀请参加公元前44年针对朱利乌斯·恺撒的刺杀行动，因为行刺者们"既担心他缺乏胆量的性格，又担心他的年纪"（*Cic.*42.2）。[1]然而恺撒被刺杀后，西塞罗在其著作《论义务》——恺撒被刺杀数月后，西塞罗仅仅花了数周时间完成了此书——中间接地为这一行动作了辩护。与此同时，西塞罗正着手撰写申斥马克·安东尼的著作《反腓力辞》（*Philippics*），恺撒死后，安东尼民正试图赢取公众舆论与权力。西塞罗因为仇恨安东尼，再加上他对别人的忠诚的误判，公元前43年在"后三巨头联盟"（安东尼、雷比达与屋大维，屋大维十六年以后成为奥古斯都）的指使下，西塞罗遭到了暗杀。他的头颅与双手被砍下来示众，以此来震慑那些对往昔过分留恋的政敌们。[2]

西塞罗受到了怀疑主义者、斯多葛主义者与柏拉图的强烈影响，但反对伊壁鸠鲁主义者的观点。他所研究的希腊化时期众多哲学家的著作只有一些残篇保存了下来。然而与此不同的是，西塞罗的演讲、书信与其他著作被大量地保存了下来，尽管并非全都完好无损，其中有些内容也遗失了。我们非常清楚

---

[1] J. L. Moles 译文，参见 Plutarch 1998。
[2] Zetzel 1999, p.vii.

他的个人生活（他离过两次婚，他挚爱的女儿图利娅［Tullia］在生产时死去，为此西塞罗伤心欲绝）[1]以及他作为律师与政治家的职业情况（他与自己的哥哥之间常有书信来往，他哥哥在一封信中提到了在罗马赢得选举的方法）。[2]他最重要的政治身份是演说家，在实践中他把哲学与修辞联系在一起，同时他还完成了很多的哲学对话录与研究成果，尤其是在他无法从事公共事务的时期内。

作为一名罗马政治思想家，西塞罗对修辞术有着自己独到的见解。明目张胆地与柏拉图的《高尔吉亚篇》相抗衡，西塞罗在《论演说家》里为自己的职业辩护。他坚称修辞术是一项真正的艺术，并且还是知识的一个分支，它实际上是最高的艺术，甚至在哲学之上。[3]修辞学者不是什么骗子或讼棍，而是良好道德习俗（mores）的源泉，是唯一能够把德性灌输给公民同胞的人。西塞罗认为修辞术中存在着相当重要的专业知识，是其使自己得以履行对共和国的神圣义务。尽管哲学是有价值与重要的，但是任何因为哲学的甜言蜜语而逃避自己祖国召唤的人，或者当被要求时，任何鄙视使用修辞

---

[1] *Cic.* 42.2–8.
[2] 关于昆图斯（Quintus）的指导说明的拉丁文本，参见 Q. T. Cicero 2001；易于找到的一个最新译本，参见 Q. T. Cicero 2012。
[3] 西塞罗备注说修辞术仅仅在道德哲学（伦理学）之上，并非在哲学整体之上；我们可以补充另外一点，即柏拉图在《斐德罗篇》中对修辞术作了有条件的辩护，这与他的《高尔吉亚篇》有所不同。

以代替纯粹逻辑的人都将是一个失败的人，因为他是一个失败的公民。

西塞罗用自己的口吻记述说有经验的政治家比"毫无公共生活经验的哲学家"更有智慧，他还称赞了政治生活的价值："就人类的德性而言，这个世界上再没有什么行当比建立新国家或维护固有国家更接近神灵了。"[1]当更为直接的政治参与渠道被阻碍时，从事哲学创作而设法从众多的希腊哲学观念中打造出一套拉丁语汇与论述体系，这是服务共和国的一种方式，同时也是对个人的一种抚慰以及自我满足的源泉。[2] 西塞罗的全部哲学著作以及他的演讲与书信展现了一个人生命的全部。他专注于按照自己与他人发展出的标准去行动并为之辩护，这些标准源于他们对希腊哲学的研究与发展。与此同时，他的行动还达到了罗马政治的最高水平。

西塞罗论罗马政制

在与公元前2世纪的罗马执政官西庇阿·埃米利安努斯（我们之前提到的迦太基的征服者）的交情中，波里比阿对罗马政制进行了分析。这一分析是西塞罗及其同代作家熟稔于心的。可能是为了向波里比阿致敬，西塞罗在对罗马政制进行

---

[1] 此处所有引文见于 De Rep. 1.1&1.12，译文参见：Cicero 1999, p. 6。
[2] Griffin（2013）对西塞罗的拉丁语哲学语汇以及罗马法对其的影响与塑造过程进行了研究。

论述时——不是对罗马崛起的历史叙述，而是柏拉图式的对话录——借用了西庇阿·埃米利安努斯及其集团成员的人物角色。对话录故事发生于公元前129年，这是罗马共和国历史的转折时期，大概早于西塞罗出生二十年。就在四年之前，提比略·格拉古（Tiberius Gracchv）被选为保民官，他提出了一项法律试图把一部分公共土地（共和国通过对外征服或遗赠而获得的土地，这些土地中大部分是以较低的税赋，甚至无需纳税被贵族以腐败的方式占有）重新分配给没有土地的穷人。在此过程中，提比略·格拉古以非法的方式把另一位否定土地改革的保民官给降职了。一些元老自认为代表了"精英贵族"（*optimates*）的利益，强烈反对提比略·格拉古针对该保民官的降职行为及其主张的重新分配土地的政策。在西庇阿·奈西阿（[Scipio Nasica]，西庇阿·埃米利安努斯的表兄弟与政治伙伴）的带领下，反对集团谋杀了提比略·格拉古，并把他所主导的法律一并废除了。

西塞罗指定西庇阿担任自己对话录的主要角色，他让西庇阿首先论述支持每一种简单的政制形态，然后为罗马最好的"混合"政制进行辩护。通过此举西塞罗站在了"精英贵族"一边，认为整个罗马的自由在很大程度上依赖于元老院的特权政治及其反对重新分配土地的财产理论。西塞罗在这一部分对话录中让西庇阿担当自己的代言人，但是历史上的西庇阿在该对话录故事发生的几天之后就死了。因此对话录（仅有残篇保存了下来）可以被视为一曲针对西庇阿的挽歌，他可能有助于避免随后几年对城市造成危害的动荡与骚乱，这包括提比略的兄弟盖尤斯·格拉古（Caius Gracchus）第二次重新分配土地的企图——在反对其土地改革的暴力运动中，他不得不让一名奴隶杀死自己。

波里比阿追问罗马政制最像哪种简单的希腊政制形态，通过这种方式他对罗马政制进行了分析，但是西塞罗提出了一个更具柏拉图意味的问题，即共和国的最佳条件或形式（*optimum statum civitatis*，1.33）。西庇阿被要求回忆先前与波里比阿以及另外一位希腊哲学家就此问题的谈话，这么做的目的是为了解释当时罗马人继承下来的政制形态为何实际上是共和国的最佳条件。他首先解释了定义共和国（作为人民的事务的国家）的"人民"的含义。人民不仅仅是任何人群的集团或聚合，而是"很多人依据一项关于正义的协议并为了共同利益而联合起来的一个集合体"（1.39）。[①]

接下来的问题是，在什么样的政制下共和国——法律词汇在罗马的哲学论证中无处不在，在这种环境下问题就变成了：在什么样的政制下人民能够享有一定的权利（rights）而同时又可能把它们托付于别人——能够被人民所拥有，并且受到人

[①] 此处译文参见：Schofield 1999a, p. 183。他的译文省略了从句的编序数字，他对此段的叙述影响了我在此处以及后面的看法。在 Cicero 1999 年的译本中，该残篇被标序为 1.39a。

民的呵护。西庇阿承认在三种未腐化的希腊政制模型下，这都是可能的。即使是在君主制的条件下，那里也可能存在对人民利益与所应得之物的足够关切（我们可以形容为"多种权利"，尽管西塞罗倾向于使用权利的单数形式），尽管西庇阿也承认这不能完全说明人民组建共和国的一般诉求。然后西庇阿摆出了波里比阿式的观点而认为即便这三种基本政制形态都被很好地掌控，但每一种政制形态都有自己特有的缺陷，每一种政制形态都缺乏其他两种的典型优点（1.43）。在君主制的条件下，只有君主才享有正义与审慎的能力。即便在一位睿智与公正的君主的统治之下，人们也无法说单一的君主制是理想的共和国或"人民的事业"。相反地，贵族制下的人民几乎不可能享有什么"自由"。在民主制下，即便人民的统治很公正、很节制，这里的平等实际上也是"不平等的"，因为它不对人们的尊严进行区别对待（他无疑在暗示比如罗马元老们所正当享有的尊严）。

考察完这三种政制形态之后，西庇阿接着提出了关于共和国最佳条件的个人见解，即由三种原初形态混合而成的第四种政制形态（1.45，并参见 1.69）。[①]与他现实生活中的导师波里比阿一样，西庇阿认为这就是数代罗马人（非常幸运地）通过

[①] 非常有趣，作为共和国政治家的模范代表，西庇阿表示如果非要从三种原初政制形态中选择一种的话，那么他个人倾向于君主制。他把君主制类比于家庭中的唯一主人以及（柏拉图式的）作为心灵的统治者的理性。

治国理政的实践经验而不断演进而成的罗马政制——实际上他进一步宣称不是斯巴达或迦太基,只有罗马才创造出了这种混合的政制形态,另外他还阐发了自己的波里比阿式的政体循环理论。奥古斯丁说西庇阿在第一天对话的末尾总结了自己的观点:"音乐家所说的歌曲和谐是一个国家的一致,这是任何共和国的最强有力和最佳的安全纽带;而没有正义来帮助,这种一致是永远不会出现的"(2.69a)。[1]

财产、正义与法律

尽管西庇阿持有很强的柏拉图式的观点而认为正义是国家和谐一致的基础,但是他与自己的朋友盖尤斯·莱利乌斯(Gaius Laelius)转而讨论一个真正的共和国所需的政治制度、道德习俗与法律时,他们开始批评柏拉图的《理想国》以及斯巴达的风俗习惯。这是因为他们发现柏拉图与斯巴达的政制对政治共同体作了错误与危险的理解,即把政治共同体建立在财产共有而非私人占有的基础之上。《国家篇》中关于这些主题的讨论大多没有被保存下来,因此我们必须转向西塞罗的其他著作来再现当时他为私有财产辩护的思想及其政治含意。通过他的演讲,我们发现他正身处关于格拉古兄弟的土地改革的争

---

[1] 该残篇被如此编序,参见:Cicero 1999, p. 56。

论之中，这成为他日后撰写《国家篇》的显著背景。公元前63年，一位新当选的保民官提出了一项新的土地法律，它试图通过非常规与不公平的选举程序而成立一个独立的委员会，该委员会拥有变卖与处置各种各样的公共土地的权力，并且还可以对它们进行征税，目的是为了把意大利的土地分配给罗马的穷人。[1]该年西塞罗恰逢担任执政官，他连续做了三次反对该法律的演讲，一次是在元老院，另外两次是在人民的政治会议上。三年以后当土地改革的努力再度兴起的时候，西塞罗选择公开发表了上述三次演讲。

西塞罗主要攻击公元前63年土地法律的形式而非实质内容。也就是说，他很少论及土地分配的利弊，他更多地是阐明主持土地分配的机构的（他所认为的）专横权威。委员们不能受到任何的法律指控，这在西塞罗看来是极为专断的。委员们可以随意指定一块土地为公共土地然后变卖之，他诚恳地告诫元老们这是对他们的安全、自由与尊严的威胁。同时他也恳切地告诫人民这样的法律将有害于他们所拥有的安全、自由与闲暇，将剥夺他们的"投票权"（因为非常规的选举程序，它仅允许随机选定的投票组合单位来选举委员），因而会剥夺他们

---

[1] 之前与之后都曾出现过类似的改革努力；朱利乌斯·恺撒在公元前59年成功地颁布了两项土地法律，尽管西塞罗、加图以及另外一些人表示强烈反对。

的"自由"（2.17，2.16）。①

为了全面了解西塞罗关于法律与财产的重要性的观点，我们现在转向他的其他著作。西塞罗在《法律篇》这部对话录中详尽地论述了他的法律思想。尽管西塞罗在《国家篇》发表当年（即西塞罗担任西利西亚［Cilicia］总督的公元前51年）就已经开始撰写《法律篇》，但是后者的故事背景截然不同。对话录故事的主角不是令人钦佩的先祖们而是西塞罗自己（马库斯［Marcus］）和他的兄弟昆图斯（Quintus）以及他的密友阿提库斯（Atticus）。他们三人在位于阿尔皮诺（Arpinum）的西塞罗乡间庄园展开了一场关于法律本质的对话。在对话中，他们试图为先前对话录所辩护的混合政制的罗马构想一种理想而合适的法典。②

警惕罗马法学家所关注的那些细枝末节（"界墙与檐沟"），③法律的本质更应该得到重视，马库斯坚称法律是理性的体现。为了理解这一点，一个人必须跳出特殊成文法的窠臼而去"寻求自然中正义的根源"。④这实际上是一种斯多

---

① 该句中的各引文都是我自己的翻译（拉丁原文见于 Cicero 2002a），见于 *De Lege Agraria*，第二次演讲，2.7.17,2.7.16，前两句话所体现的思想见于第一次演讲。关于"精英贵族"，包括西塞罗本人反对土地重新分配，认为它是对自由的威胁的更广泛文本，参见：Arena 2012, pp. 220–43。
② 西塞罗的《法律篇》非常明确地模仿了柏拉图的《法律篇》，尽管它们各自关于法律与共和国、政制的文本间的安排并不相同。
③ "界墙与檐沟"是一个表达强烈意义的短语，参见：Harries 2006, p. 15。引文见于 *De Leg.* 1.14。
④ *De Leg.* 1.20. Zetzel 译文，参见 Cicero 1999。

葛主义的路径,西塞罗在研究伦理学与政治学的时候经常借用。同时,西塞罗把这种路径置于他温和的怀疑主义视角之下,这就使他比别人更能得出某种结论。因为人类拥有理性的能力,因此人类与神灵一样都拥有这条基本的自然法:"我们必须将这整个宇宙理解为一个政治共同体,神与人都是这个共同体的成员。"[1]这是第六章所讨论的斯多葛学派世界主义的一份理想宣言。

马库斯把基本的自然法当作一种工具用以批判僭主或某些民主派(他用雅典历史作例子)所制定的不义法律。然而他所建议的大部分法律与罗马现实的政治制度十分接近,这表明马库斯的思想与西庇阿相类似,即罗马政制实际上是一个共和国最可能的实现条件。马库斯为保民官制度辩护但却批评秘密投票制(他建议人民的投票向贵族公开以备审查),他称颂作为整体的法律而非其各个组成部分。特殊的法律可能会变化或改进,但是它们应该总是到宇宙理性——体现于自然法之中——当中去寻求自己的合法性来源。

自然法构成了宇宙秩序的结构,私有财产的来路则更为曲折。实际上西塞罗在另一部著作《论义务》中指出,"从自然本性上来说根本没有什么私有(财产)。"[2]当不同族群的人类通过定居、战争、协议或运气占有土地时,土地才成为私有,

---

[1] *De Leg.* 1.23. 我自己的译文。
[2] *Off.* 1.21. 我自己的译文。

个人因此也才拥有了私有土地。西塞罗进而总结表示,"每一个人都应占有其所得之物",否则就违反了"人类相互联合的法律"。这定义了正义的内容,即对这一原则的尊重:公共的归于公共,私人的归于私人。

当西塞罗后来重新思考财产问题时,他批评公元前104年一位保民官所推行的试图对物产进行平等分配的土地法律。为此这位哲学家还特意附加了斯多葛主义关于自然社会性的论述:"尽管自然使人类聚集在一起,但是他们争取生活在城市之中,以期保护他们各自的物产。"[①]高级的政治共同体生活建立在保护私有财产的动机上,这是政治共同体合法存在的底线——尽管可能不是最高的追求。他进而抨击那些提倡土地改革的政治精英们(比如朱利乌斯·恺撒),他们属于罗马的平民派(*populares*),他们的政策有利于平民,但是却损害了作为政治共同体基础的和谐与公正。

通过把正义牢牢地建立在私有财产权利上,西塞罗至少以两种方式促进了罗马传统的正义与财产思想的发展,这是一种赤裸裸的精英主义论调。他强调政治精英的某些权利是牢不可破的,他反对任何对某类公共土地进行重新分配的企图。西塞罗的这些政治(以及社会与经济)立场强化了他对共和国至诚至真的深厚伦理观念。结果是这些伦理观念极具影响力,尽管

---

① *Off.* 2.73. 我自己的译文。

不是太普遍。在当时极具竞争氛围的政治环境当中，西塞罗对正义与财产的理解无疑是偏激的，然而他的思想观念超越了当时政治辩论的局限引发了后代人的共鸣。

对自己、他人及共和国的义务

从抽象层面去捍卫共和国的本性与价值是一个问题，但当共和国缺乏基本的手段来保证对权力的分配与制约时，在实践中捍卫共和国并确定个人的义务便是另一个问题了，尽管对西塞罗来说这两个问题是联系在一起的。我们发现西塞罗，尤其在他最后一部哲学著作《论义务》中反思了这些两难问题，与此同时，他还冒着极大的风险在一系列演说辞的写作中继续着对这些难题的思考，即十四篇《反腓力辞》——他试图以此来促进人们对马克·安东尼的反抗。在《论义务》当中，西塞罗试图证明履行义务（*officium*）总是一件令人感到光荣（*honestas*）的事，它不可能与一个人的利益（*utilitas*）相矛盾。在《反腓力辞》中，西塞罗追求一种他认为光荣的事业，即便它会对西塞罗的生命造成最严重的威胁。这当然是基于西塞罗的一种看法，即一个人作为公民的义务是他所拥有的最高尚、最光荣的义务。他在第二篇《反腓力辞》（当时唯一不用于演说的一篇）中说道："我自愿使自己处于危险之中，只要我的死能够换来城市的自由（2.119）。"[1]

西塞罗在公元前44年的秋天写出了《论义务》，它是一部劝勉自己二十岁的儿子的伦理学教育著作。当时履行传统政制所规定的对共和国的义务受到了人们极大的质疑，西塞罗于是勉励自己的儿子勇于承担自己的义务，以成为一位有德性的罗马公民与一个正直之人。[2]然而他同时也为让人感到光荣的政治功业提供了一份指南，以设法使自己所描绘的政治世界不至于灭亡。他回溯了罗马祖先所奉行的习惯与实践（mos maiorum），他理想化了他们对德性与义务的本能恪守行为。比如，十名罗马人在坎尼（Cannae）战役中被汉尼拔俘获，他们被遣送回罗马，但前提是立下这样的誓言：如果不能成功地使罗马人释放汉尼拔的俘虏，那么他们保证仍回到汉尼拔那里去。这十名罗马人最终拒绝回到汉尼拔的囹圄之中，但是罗马的元老院剥夺了他们的公民特权，以此来惩罚他们违背誓言的行为。元老院的这一处置方式受到了西塞罗的大力称赞（1.40）。

论证的核心是陈述罗马人的义务，它对希腊的德性进行了巧妙的改造。罗马人把希腊的智慧与正义归入德性之中，但也崇尚伟大的精神与端庄的礼仪。后两种德性以各自不同的方式在希腊的著述中起着重要的作用，但它们都不是希腊伦理学的

---

[1] 我自己的译文，拉丁文原文见于 Cicero 2002b。
[2] 这一部分的所有译文，除非另有标注都源自于 Atkins，参见 Cicero 1991。

中心。然而西塞罗把它们视为罗马精英的生活重心。他责令罗马的精英去追求伟大的精神,在与整个宇宙相比的时候要鄙视人类事务的渺小(1.72);还责令他们即便在追求名望的过程中也要表现出预期的恰当行为或端庄的礼仪。西塞罗此处提出了极为具体的命令。你不能着急地气喘吁吁,但你也不能徘徊踱步,过于懒散(1.134);与人交谈的时候,你应该诙谐机智(1.134);你不应该建造超过自己钱财所允许的房屋(1.139);你也不应该抬高学习的重要性,不应该在日常的社会交往以外追求更多的知识(1.157)。所有这些伦理义务都是"令人感到光荣的"([*honestas*],有德性的,同时含有光荣的意思)。

接下来的问题是如何把"令人感到光荣"的事物与利益(*utilitas*),或与那些看起来有用、有利的事物结合在一起。这样西塞罗在《论义务》中就着手处理了与柏拉图在《理想国》中所遭遇的同样挑战:做一个正义的人真的符合我的利益吗?实质上西塞罗给出了同样的答案:如果作恰当的理解,正义(或义务)与利益永远不会冲突。诸如盗窃之类的行为"破坏了人类的共同生活与社会联系";暴力行为同样如此(3.21,3.26)。当一个人不按照自然而行动时,他违反了自己的本性。这种观点与我们在第六章讨论的斯多葛主义的自然社会性与自然法的观念一致。对别人行不义不可能符合一个人的真正利益,因为它违反了把所有人类联结在一起的自然纽带。[①]

这种观点在政治上可能有些尖锐。西塞罗毫无顾忌地谴责了罗马人的某些行为。他认为公元前146年罗马人对科林斯的掠夺并不是真正有利的，因为"任何残忍的都不可能是有利的"（3.46）。柏拉图通过探究心理学来证明他的观点，他着眼于不义行为给个人造成的心理上的痛苦与挣扎，但是作为一名职业律师，西塞罗也证明了自己的观点。他直接面对的是充斥着明显冲突的具体案例——其中很多案例在斯多葛学派及其批评者的话语体系中早已成了老套的隐喻。

一个出售房屋的人是否有义务透露房屋的所有信息，但因此会压低房价与收益？（是的。）当一个人代为管理一个孤儿的产业时（一份经常降临到显赫的罗马男人身上的幸运工作），他是否应该经受住从中谋利的诱惑？（是的；尽管西塞罗自己离婚后与一位没有父母的妇女结婚，他的目的——观察家也这么认为——就是为了得到她的钱。[②]）一个在玉米市场上拥有暂时优势的正派之人是否需要告诉买主还有更多的玉米正在运往市场的路上，"或者他对此保持沉默而以尽可能高的价格出售自己的粮食？"（不；这是为了利益而隐瞒事实的行为，他表现出了"诡谲与无赖"的品性——这对他并不是什么有利

[①] 该段与我的另外一项研究（Lane 2011）紧密相关。在那里我引用了 Anthony A. Long（1995, p. 240）的一句非常生动的话："《论义务》而非《国家篇》才是西塞罗的《理想国》。"

[②] *Cic.* 41.3-4，参见 Plutarch 1988。

的名声。)西塞罗此处引入了罗马法律实践中禁止恶意欺骗的新规定(*formulae*):它恰好反映出了西塞罗试图将法律争端的判决方式运用于哲学分析的意图。一个人是否必须经受住一切不义的诱惑,即便不义对追求政治上的功勋与荣耀似乎是必不可少的——即便在一个人相信为共和国服务的最佳方式就是达到这样的高度?(答案毫无疑问是肯定的。)

这种分析模式悄悄地映射了不到一年前发生的针对朱利乌斯·恺撒的诛杀暴君行动。"如果一个正派之人能够剥取残忍而疯狂的暴君法拉里斯(Phalaris)的衣服,以使自己不至于被冻死,难道他不应该这样做吗?"(3.29)西塞罗的回答是生动而有力的。一方面,单纯为了自己求生的利益而去掠夺别人是违背自然法的。但另一方面,如果活下去后你能够有利于政治共同体和人类社会,你就应该这样做。与此相似的是,"如果有人把钱托付于你,后来他与你的国家作战",此时你不应该把钱还回去,"因为你这样做将有害于共和国,而共和国是对你最宝贵的事物(3.95)。"更为尖锐的是,比如法拉里斯与其他暴君的例子,"我们和暴君没有什么友好关系……剥夺一个人的财物不违背自然……杀死他是光荣的(3.32)。"西塞罗对诛杀暴君行为的辩护深深地影响了中世纪的哲学家们,尽管他在《论义务》中责令政治领袖们展现慷慨开明的品质以及拥有良好信仰的观点,后来成为马基雅维利《君主论》(1513)

批判的目标。[1]

然而，除了这些极端事例之外，西塞罗为人类设定的一般道德义务是有限的，并且大部分是消极的。"不要阻止人们使用流动的水；如果有人需要，允许从你的火中取火；给咨询者真诚的劝告（1.52），"但是一个人没有过于慷慨的义务，除非"给人光明，自己的光亮也不显暗淡"（1.51节西塞罗引的诗）。这是因为一个人对那些亲近之人拥有慷慨的特别义务，同时也对法律负有义务并尊重私有财产——一旦它通过法律与实践习惯而得以确定下来的话。这些亲近的关系纽带首先源于繁衍后代的动物冲动，进而产生了夫妻与子女关系，然后是家庭与婚姻的各种纽带，它们通过血缘以及对祖先的各种宗教义务把人们联系在一起。西塞罗所乐见的世界主义的诸观念存在自己的限度，大多数的情况下它们体现在个人更具地域性的社群关系纽带之中。

尽管家庭的各种纽带对个人来说更为亲切，但是西塞罗坚称"在所有的社会关系中没有哪一种比我们每个人同共和国的关系更重要，更亲切"（1.57）。有能力的人有义务去参与公共生活而为共和国服务，他们因此可以获得并展现伟大的精神（1.72）。罗马共和国是最可能的政制形态，这是西庇阿所

---

[1] 《君主论》第十六、十八章分别批判了这些观点；作为过渡章节的第十七章批判的不是西塞罗的著作，而是塞涅卡的《论仁慈》（*De Clementia*）——我将在第八章讨论该文本。

提出的论点，但却代表了西塞罗自己的心声。最优良的人类生活——此时人类相互聚合的社会性，以及因此所试图捍卫的正义都能够发展到完善的程度——是生存在如此政体下的生活：权力、审慎与自由能够相互联结在一起。

西塞罗对它们的必要条件有着自己特殊的理解。他对土地改革怀有深深的敌意，他坚持对元老院给予足够的尊重，但所有这些都不被当时、以往及以后的共和主义者认同。在他所称颂的政体（即便在他那些最激进的平民主义竞争对手的眼中）之下，罗马的穷人们并没有被赋予创制或抽签的选举权力，他们也几乎没有雅典民主政治的问责与控制的权力。只有当平民的权力受到更加博闻广识的政策顾问与更具决断性的行政权力的制约时，西塞罗反平民主义立场的具体内容，以及他关于人民自由的远大理想才能够讲得通。西塞罗的这些观点不断在后世思想中得到采用。西塞罗阐述了公民义务的理想模式，还阐述了如何把公民身份与共和国的健康政制相互强化在一起的思想，这两者对后世最具借鉴意义。

第八章
CHAPTER 8

主权

西塞罗被暗杀前后的数十年内，罗马权力的行使方式发生了根本的变革。朱利乌斯·恺撒被暗杀以后，他的追随者与继承人之间展开了争夺权力的斗争。他们首先联合起来对抗暗杀恺撒的旧势力，然后他们之间互相争斗，最终导致了屋大维（朱利乌斯·恺撒的养子）军事权力的巩固，他很快自称"恺撒大将军，神之子"。[1]军事权力与朱利乌斯·恺撒身上的宗教—个人权威的合体使这位年轻的恺撒积聚起了新的政治权力形式，比如公元前32年在没有任何法定权威的情况下，他召集元老院开会，然后又召集起意大利的所有自治地方，要求它们与自己过去的盟友——现在与埃及女王结盟——进行最后一波的战争。[2]

---

[1] 此处我采取 Mackay 对屋大维的新头衔的译文，参见：Mackay 2004, p. 165。
[2] 屋大维的关键军事胜利是公元前31年在亚克兴（Actium）战役中击败了克利奥佩特拉（Cleopatra）与马克·安东尼。埃及的托勒密王朝的结束标志着希腊化时期亚历山大大帝的将军们建立的最后一个王国的覆灭，从此以后埃及成为罗马帝国的一个行省。参见：Mackay 2004, pp. 167–8。

屋大维并没有废除共和国的行政官制度。相反，他以共和国政制的恢复者与捍卫者自居。然而他从元老院那里攫取了一系列新的角色与权力。公元前27年，他被选为执政官，但可以连任数年（违反了共和国每年改选的要求），之后在公元前23年，他被赋予保民官的权力，因此可以主持元老院的会议以及否定任何行政官的行为。与此同时，他还积聚起了其他的权力、地位与头衔。一系列权力前所未有地积聚于一人身上的状况反映在了"第一元老"（*pinceps senatus*）、"第一公民"（*princeps civitatis*）的新头衔上。尽管这些头衔由元老院授予，元老院自身在帝国时代仍然存在，同时人民仍然是帝国法律权威的最终来源，但是元老院审议的独立性以及人民的地位与意义大打折扣，它们甚至变得徒有其表。

"第一元老""第一公民"的头衔表明屋大维不过是平等个体中排名第一的那一个。然而令人啼笑皆非的是，公元前27年元老院授予他恺撒·奥古斯都的头衔，以此来感谢他在战后放弃手中权力的行为（不过是为了授予他新的权力）。这一举措确认了一个既成的事实，即他现在不再与任何人一样平等了，他的公民同胞中没有人可以与他相提并论。[1]公元前69年元老院建立起了维斯帕西安（Vespasian）的统治，并且制定了"维斯帕西安帝位法"（*les de imperio Vespasiani*）。至此以

---

[1] Mackay 2004, pp. 183, 185.

后，任何执着于平等的企图与幻想都被彻底抛弃，因为该法律授予新皇帝自行裁决的权力，他可以根据自己的判断做出任何行为，无需顾忌现实的法律。此举公然违反了共和国"平等自由权"（*aequa libertas*），或者一律平等守法的基本原则。[①] 另外，历史学家把"第一"（*princeps*）头衔的时代称为"元首制"（*principate*），或罗马皇帝统治的早期阶段（公元前27年——公元284年）。此段时期以后，罗马在戴克里先（Diocletian）的统治之下开启了"多米那特制"（dominate）——由"多米诺斯"（*dominus*，即主人）的正式皇帝头衔而来。

尽管奥古斯都及其继承者们采用了多种多样的头衔，但是没有哪一个单词或观念能够指代罗马帝国时期的"主权"。（本章的罗马帝国是指皇帝统治时期的罗马，以与罗马人民所享有的帝国相对照。帝国的雏形起源于数世纪前的共和国——正如前章所示。）最为接近的单词可能是帝权（*imperium*），它的词源意义是发布命令，以及能够强迫人们服从这些命令。它被用来形容共和国时期行政官们被广泛授予的权力。公元前23年，当（尽管）奥古斯都正式辞去执政官一职时，帝权被以一种扩充的形式赋予了他。此后经过元老院投票，它被赋予每一位继任的皇帝。然而帝权的特殊权力（首先在罗马的各个行省；奥古斯都的帝权扩展到了罗马城及整个意大利，它们被视为一

[①] Brunt（1977）解释说这最好被理解为一项元老院决议（*senatus consultum*），尽管它呈现为法律（*lex*）的形式。

个行省）仅仅是皇帝们所享有的众多权力中的一种。皇帝们身上不断增添的头衔表明罗马人试图解释仍然存在的人民与元老院在与这些个人统治者相遭遇时，它们自身的地位与作用所发生的改变。这些个人一旦在理论上被人民接受为统治者，那么他们在实际统治的时候并不需要担负任何责任。本章讨论的"主权"不是哪一特定拉丁单词的翻译，而是不断发展出的皇帝们的一系列权力，它融合、扩展或取代了共和国行政官的最高权力。从更宽广的意义上来说，本章所讨论的"主权"也包括了一个人的自治，这成为这一时期内让众多作家颇为着迷的问题——或许是因为他们感觉到自己影响政治事件的能力正在消退，或许是因为他们认为如果没有自我内部的控制，皇帝的各种权力也没什么意义。为了仔细研究主权外部与内部的双重主题，我们将考察塔西佗、塞涅卡、爱比克泰德、马可·奥勒留与普鲁塔克的个人生活与他们著作的各个方面。

尽管罗马人非常熟悉周围世界以及希腊历史与理论中的各种关于王制的模型，但是他们无法简单地全盘照搬之。相反地，他们必须不断发展出新的方式，以思考新出现的主权者所包含的理想与现实，以及服从于主权者所带来的伦理与政治困境。在罗马法中，权力从理论上来说仍然源于人民，但是主权观念的出现标志着这些权力在实践中已经几乎脱离了人民的控制。就像共和国的观念一样，这种主权观念对我们现代人的冲击是极为猛烈的，这在很大程度上是因为我们自身同样也面临着类似的不安困境。没有了人民的控制与问责,这些权力能否受到一定的规制?这些权力支配着普通人民的生命,那么现在他们应该如何生活?这些都是很多现代人在生活中经常遇到的问题。

当主权的新象征在罗马城标榜自己的同时,整个政体的疆域边界及其所属臣民也在经历着变化。我们在本书中不断探究了城墙与法律的地位和作用,我们还在第六章观察到了斯多葛学派与伊壁鸠鲁学派的某些观点,他们想象了一个不被特定城市的围墙或法律所割裂的世界。那些根据自然友谊而划定疆界的各宇宙图景随着罗马的扩张而出现了新的转机。现在人们可以把罗马等同于一个单一的世界共同体。因此在公元155年,一位希腊演说家在安托尼乌斯·披乌斯(Antoninus Pius)面前宣称罗马使整个世界变成了一个城邦(埃留斯·阿里斯提德斯[Aelius Aristides],*Or.* 26.36)。他不是去构想没有城墙的城邦,而是把防卫罗马疆界的军队比拟为一个无比巨大的城邦的围墙(*Or.* 26.80-81,鉴于当时变动不居并处于争夺之中的边界状况,无论如何这也是极富想象力的)。[①]在数十年之后的公元212年,整个帝国共享同一法律体系的观念被提升到了一个新的高度。当时的罗马皇帝卡拉卡拉(Caracalla)制定颁

---

① 埃留斯·阿里斯提德斯的这个名为"献给罗马"的演讲时间约在公元144年至155年之间;关于该演讲重要性的研究,参见:Ando 1999以及Richter 2011。该演讲的拉丁文本参见:Lenz & Behr 1976,英译本参见:Behr 1981, Vol.2。

布了"安东尼努斯敕令"(*Constitutio Antoniniana*),这使得帝国的所有自由居民都享有完全的公民身份(同时也相当便利地使他们受制于自己持续吃紧的税收状况)。

在这些变化过程中,历史学家与哲学家就不断出现的各主权统治形式的(多种)价值,以及公民在其中应担负的角色展开了争论。真正的政治自治没有实现的可能性,因此帝国的很多哲学家转而倾向于培养一种个人主权的自治形式,以此来避免外界社会的伤害。共和国的政治理想与斯多葛学派的哲学理想(以及其他哲学思想流派)被重新挖掘出来,它们既被用以批判主权的观念,又被用以批判它的新概念或其他变种形式。

主权的共和式批判

尽管罗马早期元首制的统治者们试图保留共和国政治的外表,但是很多观察者认为那是彻底抛弃共和国价值的遮盖布。没有谁的分析比历史学家塔西佗(P. Cornelius Tacitus,公元55—118年)更为言辞激烈了。他在其著作中追溯了罗马的历史,从奥古斯都去世的公元14年开始,一直写到图密善(Domitian)被暗杀的公元96年。[1]塔西佗在其他的一些著作

---

[1] 《历史》所记述的时间跨度为公元68-96年;《编年史》所记述的时间跨度为公元14-68年,成书于《历史》之后,是《历史》的前篇。两部著作都仅有部分内容流传下来。

中，特别是在其最具西塞罗式的拉丁风格的著作《关于演说家的对话》(*Dialogus de Oratoribus*) 中，沉痛地反思了共和国的道德习俗与新体制下人民的可能态度之间的差距。[①]我们在波里比阿的《历史》中发现了众多政治观念，需要特别强调的是我们在塔西佗的著作中也能发现它们（其他读者也能发现这一点，特别是在16、17世纪的时候，一些读者因近代早期统治者的傲慢与愚蠢而心生猜忌与敌意，他们在塔西佗的著作中找到了对当时统治者阴郁的政治观的印证）。

塔西佗记述的时间包括了他出生前与幼时的数年时间，他掌握了一系列帝国统治者的一手经验资料。他在图密善皇帝——塔西佗视之为暴君——治下担任过官职，然后在公元97年担任过执政官，当时在位的皇帝是涅尔瓦（Nerva）——涅尔瓦-安敦尼（Nerva-Antonin）王朝时"罗马五贤帝"的第一位贤帝。（这五位贤帝都是被上一位贤帝收为养子而担任元老院元老，然后才成为皇帝继承人的。他们的统治都相当节制，因此得到了18世纪英国历史学家爱德华·吉本——极具影响力与原创性的著作《罗马帝国衰亡史》的作者——的称颂。吉本说"罗马五贤帝"时期是"世纪历史上人类最幸福与最繁

[①] 塔西佗还完成了一些对后世政治思想产生了重大影响的著作。他的《日耳曼尼亚志》(*Germania*) 描述了当时帝国边疆地区的日耳曼人的风俗，除此之外，他还完成了一部以其岳父之名命名的著作《阿古利可拉传》(*Agricola*)，他后来成了不列颠的总督。

荣的时期"。[1]）然而尽管塔西佗敏锐地观察到了好皇帝与坏皇帝之间的差别，但他还是暗示说元首制作为一种政治制度天生具有摧毁自由的倾向。

塔西佗在其《编年史》(Annals)中生动地描述了那些以共和国政治传统而自豪的元老如何被要求对残暴的皇帝俯首帖耳，比如公元14年在奥古斯都·恺撒去世后，提比略(Tiberius)掌握了权力，"在罗马，执政官、元老和骑士都在争先恐后地想当奴才"(Annals 1.7)。[2]这些人名义上被选出来领导共和国，但实际上受着一位残暴皇帝的奴役，塔西佗表现出了对他们的犀利而尖锐的政治谴责。这与我们讨论过的斯多葛学派的论点形成了鲜明的对照。根据斯多葛学派的观点，没有哪个智慧之人成为事实上的奴隶，即便他被置于锁链之中而成为这个世界所谓的奴隶。罗马的斯多葛哲学家们称赞每一位智慧之人的自由，即便他在法律上是一名奴隶。与此相反，塔西佗谴责他们仍然是帝国暴政下的奴隶，即便这个世界把他们算作卓绝的自由人。

塔西佗在《对话集》中还隐含了一个更大的批评——不只是针对坏主权者，而是针对所有主权者。《对话集》写于公元101年以后，书中包含了公元74年的明确年份。这部对话录探

---

[1] Gibbon 1837, p. 30 (Chapter 3). 吉本的这个赞誉实际上覆盖了更长的时间段："从图密善之死到君士坦丁继位"。

[2] 译文参见：Tacitus 2003, pp. 6–7。

讨了一位罗马作家放弃修辞与法律转而青睐诗剧的决定。这是应对元首政治压力的典范生活，但是塔西佗自己只是时断时续地过这种典范生活（他多次从积极的政治生活中隐退，但多年以来他又一直承担一定的政治角色，同时通过撰写历史与其他著作，构建了另外一种与其政治与社会地位相关联的身份与自主性）。[1]聚在一起对话的人包括了元老院元老与曾经的民选高官们。他们在元首政治的允许下过着全然的政治生活。然而尽管其中一位赞叹他在政治生活中拥有修辞术所带来的各种权力，但是他也把得到皇帝的青睐视为利用修辞术所能获得的最高成就（7.1，8.1-3）。

另外一位对话参与者追溯到修辞术发挥更大效力的共和国时代。尽管共和国被歧见与内部倾轧搞得四分五裂，但当时却是为修辞家们传授给人民的信念真正统治的时期。他略带俏皮地指出一个被真正良好治理的国家根本不需要修辞学家，修辞学家盛行于雅典与罗得岛（Rhodes），而不是斯巴达或克里特岛（40.3）。如果所有决策都由唯一的睿智君主做出，那么修辞术实际上将毫无用处（41.4），而问题的关键是当时的元首是否算得上一位最睿智的君主。如果不是，那么元首政治下修辞术作为阿谀奉承与博取眼球之术的景象看上去就是十分暗淡的了。更有甚者，即便当时的元首是一位睿智君主，在良好

---

[1] Sailor 2008, pp. 33-6. 记述了塔西佗时代个人保卫自己的独立性与社会地位的不同方式，其中就包括了塔西佗的独特风格，即把历史编纂与政治活动结合在一起。

治理的借口之下，自由难道不是与修辞术一同被丢弃了吗？这是塔西佗留下的一个悬而未决而又极具煽动色彩的问题。[1]

斯多葛式的主权理想

即便在一位好皇帝的统治之下，自由也可能丧失。当塔西佗沉思于此时，有一位前代的罗马思想家把政治希望寄托在培养出一位好的主权者并使他推行优良的统治上。吕齐乌斯·安涅·塞涅卡（Lucius Annaeus Seneca）——尼禄（Nero，公元54—68年在位）的家庭教师，后来成为其政治上的顾问——按照一种哲学而非历史的脉络完成了这一壮举。塞涅卡在哲学上是一位斯多葛主义的信徒，同时他还是一名剧作家与文人，但是他从来没有完成过一部像《国家篇》这样的政制著作，这跟斯多葛学派的创建者芝诺与克律西波斯（以及之前的柏拉图）都不同。塞涅卡不是去描绘一个理想共和国的政制或法律，反之，他生动而有力地完成了关于理想君主的论述。这表明一个政治体的命运前途已经彻底取决于一个人的善或恶了。

尼禄十六岁即位，此时一切看起来都充满希望，为此塞涅卡还专门撰文作了预言，但是很快罪恶抬起了它的头颅。尼禄的罪行罄竹难书，其中他非常享受把基督徒烧死在火柱上，然后让燃烧的火光照亮他花园的过程。另外他还对塞涅卡的政治

---

[1] 有关《关于演说家的对话》的研究，参见 Saxonhouse 1975（关于该主题的一篇论文），以及 Kapust 2011, pp. 122–33。

动机心生猜忌，最终命其自尽而亡。然而当公元54年塞涅卡创作《论仁慈》(De Clementia)时，他希望通过自己的努力有朝一日能够使尼禄为了善而统治。他向君主建议"你的共和国是你的身体，你是它的灵魂"(1.5)。[1]作为使共和国充满生气的灵魂，君主必须奉神灵为自己的楷模："因为神灵……是君主最好的榜样……君主希望神灵怎么对待他，他就应该怎样对待他的臣民"(1.7)。此处君主被赋予了最崇高的行为规范：共和国，乃至整个宇宙的良好秩序都取决于君主的正直品格与美德。

当然，好君王的观念并不是什么新鲜事物。在希腊与罗马，以及周边多个社会之中都存在着多种关于好君王的思想资源。它们都是塞涅卡倚重的对象，尽管他主要的哲学身份是一位斯多葛学者。君主政治的理念从来没有脱离于古希腊的政治思想之外。我们在前面几章已经多次论及它们，包括希罗多德的三种基本政制形态之一（第二章），以及马其顿、波斯与其他政体的政治实践；此外亚历山大大帝自己化身为一种新型的统治者；最后在亚历山大大帝死后的希腊化时期，帝国的各个后继王国的国王仍被视为活着的法律（两者见于第六章）。

另外，君主政治的理念也获得了自己的重大发展。色诺芬——柏拉图的同代人，苏格拉底的朋友——可能是其中最

---

[1] 此处及以下《论仁慈》的译文出自于 J. F. Procopé，参见：Seneca 1995。

重要的一位，他的个人生活几乎与波里比阿一样充满了冒险精神。他为早年的一位君主即波斯的居鲁士大帝——公元前6世纪在位实施统治——专门撰写了一份教育的颂词。在希腊政治理论的鼎盛时期，他的这部著作表达了王制的政治理想，后来则成为复兴与发展君主政治的新实践借鉴的对象。色诺芬还给塞浦路斯岛的君主尼科克勒斯（Nicocles）写了一封信，告诉他如何统治自己的臣民。

然而，在罗马政治的背景下塞涅卡对这些观念所做的发展仍然是引人注目的。他的著作后来被称为"君王之鉴"（一面具有高度折射功能的镜子，它让君主从某一角度观察到自己）。不管共和国下的国家享有怎样的自主地位，现在的国家脱离了君主就无法思考或自我引导。这使塞涅卡倍感"位高则任重"（noblesse oblige）的压力与责任。然而此举也剥夺了公民——甚至还有像塞涅卡自己那样的高位元老——所拥有的有价值的政治权威。

主权者统治下的政治伦理

上述想法反映在塞涅卡自身居于主权者之下的生活经验所内含的紧张之中。塞涅卡的父亲是一名来自西班牙的显赫罗马公民，与众多富裕与野心勃勃的行省家庭子弟一样，他在罗马接受了修辞学与哲学的教育。塞涅卡以演说家的身份成名，他曾经担任过高级的民选官职与元老院元老，这些都跟西塞罗一样。然而因为罗马皇帝克劳狄（Claudius）的嫉妒与猜忌，塞涅卡的生活受到威胁，并且遭到放逐；再度获宠后成为尼禄（克劳狄的妻子阿格里皮娜[Agrippina]的儿子，后来被克劳狄收养）的家庭教师与政治顾问，但他后来被怀疑阴谋造反，最终在公元 65 年受尼禄之命而自尽。如此屈从于一人的专制权力，塞涅卡甚至都没有——像西塞罗那样——争取共和国平等权的机会。这标志着共和国与元首政治下的政治生活有着天壤之别。

塞涅卡从来没有放弃过这样的信念，即祖国（*patria*）是人类的一种主要的善（*Ep*.66.36,66.37），以及一个公民只有在自己的祖国才能寄望于理想地展示他的德性（*Ep*.85.40）。然而祖国——或者说作为主权者的君主——要允许一种可使个人服务于它的政治文化的存在，只有在这样的条件下，个人才能够服务于自己的祖国。在塞涅卡的时代，这种政治文化存在着深深的弊病。基于这样的理由，塞涅卡把时而表现出来的对公共生活的憎恶与对斯多葛学派的信仰相互协调了起来，因为斯多葛学派的创始人说智慧之人"将涉足公共生活，除非受到了什么阻碍"。

塞涅卡更进一步认为芝诺这条命令的实际隐晦意义与看似相反的伊壁鸠鲁主义信条——智慧之人"不到万不得已将不会涉足公共生活"（两条引文都被记录于塞涅卡的《论个人

生活》(De Otio)之中，3.2)[①]——是相互一致的。"如果公共领域已经堕落到无可救药的境地，如果它已经被邪恶之徒所占据，那么智慧之人将不必做无谓的斗争，也不会做无益的牺牲"（他补充说如果智慧之人同时缺乏足够的健康、权势或力量，那么情况就更是如此了）(De Otio 3.3)。当人们认识到这一点时，看似更积极的斯多葛主义信条与寂静主义的伊壁鸠鲁主义信条就合二为一了。在一个腐化堕落的公共领域内，智慧之人的出路是悠闲自在的退隐，而不是积极的介入。[②]

然而，塞涅卡并没有满足于此。悠然自在地退隐于共和国事务之外给智慧之人服务于他所谓的更大的共和国提供了余地。塞涅卡此处借用了斯多葛主义的观念即世界公民。对塞涅卡（以及早期的斯多葛主义者）来说，这个世界公民的共同体并非智慧之人的完美天地。它也不像前面提到的演说家埃留斯·阿里斯提德斯所认为的那样是与罗马的疆界相互重合的。它其实是所有潜在的理性个人的共同体。他在《论个人生活》(4.1-2)中表达了这一观念的隐晦意义：

> 我们必须明了，我们有两个公共领域，即两个共和国。一个共和国伟大，为所有人真正共同拥有，

[①] 此处及以下《论个人生活》的译文（标题通常被译为《论闲暇》[On Leisure]，但该版本为《论个人生活》) 出自于 J. F. Procopé，参见：Seneca 1995。
[②] 从这个意义上来说塞涅卡是"非政治的"(apolitical)，尽管他曾是一位皇帝的顾问，参见：Cooper & Procopé 1995, p. xxi。

> 这就是众神与人同在的国家,它没有边界,太阳照耀的地方都是它的国土。另一个共和国,我们因为自己偶然出生而成为其成员——我指的是雅典、迦太基以及其他城邦,它们不属于所有人,而只属于有限的一些人。有的人要同时服务这两个共和国,也就是这个较大的共和国和那个较小的共和国,而有的人只为其中的一个服务。通过探究什么是德性,我们甚至在隐退之后也能为这个大的共和国服务——实际上,我猜,隐退之后能更好地履行职责……

当罗马从共和国步入帝国时,政治生活作为一种组织化的概念,共和国的观念得到了自己的延续,它同时包含了两个维度的含义:任意现实与特殊政治单元的共和国,和众神、人类且与宇宙具有相同空间范围的共和国。人们可能服务于这两个共和国,但却以各自不同的方式。在面对传统的存在着政治界限(规模"较小")的共和国时,人们需要提供积极的政治服务;在面对规模"较大"的共和国时,人们需要在悠闲自在的退隐状态下过一种哲学生活,从世俗事务中隐退,通过哲学沉思来更好地服务于这个更大的共和国。在这种哲学服务的意义上,塞涅卡命令说个人应该把自己视为"宇宙的一个公民与卫兵"

(*Ep.* 120.12)。[1]

服务较小的共和国——现实的罗马政治体——的机会相比之下受到了它腐化堕落的价值与个人拥有的机遇的限制。尽管作为一个斯多葛主义者而承认人具有社会交往的自然倾向,但塞涅卡对喧嚣的罗马公共集会与竞技场——多种公共生活上演的场所——持一种悲观的态度。"这里的生活与角斗士学园毫无二致——彼此为邻就是彼此为敌"(*De Ira*[《论愤怒》],2.8)。[2] 在腐化堕落的社会条件下,残酷无情的社会与政治斗争为的是个人的升迁,即便是为了生存,这也无法让人过一种有德性的生活:"我们公共领域的疯癫使其成为一项艰难的任务;我们相互把对方逼入邪恶之中"(*Ep.* 41.9)。[3] 公共生活成为冲突、腐化堕落与诱惑的源泉。安静地旁观选举要比亲自实践更好(*Ep.* 118.3)。西塞罗与他的兄弟昆图斯(Quintus)饶有兴致地互通书信讨论如何赢得选举,但塞涅卡选择对它敬而远之,他的表现与西塞罗是如此地不同(*Ep.* 118.2)。

社会曾经流行着这样一种目标,即众人对地方的公职竞选活动趋之若鹜。比如,古庞贝城有很多色彩鲜亮的选举"海报"被保存了下来,上面写满了数十种声音与意见——其中

---

[1] 该处以及其他所有提到的塞涅卡的书信译文出自于 Brad Inwood,参见:Seneca 2007。
[2] 此处及以下《论愤怒》的译文出自 J. F. Procopé,参见:Seneca 1995。
[3] 塞涅卡的这封信没有被收录于 Inwood 的书信选编版本之中,此处的引文来自 Inwood & Gerson(2008)的译本。

不乏女性，以此来拥护他们各自所支持的候选人[1]（英文单词"candidate"[候选人]来源于"*toga candida*"[一种漂成耀眼白色的托加长袍]，供竞选公共职位的人穿着[2]）。然而塞涅卡从哲学反思（尽管他曾经被选为高官）的立场出发，认为追逐公共荣誉可能会导致失望，甚至给自己带来危险。与金钱和身体一样，"公共职位是一件机遇大于权力的事物"，因此它是"奴性的"（*Ep.* 66.23）。它不适合那些把自由——应该成为所有人的道德目标——作为自己道德目标的人群。自由不再于政治参与中得到最好的体现——尽管它起初的意义源于政治，现如今它体现在自己的行动之中。[3]

个人自主的伦理观

如果道德或伦理自由是最重要的价值，如果它只能被有智慧与有德性的人（斯多葛主义的智者）所拥有，那么一个人如何生活才能达到这个目标呢？罗马的所有斯多葛主义学者给出了很多正面的实际建议。实际上，当一个人从公共领域隐退之后，自我塑造——控制自己的身体与欲望而非试图去控制他人——的个人领域就成了伦理实践的理想场所。在公共领域内，个人如果无法摆脱恣意妄为的主权者，那么他可以在自己

---

[1] Roberts 2013, pp. 25–8.

[2] Ibid., p. 144.

[3] Inwood 2005, pp. 303,319.

的行为中成为自己的主宰。①

对塞涅卡来说,基本的实践方式就是在夜间对自己白天或善或恶的行为与思想情感进行自我反省(De Clementia 3.36)。他也向君主推荐了类似的实践方式。如此实践的目的是要在个人的灵魂中维持理性的统治,摒弃日常的各种情感,因为它们无法彻底满足理性自觉的需要。通过这样的方法,一个人可以使自己摆脱恐惧,哪怕是经历过的最可怕的伤害所造成的恐惧(比如在刑架上遭受的痛苦折磨,这是一种常见的罗马刑罚),因此在面对好运与厄运时,他都可以泰然处之。塞涅卡在一封信中问自己:"出席宴会的时候肆意躺卧与遭受痛苦的折磨是一样的吗?"他的意思是说,一个智慧之人会用同样平静的心态看待这两种可能的命运安排吗?他铿锵有力地给出了肯定的回答(Ep. 71.21)。

不受规制的非理性的激情打着日常情感的幌子对个人的自治构成了基本的威胁(斯多葛主义者代之以更加理性的反应)。塞涅卡认为愤怒是一种最严峻的挑战(作为一名罗马贵族,从童年起塞涅卡可能就比那些听命于自己优越的主人的人更少受到愤怒的摆布)。为此他专门写过一篇文章《论愤怒》,

---

① 关于该实践方式的一个有影响的视角,尽管它强调的是"自我塑造"(self-fashioning)而非"自治"(self-rule),参见:Focault 2010。

当然在他其他的论文与书信中也有所体现，在某种程度上[1]他的目的是为自己和朋友们提供一种摆脱愤怒的方法。塞涅卡的论文并非是独一无二（西塞罗以类似的方式在《图斯库兰谈话集》[*Tuscular Disputations*]中讨论了情感），却是极具特色的。他提出了关于"如何避免陷入愤怒……如何让我们脱离愤怒……如何让愤怒的人得到控制，让他们平息下来，然后恢复他们清醒的理智"（3.5）的具体实践步骤。

塞涅卡把愤怒比作战争中的敌人，我们必须把它阻止在心智的"城门"之外，不能让它征服与掠取理性的统治地位（1.8）。城邦围墙在这里被内化进个人之中：我们最应该负责的城邦是自己的心智（从柏拉图的《理想国》中借来的意象）。难道是持续不断的愤怒激发了雅典人谋求尊重的社会与政治斗争，而现在又轮到了罗马？早先柏拉图对这种论调的合理性提出了质疑。如今按照斯多葛主义的逻辑脉络，塞涅卡不断地宣称愤怒不仅是无用的，而且会产生适得其反的效果。"即使是在战役或战争中，汲汲于置敌人于死地，那时就会疏忽了自己的防御。真正的勇气乃是知己知彼，控制自己，蓄势待发"（1.11）。

---

[1] 我之所以说"在某种程度上"（in part）是为了表明 Brad Inwood 富有洞见的告诫；他说塞涅卡不仅仅是作为治疗专家或"精神与灵魂导师"的身份进行创作的，他还是一位"文人"（man of letters），参见：Inwood 2007, p. xviii。关于斯多葛主义者与希腊化时期其他的各种治疗方法，参见；Nussbaum 1994。在一般意义上，把古典哲学视为某种生活方式的研究，参见：Hadot 1995（重视精神修炼），以及 Cooper 2012（重视哲学的论辩）。

塞涅卡非常清楚地意识到人们会对他的观点立场提出严苛的责难，指责他的观点是天真而不自然的，甚至是没有人性而恶毒的。为了反驳愤怒是自然的、令人起敬的且适合于统治者的观点，塞涅卡讲述了君主的愤怒导致残忍和愚蠢的自我毁灭的故事。他追溯了亚历山大大帝谋杀一位极少谄媚的朋友的故事（De Ira 3.17）。近而言之，他忆起了罗马皇帝盖尤斯（Gaius）——即著名的卡里古拉（Caligula），于公元37—41年曾短暂在位——的所作所为。这位皇帝的母亲曾经被软禁于一处乡间庄园，为此他下令拆毁了这个庄园以示报复。拆毁庄园的愤怒之举无异于作茧自缚。它只会招致人们对拆毁庄园这一行为，以及那里曾经发生的故事的注意，即他的母亲的丑闻（3.22）。与所有被激情而非理性控制的行为一样，从更为基本的意义而言，塞涅卡认为一切愤怒都是作茧自缚之举。一个人如果被激情所掌控，他就无法获得构成德性的理性自治。他使自己成为一个奴隶，而无法达到一个真正自由人的境地。[①]

当一位曾经的奴隶对上述观点发生应和时，塞涅卡的斯多葛主义立场就更加令人难以抗拒了。我们前面曾经提到过斯多葛主义者爱比克泰德（公元55—135年）。在现在的土耳其，他一出生就是一名奴隶，后来被一个自由人——尼禄的一名大

[①] 关于罗马的斯多葛主义者对自治与社会的论述的概述研究，参见：Reydams-Schils 2005。

臣——购得。因此与塞涅卡一样，爱比克泰德身处尼禄的罗马宫廷之中。从自己的主人那里获得自由以后，他最终在希腊城市尼科波利斯（Nicopolis）创建了自己的学园。他的学生阿利安（Arrian）把自己老师的教诲汇编成为一部著作，即《爱比克泰德论说集》（*Dissertationes*），同时还有一份介绍其哲学思想的《手册》（*Enchiridion*）。

爱比克泰德重视实践理论时，这是对早期的斯多葛主义信条——伦理学源于物理学——的背离，甚至可以说是一种反动。他用宁静（*ataraxia*）来解释幸福的目标，并且积极地与伊壁鸠鲁主义与怀疑主义竞争。然而，他仍然借用了斯多葛主义关于宇宙秩序的理解来解释一个人获得宁静的最佳方式，即通过哲学来意识到自由仅仅源于想往宙斯神所想往之物。按照充盈着规范的自然而生活，这将带来德性与自由。

如果说塞涅卡主要是与那些喜欢争吵与野心勃勃的谄媚之人作斗争而专注于愤怒所带来的危险，那么爱比克泰德主要是为了调节——可能是因为他身为奴隶时的遭遇——悲伤所带来的危险。根据《爱比克泰德论说集》记述，爱比克泰德严厉责罚了那些只是为了"习得书生式的品性"而加入学园的学生；值得去学习斯多葛主义的理由应该是"试图从个人的生活中摆脱悲痛（'呜呼哀哉！我真是不幸啊！'），以及不幸与厄运"，因此个人将不再像悲剧中的普里阿摩斯、俄狄浦斯或任何其他国王那样悲怆（"因为悲剧不过是对那些只重外在之物的人的那种悲苦万状、痛苦不堪的情形所作的戏剧化描写")。①他坚持认为根据自己的信仰与渴望，每一个人都有能力作出一定的道德抉择来避免"束缚与限制"。即便一个人受到了死亡的威胁，他也不必对威胁者俯首帖耳，"不是因为你受到了威胁，而是因为你相信做某事比死亡要好"。"你的认识与看法在逼迫你"，正如所有的行动都取决于我们的意愿。这就是感情为什么说到底只是虚假的信念的原因。②

爱比克泰德的读者当中包括了一位罗马皇帝，即马可·奥勒留。尽管不是一位纯正的斯多葛主义信徒，马可·奥勒留的哲学思想还受到了柏拉图主义的强烈影响，但是他同样对自治的实践活动表现出了强烈的兴趣——即便在他成为罗马皇帝的时日内。③马可·奥勒留被视为前面提到的"罗马五贤帝"的最后一位贤帝（先是联合执政，后来在公元161—180年间独掌大权；在位期间他赢得了一系列重要军事战役的胜利，同时他还拥有令人羡慕的家庭生活）。利用战争期间的闲暇，他用希腊文写作了一系列吐露一代帝王忧虑心声的《沉思录》（*Meditations*）。塞涅卡提出要在夜间进行自我反省，马可·奥勒留则在《沉思录》第二卷的开头写下了这样的命令："一日

---

① 引文分别见于 *D* 1.4.23，1.4.26，参见：Inwood & Gerson 2008, Text 139（p. 196）。
② *D* 1.17.23（"束缚……"），1.17.24（"不是因为"与"你的认识与看法"，译文见于 Text 140 [p. 198]），参见 Inwood & Gerson 2008。
③ Gill 2007, p. 175.

之始就对自己说：我将遇见好管闲事的人、忘恩负义的人、暴虐的人、欺诈的人、嫉妒的人和无情的人",然而所有这些人都是出于无知,他们都无法伤害你,你也不应该对他们生气(2.1)。[①](他似乎不是一个自然的早起者。在第五卷中他写道,"大清早当你不情愿起床时……"[5.1][②])。

与爱比克泰德一样,这位皇帝也反对人们只追求学究式的品性。哲学的目的是为了达成真正的宁静:"放弃对书本所抱的渴望吧,以便死时了无遗憾,而能从容不迫从心底里感谢众神"(2.3)。[③]他告诫自己和后来的读者不要害怕死亡,当然他也始终专注于在战斗中如何指挥军队。他坚持认为没有时候不对的死亡,因为当自然打发我们走的时候,我们每一个人都会死。"这正像一个执法官曾雇用一名演员,现在把他辞退让他离开舞台一样"(12.36)。[④]我们不是按照自己的命令而出生,而是根据自然的神圣计划而出生;死亡也是如此,因此我们应该接受它。因此一个人不应该自杀,但也不要抗拒或害怕死亡。这里又一次回荡起了苏格拉底的声音。因为各种各样的理由,柏拉图主义者、斯多葛主义者与伊壁鸠鲁主义者们都坚持

---

① 此处及以下引文出自 A. S. L. Farquharson (*Meditations*), 与 R. B. Rutherford (*Letters*),参见:Marcus Aurelius 1989。此处见于第十页。
② Ibid., p. 34.
③ Ibid., p. 11.
④ Ibid., p. 118.

认为死亡并不可怕。[①]真正的宁静不在政治体制之内，而是在这样的哲学感悟之中。

至此，像爱比克泰德和塞涅卡这样的斯多葛主义者因为各自不同的理由开始向伊壁鸠鲁主义的观点靠拢，即一个人应该主要关注自己的个人生活，必要的时候也为政治统治者服务，但不要期望这种政治服务能够带来宁静，因为只有一个良好构建的心智才能够带来宁静。马可·奥勒留的身份是特殊的，因为他是罗马皇帝，他对自己的人民承担着必须要履行的义务。然而他的《沉思录》告诉人们对他来说成功地实施自治与统治自己的帝国一样重要，甚至更为重要。

自由与习俗

塞涅卡及其斯多葛主义的同伴们都认为一个理性的个人不会害怕死亡，同时人们也不应该被那些容易让人产生奴性的事物，比如金钱、身体与公共职位吸引。这说明他们对自由——个人的一种德性——极为重视。现实世界的法律把奴隶与自由人严格定义在了一定的社会关系之上，罗马的斯多葛主义者重申了该学派的教义，即对人们的社会地位还存在着另外一种更重要的评判标准，它不是社会的或法律的，而是伦理

---

① 西罗马帝国最后的几位执政官之一波爱修斯（Boethius，一位基督教徒，在公元510年成为执政官。他的儿子们在公元522年也成为执政官）受到柏拉图主义的强烈影响，在监禁等待被处死之前，他寻求自己在哲学上的慰藉。

的。法律上的奴隶（比如爱比克泰德自己）可能是伦理上的自由人，换句话说就是，伦理上的自由才是自由一词的真正且唯一的意义。相反地，法律上自己做主的主人与自由人（liber）在伦理上可能是一位不折不扣的奴隶。曾身为奴隶的爱比克泰德（他的希腊文名字是 Epiktetos，意思是"获得"，以此来表明他是被一位主人所购得的）与罗马皇帝马可·奥勒留在谋求伦理自由的过程中是平等的。一个人不会因为社会与法律地位低下就被排除于伦理自由之外，同样也不会因为社会与法律地位优越就肯定能获得伦理自由。

就奴隶制来说，罗马的斯多葛主义者倾向于把上面的逻辑分析以一种清静无为的方式运用到政治之中，这就是说它不会搅乱既成的法律与政治制度安排。比如，他们接受了约定俗成的法律上的奴隶制，尽管他们认为"真正"的奴隶制不受人类约定俗成的社会地位的支配。然而就女性的状况而言，至少有一位罗马的斯多葛主义者利用自由与德性来强烈抗议当时关于性别的一些社会习俗（我们在第六章已经了解到这一事实，即早期的斯多葛主义者受到犬儒主义者的反约定主义［anti-conventionalism］的深刻影响，他们更为普遍地关注女性问题）。他就是穆索尼乌斯·鲁弗斯（Musonius Rufus），与塞涅卡同时代的一位杰出的年轻人，惨遭尼禄驱逐之后幸存了下来，后来成为爱比克泰德的老师，在罗马是一位受人尊敬的名人（公元71年罗马的所有哲学家都被驱逐出城，但他特别得以幸免）。

他是罗马斯多葛主义思想发展中的重要一环,但同时他的斯多葛主义思想也受到了苏格拉底的深刻影响。

穆索尼乌斯·鲁弗斯认为女性应该从事哲学,他的这一观点与柏拉图的《理想国》相类似。然而他把柏拉图《理想国》中只有特殊的女性与男性才有能力从事哲学的观点普遍化了,也就是说他站在斯多葛主义的立场上认为人类的理性能力是自然与普遍的。他在下面的引文中说:

> 女性与男性一样……从众神那里接受了理性的馈赠……女性拥有与男性一样的感官,它们是视觉、听觉、嗅觉及其他感官。女性与男性也拥有一样的身体各部分,谁也不比谁多什么。更有甚者,不仅仅是男性,女性也拥有德性的自然倾向,也拥有获取德性的能力……如果这是事实的话,过去凭什么说男性才是追寻与思考如何过良好生活——确切地说就是学习哲学——的合适对象?凭什么说女性就是不合适的呢?难道说男性适合成为好人,而女性不适合成为好人吗?[1]

穆索尼乌斯·鲁弗斯假定大部分的女性将继续承担她们

---

[1] Musonius Rufus, Fragment [Lecture] 3, 译文参见: Lutz 1947, pp. 38–41。

传统的性别角色，即料理家务（在当时的罗马，这包括以她们自己的名义拥有土地与财产、从事商业活动以及参与各方面的公共生活，尽管大部分的法律事务需要由她们的男性代理人出面）。然而当女性行使她们各自所拥有的神圣的理性能力追求德性时，即"当女性学习哲学"[1]时，她们才能为罗马最好地承担与完成自己的性别角色。鲁弗斯进一步认为婚姻与从事哲学是一致的。伉俪之间的自然亲密关系是人类的社会本性得以发展的基础，同时它也能支持城市的发展，最终将促进种族的繁衍。[2]

现在我们可能把这样的观点称为女权主义的，[3]我们发现一个罗马的斯多葛主义者如何严厉地批评了芝诺与克律西波斯的"理想国"中的社会习俗。然而我们也发现他只关注于某些特殊的强制与非理性的社会习俗，对其他的一些则默然接受。鲁弗斯支持婚姻的一个理由是它不一定成为从事哲学的障碍，因为照料妻子与孩子（此处他仍然把哲学家想象成一般的男性）的大部分工作可以转移给家中的奴隶们。他假定这种方

---

[1] Ibid.
[2] Fragment [Lecture] 14 的标题为"婚姻是否为追求哲学的障碍？"此处所引译文参见：Lutz 1947, pp. 90–97。
[3] 第一种观点在今天看来无疑是女权主义的，但第二种观点则取决于现代女权主义在婚姻问题上的看法，而这又是富有争议的。在古希腊、罗马哲学论辩的背景之下，支持婚后女性成为哲学家的观点有悖于禁欲主义的立场，实际上人们不屑于关心女性（妻子）与孩子。

式将有利于哲学家的哲学活动。[①]自由是一项伦理成就，但并不意味着没有主从与上下的差别。在某些语境下，斯多葛主义的伦理规范可以导致激进的立场，比如穆索尼乌斯·鲁弗斯在性别上的看法，但在另外一些语境下比如奴隶制，斯多葛主义的伦理规范也可以容忍与接受现实中的不平等。

回顾共和国

当最后对众多帝国思想家的复杂政治立场进行评断时，我们可以回到马可·奥勒留之前的那个世纪，回到本章开头所着重讨论的塔西佗的时代。我们发现从公元1世纪晚期到2世纪的时候，一位传记作家与哲学家回顾了希腊与罗马（元首政治之前）古典时期的政治家的生活故事，尽管他当时也承认君主政治是一种哲学理想。[②]他就是普鲁塔克，一位来自帝国边陲小城（波奥提亚地区［Boeotia］的喀罗尼亚［Chaeronea］）的希腊人。

普鲁塔克的个人经历融合了我们已经讨论的众多哲学与政治主题。求学于柏拉图在雅典所创办的学园，他在哲学上是一位柏拉图主义者。他被授予罗马的公民身份，同时还是一

---

① Fragment ［Lecture］14，引文来源同上。
② 这源于一篇希腊文标题的文章残篇，即《论君主制、民主制与寡头制》（*Peri Monarchias kai Demokratias kai Oligarchias*）的第 827BC 部分。传统上它在普鲁塔克著作全集中被冠以"单一"（*De Unius*）字样开头的一个更长的拉丁文标题，因此残篇得以确认。它的真实性存在争论，但可以见于：Plutarch 1949。

位地方的执政官以及德尔斐（靠近他的家乡）的阿波罗神庙的祭司。另外，与一切有教养与活跃于公共生活舞台的希腊人一样，普鲁塔克的生活也经历着罗马霸权下的紧张气氛。在公元100年前后写成的一篇论文中，他建议一位谋求地方公职的朋友说："你既是臣民也是统治者……你必须让自己身上的斗篷看上去更加谦逊，目光要从你自己的位置望向总督的高台，不要妄自尊大或者太信任你的权力（你要看到罗马士兵的靴子就在你的头顶之上）。"①

后代人热切地想了解古希腊和罗马的那些立法者与政治家。幸亏有普鲁塔克，是他把他们的形象与信息传递给了我们，比如他笔下的斯巴达与莱库古。他独一无二地描绘了这位斯巴达的立法者的故事：莱库古禁止斯巴达人用文字记录下他的法律，目的是为了更好地通过社会实践与记忆来把各种价值慢慢灌输给人民。②他还特别记述了雅典与罗马共和国的政治领袖们，并且创造了一组典型的对比关系：令人羡慕的政治家与蛊惑人心的危险政客（他记述了这两类人的生活故事）。他认为政客只会谄媚与煽动人民，而政治家会告诉人民需要了解的事物，即便人民自己不想知道。按照这个逻辑，普鲁塔克同意修昔底德对伯里克利的看法，即修昔底德认为伯里克利依靠

---

① *Praecepta Gerenda Reipublicae*（《政治建议》），813E，Plutarch 1949；此处所引译文见于：Whitmarsh 2005, p. 12。
② 关于普鲁塔克的《莱库古传》的研究，参见：Lane 2013c；关于他和犹太柏拉图主义者的对比的研究，参见：Lane 2013b。

第一公民的身份进行统治，一旦他放弃起初的各种政客的手段之后，修昔底德称其为"贵族与国王似的"（Per.14.2）。

与伯里克利一样，很多政治家通过接触哲学而培养起了各自的德性，但是问题的关键不在于他们是否获得了实在的知识（此处普鲁塔克与他的老师柏拉图不同），而只在于哲学训练是否使他们变得足够节制与自律。普鲁塔克认为哲学主要为民主政治尤其是共和国政治的德性提供支持，因此是政治自由的支柱。[①] 如果说希腊化时期的各学派最终把哲学从政治学中解放了出来——至少在某些方面如此（比如他们关于死亡的看法），那么普鲁塔克把则哲学改造成了政治学的婢女，因此他调和了贯穿于本书的两条经典脉络。

与他今天的很多读者一样，普鲁塔克的生活被政治自由的各种理想所环绕，他在自己的希腊城市中担任公职，还享有罗马公民的各种特权，但是他也知道自己在很多关键的方面都受制于其他统治者，他们的行为不受普通公民的控制，同时普鲁塔克也对希腊和罗马过去的政体——包含了更为完整的政治自由与政治参与的经验与实践——了如指掌。罗马帝国的政治状况与被理想化了的希腊和罗马过往的政治状况之间既有延续也有断裂，这其中既包括了过度粉饰的吹捧，也包括了真正的相似性与前后的相互影响。普鲁塔克努力审视着过去的政治

[①] 关于普鲁塔克对政治家与政客的论述的讨论借鉴并总结了 Lane（2012）的研究内容。

理想，并在当时不断变化的政治环境中揣摩着它们的意义。这是他的读者与本书的读者面对的相同的情况。罗马后期的主权政治观念具有相当激进的特性，而对当今社会来说，它让我们追问当大众的控制越来越不具备真实可能的时候，自治的各种观念与理想可能意味着什么。

结论
CONCLUSION

古代希腊与罗马的未来

从希腊与罗马人创造的众多政治观念中，我们选取了八个观念作了深入的研究，为此我们全面探寻了律师的演说，哲学家、曾经的奴隶与热诚的科学家的沉思成果，以及那些伟大的悲喜剧作品。古典时代的一个惊人特点是它给后人留下了极其丰富的著述与形象。与其他古代社会留存下来的资料相比，希腊（特别是雅典）与罗马为后人留下了有关他们观念的丰富而详尽的资料证明，同时他们通过实践与思考向后人透露了他们构筑并表达那些观念的方法。

他们的观念是如此鲜活多姿，这是让人倍感兴奋的部分原因。尽管那时他们刚刚学会文字书写，在各自相对不那么专业化的社会中，他们还充当着一系列的社会角色，尤其是希腊人开创或发展出了一大堆的智识学科，同时还急切而热诚地感悟着它们之间的相互关联。在发展专门学科领域与维持知识和价值的总体理解上，他们恰好处于两者的最佳结合点，这可谓是十足的幸事。阿里斯托芬对哲学做了喜剧化的描绘，柏拉图从数学的角度展现了政治和谐，亚里士多德把人类这种动物置于其他物种的宽广生物机能之中，马可·奥勒留在军事活动之余还有能力进行哲学思考，所有这些都证明政治观念与其他观念、实践活动之间不存在任何割裂，这对现代的读者来说是一个相当大的触动。

希腊与罗马人拥有探索世界的雄心，这说明政治只不过是他们试图要解决的众多问题之一。从悲剧创作与秘密投票机制的发明，到人们在希腊安提凯希拉（Antikythera）发现的观察天文现象的那令人惊叹的机械计算装置（研究者发现该装置与伟大数学家阿基米德存在相关的迹象），古典时代先人们的发明创造只把政治视为众多相互关联的领域中的一部分。政治学与数学、科学、诗学、工程学之间存在着十分紧密的联系，对现代的那些好奇者来说，它富有训诫与启发的双重意义。盲目地把政治视为研究或实践的专门的、孤立的领域，这从来就不是一项明智之举：政治属于更大的社会生活，只有在更广泛的背景之中，它才能够被彻底理解。

本书已经说明了希腊人的政治生活尤其充斥着大量的内部多样性。古希腊各城邦为支配权与生存权进行了持续不断的斗争——从寡头与僭主之间的缠斗，到寡头反抗民主派的政变与反政变，所有斗争都处于波斯、后来是马其顿王权、最终则是罗马霸权的背景之下，它们使希腊的政治思考毫无沾沾自喜之处。正如古希腊科学与逻辑学的发展可能受到了这种政治

（最有可能是民主政治）竞争压力的激励，希腊政治思想的深度与严肃性也可能部分地源于他们所感知到的来自于竞争对手的压力与自己的高风险意识。疆域广袤的罗马也体验着地方人口的多样性，每个地方都有各自关于宗教崇拜的实践形式与语言。尽管帝国边疆的人们接受了一系列法律来规范他们与罗马人，以及他们内部的各种关系，但随之而来的多样性同样也是政治与知识创新的强大力量。

在希腊与罗马，多样性创造出了一系列自然的实验田地，以供详细阐发与检验他们的那些政治观念。这些当时的与留存至今的观念足以证明产生它的土壤的肥沃。这并不是说希腊与罗马人在开始的时候拥有什么秘密的政治资源。而是他们严肃地把政治视为生死攸关的大事，及理解与改变世界的伟大雄心的一部分，因而在我们考察的政治实践与观念上也就惊人的高产。成果中尤为突出的是特定的二元对立关系，它们在古希腊男性公民与非自由人、未成年人、女性、非希腊人以及众神之间构筑起了一种对照。[①]在正义之类的价值与多种政制形态的关照下，尽管本书主要关注的是与正义等价值多种政制形态相联的公民身份的建构，但是我们必须要谨记政治与所谓非政治之间的各种界限本身对政治探求与政治论争也是极为重要的。一名奴隶、女性、"梅迪克"或被帝国征服的臣民，这些身份

---

① Cartledge 2002, p. 4.

所蕴含的意义既是希腊与罗马政治思想的组成部分，同时也对一位典型的男性公民具有重要的影响。

在展示这项研究的时候，我的最终目标是要读者得出自己的结论。为此我给出两方面的提示。第一方面的提示源于希腊（尤其是雅典）民主政治与罗马共和国的历史，即古人的各种实践活动与制度机制；第二方面的提示则源于他们的众多哲学家的批评与挑战。

就第一组结论而言，本书试图说明希腊与罗马人是值得我们关注的，即便——或者甚至——我们抛弃一些已经被接受、夸大和过分简化，同时也表现他们的政治特殊性的观念。不是所有的雅典公民都有资格担当一切公职或自由地去决定一切问题；不是所有或说只有罗马公民在军队服役。强调古今之间被忽略的相似性是一项有意义的纠错工作。古典时期的各个社会至少拥有官僚制、代理制（delegation），甚至代议制（尽管不是在民选立法者的现代意义上）的基本形式。因此与我们一样，他们也十分关注那些使民选（以及抽签）官员担负责任的各种伦理与制度机制。

然而，上述认知只是凸显了一种更为深刻，同时也可能更为重要的古今差异。希腊人——从某些方面来说也包括罗马人——极为关注如何使人民掌握切实的权力。他们不是仅仅严格按照我们通常的想象来行事。他们甚至引入了一些更加引人注目与有趣的机制以实施各式各样的实验，比如创立不受法官约束的人民陪审团与非专业的起诉人制度，运用抽签的方式来决定一些公职，以及专门创立保民官制。他们认识到了人民权力的社会、经济与军事维度上的基本问题，同时也与之作斗争。

然而，围绕着界限划定的问题，他们还面临着一个悬而未决的冲突，这在罗马体现得特别明显。对穷人来说，政治自由意味着必须要为他们提供一定的社会与经济的保护与供给。古典时代的各政治体一次次地在实践活动中被迫认识到穷人的这种政治自由观念。比如雅典的民主派彻底改造了这种观念，他们认为一个自由的社会必须要允许富人拥有切实而不受约束的政治影响力。他们使富人承担了大量特殊的义务，允许他们享受服务公众所带来的荣耀，但也十分小心而又准确无疑地把他们引导到公共利益的需要上去。

与此同时，雅典人还为穷人的公共服务提供报酬，把这视为集体公民身份与自由权的条件，以此来切实保障他们的权力。他们还调整了移民而来的外邦人的地位，给予他们一定的法律保护，但同时要求他们纳税并服兵役。对罗马人来说，公民身份的重要性则更进一步。一个奴隶通过一定的程序获得自由之后，他即被赋予公民身份，最终公民身份被扩展到了帝国的一切自由男性。但在这方面罗马仍然不及雅典。罗马的精英们政治影响力根深蒂固，普通人民所拥有的担当公职、创制，甚至问责与控制政治精英的权力都受到严重的限制。

尽管雅典与罗马有着显著的差异，但是两个政治体的各政治阶层——按土地财富的多寡而定，但土地并非唯一标准——都不约而同地被迫认识到他们在一定程度上依赖于人民的看法与宽容的程度。在雅典，一位将军的任期从他当权之日即已开始，但他必须小心提防缺乏耐心或多疑的公众，不至因为自己的不法行为而遭到控告或罢免；一位演说家当红的期限也取决于人民是否还愿意忍受他的演说与支持他的政策建议。在罗马，不管一个人的出身多么优越，在赢得一系列的选举之前（尽管集体投票、计算选票的方式削弱了人民支持的效力），他都不能跨越仕途的晋级阶梯一跃成为元老院的元老。这意味着政治家必须要时刻关注自己的公众支持率，不能太脱离于人民或妄自尊大。事实上，晚期罗马共和国的一大失误就是把全体选民排除于政治以外，致使共和国的政治支持来源转向了军队控制权与各种暗箱交易。他们地理上的后人们，也就是当今21世纪的希腊与意大利的政治家们，他们与很多其他国家的政治家一样，历经艰苦终于认识到了不自量力地脱离人民所带来的危险。如果让某一政治阶层或集团自己指定自己来掌握权力——它们可以被视为古典寡头的现代近义词，同时又没有恰当的监督或问责机制，那么这将是极其危险的。古希腊与罗马人比很多现代政治体都更为敏锐地意识到了这种危险。

我的第二组结论来源于那些哲学家，他们对各自政治体的实践内容都提出了不同程度的批评。雅典与罗马是展现民主与共和国政治体的优势与缺陷的生动模型。观察者们轻易就能发现它们在各自鼎盛时期所积累起的财富与权力。作为强盛的政治体，雅典的强权持续了大约两百年，而罗马则差不多有半个世纪之久。除此以外，观察者们轻易就能发现它们吸引与创造出的灿烂艺术、建筑、文学与科学上的创新成就。然而尤其对柏拉图与亚里士多德来说，他们都批评认为一切权力都被深深地引向了错误的目标。权力被用来满足个人的野心，服务于国家的扩张，而不是去培养伦理上的自我控制与正义，或去追求如何生活的知识。这些哲学家向人们传递了权力之下还有责任的信息。追求权力而又无法明确地认识到权力所带来的好处，这是毫无益处，并且经常是适得其反的，然而搞清楚这一点需要个人把追求善的知识作为一切事物之中最重要的目标。

这也就是为什么本书中德性的观念与民主、共和国或任何其他纯粹的政制观念一样重要的原因。实际上，对于那些受上起苏格拉底下讫斯多葛主义者这样一条哲学观念的主脉络深深影响的古典时期的思想家们来说，所有观念都是紧密地联系在一起而不可分割的。自由意味着自我控制，它不仅仅意味着免遭他人的蛮横控制，还意味着个人在追求最重要事物的过程中免遭困扰心智的各种冲动的干扰。人们不仅对这些哲学家提出的教诲与建议缺乏足够的耐心（从某种程度来说，罗马元老院自身即如此），而且后来随着天主教会在欧洲各政治体中确立起自己的统治地位，人们又长期被要求遵从天主教会的教导，在这种境况下，现代的政治思想家把德性抛弃到了主流的政治观念之外。然而如果说本书所传递的第一个信息是民主与共和国的政治统治是一项事关如何控制统治者的事宜，那么它的第二个信息就是这种对他人的控制最终将是不可能或不可始终的，除非它还包括个人的自我控制。自我控制是任何成功的政治体系的前提条件。对当今社会来说，它同样也是可持续的政治体系的前提条件。定义政治的权力与可能性的光谱始于个人自身。

致　谢

如果没有普林斯顿大学慷慨提供的学术休假与额外休假的机会，我就无法完成此书；感谢萨拉·科特里尔（Sarah Cotterill）、尼尔·汉南（Neil Hannan）为我的研究提供基金上的支持；感谢"约翰·西蒙·古根海姆基金会"（John Simon Guggenheim Foundation）在 2012 年度授予我该奖项；感谢斯坦福大学"行为科学高级研究中心"（CASBS，Center for Advanced Study in the Behavioral Sciences）在 2012/3 年度授予我该奖项。CASBS 为我提供了极为出色的写作空间以及物质上的全面支持，比如特里西娅·索托（Tricia Soto）、阿曼达·托马斯（Amanda Thomas）为我提供了卓越的图书馆服务。在 CASBS 的帮助下，我有幸就书中的各观点与众多学者进行交流与讨论，比如德博拉·坦嫩（Deborah Tannen），她促使我做出了本书导言中政治的定义；还有马克·韦尔（Mark Vail），他审阅了我为此所完成的初稿。在审阅与评论我的几份早期书稿的过程中，很多学者慷慨地贡献出了自己的智识。

在此我对保罗·卡特利奇（Paul Cartledge）、马尔科姆·斯科菲尔德（Malcolm Schofield）表示深深的敬意，他们每人都审阅了整部著作（马尔科姆还另外审阅了三章的修改稿）；同时我也对瓦伦丁娜·阿雷纳（Valentina Arena）、欣克·胡克斯特拉（Kinch Hoekstra）、雅各布·利普顿（Jacob Lipton）、哈伊姆·朱利科沃斯基（Chaim Milikowsky）、维多利亚·帕甘（Victoria Pagán）表示深深的敬意，他们各自都审阅了相当重要的部分章节。尽管他们的审阅意见对本书的修改具有重要的价值，并且尼尔·汉南还读了本书的校样，但是我本人对书中的错误承担一切责任。数年来我与众多朋友、同事及学生就古代希腊与罗马的政治观念展开了广泛的讨论。他们人数众多，无法一一列举，在此我一并表示感谢。与我的代理人乔纳森·康韦（Jonathan Conway）的合作是相当愉快的。企鹅出版社鹈鹕丛书的编辑劳拉·斯蒂科尼（Laura Stickney），她以自己的想象力与热情帮助并激励我完成此书。此外还有唐娜·波比（Donna Poppy），她是一位工作熟练、知识渊博的文稿编辑。我与以上两位的合作同样相当愉快。最后我要感谢我大家庭中的所有成员，以及那些家人似的朋友；尤其是安德鲁·洛维特（Andrew Lovett），感谢他与他给我的一切。

术语表

关于古希腊文、拉丁文的注释

本书行文中的注释，希腊与拉丁单词的每一个音节都要发音（因此"公民"的希腊文 *ho po-li-tēs* 的发音与英文单词"polite"复数形式的发音并不相同）。

本书正文对希腊文的音译不区分两组希腊文元音，它们有时通过长音节符的有无来表示：

——短音节 ε，独自发音类似于 *eh*，比如英文单词中的"evident"，但是

——长音节 η，独自发音类似于 *ey*，比如英文单词中的"hey"

——短音节 o，独自发音类似于在英文单词"obvious"中的发音，但是

——长音节 ω，独自发音类似于在英文单词"oh"中的发音

这是因为对那些不懂希腊文的读者来说，他们发现这些长音节符不会对自己有什么启发意义，反而会分散自己的注意力。然而对那些懂希腊文的读者来说，他们可能已经知道元音分别的对应，因此也就不需要它们了。尽管如此，本词汇表中的长元音依旧照此标出。

希腊文的名词及其他特定的语法构造的前面会有简短的定冠词。定冠词根据性别、数字与单词的格而递减。本词汇表下面所列的单词省略了定冠词，除非离开定冠词就无法理解该单词所表达的意义。在后一种情况下，它们被置于主词之后（因此 *ta politika* 在下文中被表示为 *politika, ta*）。

人名的表示则按照通用的英语习惯，它们通常源于拉丁文，前面的冠词被省略掉了（因此直接表示为 Epicurus［伊壁鸠鲁］而非 *ho Epikouros*）。

下面的词语定义与人物传记来源于《在线版的 Liddell-Scott-Jones 英希词典》(*The Online Liddell-Scott-Jones Greek-English Lexicon*)，以及查尔顿·刘易斯（Charlton Lewis）和查尔斯·肖特（Charles Short）的《拉丁语词典》(*A Latin Dictionary*)、《牛津古典辞典》(*The Oxford Classical Dictionary*)，此外还有《布里尔新保利古典学百科全书》(*Brill's New Pauly*)。如果想进一步深入地了解任一术语或人物，读者可参考这些著述。因为我们下面所列内容有意作了删减，因此可能是有失公允或断章取义的。

主要希腊文［G.］、拉丁文［L.］术语的简短定义

archē，复数形式：***archas***［G.］：官职（政治语境下）；也有"起源"（origin）的意思

archein［G.］：治理或统治

aretē［G.］：卓越或德性

boulē［G.］：意志、深思熟虑或委员会（在雅典它指500人议事会，即克里斯提尼［见下］所创立的元老院或设置议事日程的机构［见下 *ekklēsia* 条］）

civitas［L.］：政治单元，大致可译为"国家"（state）（在古罗马的政治语境下，它是最重要的政治活动单位）

Constitution Antoniniana［L.］：罗马皇帝卡拉卡拉所颁布的法令；公元212年，该法令授予罗马帝国的绝大部分自由民以公民身份

dēmokratia［G.］：字面的意思为"人民的权力"；英文词"democracy"的起源（在政治语境下，它指由"人民"［*dēmos*］掌握主要权力的政治体系。古希腊的雅典是该政治体系的最重要代表）

dēmos［G.］：人民（在政治语境下，它通常指"人民"或平民而与贵族相对；它也可以指全体公民）

dikastēria［G. 复数形式］：法庭

dikē, dikaiosunē［G.］：正义；*dikē* 也可专指审判、裁决

或判决

ekklēsia [G.]：集会或会议（在雅典，它指一般性的政治团体而与500人议事会相对，见上 *boulē* 条；在后来的思想中，它既可以指政治团体，也可指宗教团体。因此我们可以把教会成员组成的共同体或所有的基督徒称为 *ekklēsia*）

ergon [G.]：行动或行为；在古希腊的思想与修辞学中，它通常与演讲者的言语（单数形式，*logos*）相对

gerousia [G.]：元老们组成的委员会（在斯巴达，它指元老院或元老委员会）

honestas [L.]：荣誉、荣耀或名誉，通常与权宜或利益（expediency）相对，见下 utilitas 条

hubris [G.]：傲慢无礼或肆无忌惮的暴行

imperium [L.]：命令（在后来的政治语境下，它指罗马皇帝至高无上的权力）

isos [G.]：平等的，有时也译为公正的；与 *isotēs*（平等）相关

Kallipolis [G.]：字面意思为"美仑美奂或美丽的城市"（在柏拉图的《理想国》中，它指哲学王的理想城邦）

koinōnia [G.]：宗教社团、协会或合伙

kosmopolitēs [G.]：世界公民（在斯多葛主义的思想中，它的意思是说一个人应该正确地把其他一切理性个人视为自己的公民同胞，进而有了这样的观点，即真正有意义的政治共

同体是世界共同体）

kosmos [G.]：字面意思即"秩序"；通常被用来指世界秩序或宇宙

kurios [G.]：强大或富有权威的，有时译为"主权者"

lex de imperio Vespasiani [L.]：字面意思为"关于维斯帕西安之命令的法律"，它的部分内容被刻于石碑之上而被保存下来。它描述了罗马皇帝的权威如何源于人民的法律授权

libertas [L.]：自由

monarchia [G.]：一人之统治；英文词"monarchy"（君主制）的来源（在政治语境下，它指一王统治的政治体系）

nomos [G.]：法律或习俗（在政治语境下，它通常与自然相对，见下 *phusis*）

officium [L.]：道德义务

oligarchia [G.]：少数人的统治；英文词"oligarchy"（寡头制）的起源（在政治语境下，它指由少数富裕公民统治的政治体系）

optimates [L.复数形式]：字面意思为"最优秀的人"（指晚期罗马共和国中拥戴精英权力[贵族们，尤其表现为元老院的权威]以对抗平民的政治派系，与 *populares* 相对，见下）

phusis [G.]：自然（在政治语境下，它通常与法律与习俗相对，见上 *nomos* 条）

polis; 复数形式 ***poleis*** [G.]：城邦或城市国家（在古希腊政治语境下，它是最重要的政治活动单位）

politeia; 复数形式 ***politeiai*** [G.]：公民身份、政制或共和国（在一般的政治语境下，它既可以指一个政治共同体，也可以指它的政府形式；在亚里士多德的思想中，它也可指代被多数人良好治理的统治形式）

politēs; 复数形式 ***politai*** [G.]：公民

politika, ta [G.]：政治事务或有关公民的事务

politikos [G. 形容词]：有关于公民的

populares [G.]：字面意思为"人民的代言人"（它指罗马共和国晚期支持平民诉求而反对 *optimates*[见上]的政治派系）

princeps, princeps senatus, princeps civitatis [L.]：第一人，元老院的第一人，国家的第一人（打赢罗马共和国晚期的国内战争后，第一任罗马皇帝屋大维[见下]的头衔）

psychē [G.y 指代字普西隆，否则音译为 u，将在英语中产生另外一个更容易辨认并且表示该意义的词根]：精神或灵魂

res publica 或 ***re publica*** [L.]：公共事务或公共关切；用以表示共和国（commonwealth）

rhētor [G.]：政治体制内的公共发言人

senatus [L.]：英文词"senate"（元老院）的来源；罗马共和国内提出建议并进行审议的组织机构，在帝国时期日趋变为象征性意义的角色

senats consultum ultimum [L.]：字面意思为"元老院的终极法令"；元老院宣布国家进入紧急状态的声明，它赋予行

政官们超常规的权力来抗击国家的敌人,包括动用武力

stratēgos**;* 复数形式 ***stratēgoi [G.]:指挥官、总督或将军

suffragio [L.]:投票或公民普遍的参政权

telos [G.]:目的(在亚里士多德的思想中,它可以指行为、事物或人的目的;"teleogical"[目的论的]一词的来源,该词在古希腊伦理学与政治学的诸观念中占据着重要的地位)

turannos [G.]:暴君或僭主(在政治语境下,一位僭主的统治不仅是绝对专制的,他还无视法律或公共的善)

utilitas [L.]:权宜或利益(expediency),通常与荣誉相对,见上 honestas 条

Zeus [G.]:众神之神,在罗马通常被等同于朱庇特神

主要人物、事件与地点简介

Aeschylus（埃斯库罗斯，公元前525年？—公元前456年）：雅典的悲剧作家，他的著作包括《俄瑞斯忒亚》(*Oresteia*)、《七将攻忒拜》(*Seven Against Thebes*)与《乞援人》(*Suppliants*)

Alexander the Great（亚历山大大帝，公元前356年—公元前323年）：马其顿国王，他征服古波斯帝国后进一步控制了中亚的大部分地区与印度北部，因为热病死于古巴比伦；亚历山大大帝死后，他的将领们瓜分了他的帝国；亚历山大大帝的死亡标志着希腊化时代的开始

Antigone（安提戈涅）：索福克勒斯（见下）的同名悲剧作品《安提戈涅》的人物角色；她把自己的义务置于首位，不顾自己叔父克瑞翁——忒拜之王——的命令而埋葬了自己的兄长波吕涅克斯；为此她被判以活埋的极刑，在克瑞翁的减刑通知到来之前，她自杀而亡

Aristophanes（阿里斯托芬，卒于公元前386年）：雅典喜剧作家，他的作品包括《云》(*Clouds*)、《骑士》(*Knights*)

与《吕西斯特拉特》(*Lysistrata*);他考察了雅典民主实践与社会中的紧张关系

Aristotle(亚里士多德,公元前384年—公元前322年):一位来自马其顿的哲学家、柏拉图(见下)的学生。他在雅典创立了自己的吕克昂学园,著述颇丰,其中《政治学》(*Politics*)与《尼各马可伦理学》(*Nicomachean Ethics*)在政治思想中占据着尤其重要的地位

Athens(雅典):阿提卡半岛上的古希腊城邦,因自己的民主政治体制、财富以及众多的哲学流派而闻名遐迩;古波斯战争与伯罗奔尼撒战争(均见下)的主要参与者

Augustus Caesar:见下屋大维(Octavian)条

Brutus, Marcus Junius(马库斯·朱尼厄斯·布鲁图斯,公元前85年?—公元前42年):罗马贵族与政治领袖,与卡西乌斯(Cassius,见下)一同密谋反抗朱利乌斯·恺撒(见下);恺撒被刺杀后,他与其他密谋者一同在希腊纠集起了一支军队,但在腓利比(Philippi)一役中战败,之后他自杀而亡;与他同名的一位先祖把罗马的最后一位王赶下了王位,因此开启了罗马政治的共和国时代

Caesar, Julius(朱利乌斯·恺撒,公元前100年—公元前44年):罗马将军,他征服了高卢(今天的法国),后来与"贵族派"(the optimates),以及以庞贝(Pompey)为首的元老院显赫贵族们打了一场国内战争;他赢得了战争,但他的野心使

他疏远了那些元老们,最终在公元前 44 年"三月十五日"(Ides of March)被暗杀

Cassius(卡西乌斯,公元前 80 年?—公元前 42 年):罗马贵族与政治领袖,与马库斯·朱尼厄斯·布鲁图斯(见上)一同密谋反抗朱利乌斯·恺撒;恺撒被刺杀后,他与其他密谋者一同在希腊纠集起了一支军队,但在腓利比(Philippi)一役中战败,之后他自杀而亡

Chrysippus(克律西波斯,公元前 280 年—公元前 207 年):斯多葛主义哲学家,公元前 232 年成为斯多亚(Stoa)或斯多葛学派的教主;深受基提翁的芝诺(见下)的影响;他著述颇丰,并且发展了斯多葛主义思想

Cicero, Marcus Tullius(马库斯·图利乌斯·西塞罗,公元前 106 年—公元前 43 年):罗马修辞学家、政治家,他既是罗马共和国晚期的主要政治人物,也是众多哲学著作的作者;他的作品包括《论演说家》(*De Oratore*)、《国家篇》(*De Re Publica*)与《论义务》(*De Officiis*);作为元老院的重要支持者,西塞罗在朱利乌斯·恺撒(见上)被暗杀后的动荡政局下遭到了放逐,并最终被杀害

Cleisthenes(克里斯提尼,公元前 6 世纪晚期):雅典政治家,他推行了民主化的改革措施,包括重新把雅典人民编入名为"村社"(demes)的政治组织单位、推行"陶片放逐",这些措施帮助雅典建立了民主的政治体制

Cleon（克里昂，死于公元前422年）：雅典政治家，来自于一个富裕的家庭，但并非贵族；他强烈支持与拥戴雅典普通群众的政治权力与诉求；在伯罗奔尼撒战争（见下）期间，他以政治家和将军的双重身份参与了雅典的重要决策；他的方式方法与世界观受到了修昔底德与阿里斯托芬的批评

Diogenes the Cynic（Diogenes of Sinope）（犬儒主义者第欧根尼、锡诺普的第欧根尼，公元前412年？—公元前324年）：犬儒主义哲学家，生命的大部分时间都在雅典度过，他致力于追求自然的生活方式；因此他几乎一文不名，大庭广众之下做任何行为都不感到羞耻，包括那些一般属于个人隐私的活动

Diogenes of Oenoanda（奥诺安达的第欧根尼，公元2世纪）：他把一段伊壁鸠鲁主义的文字雕刻在了吕西亚地区的某门廊之上；该段刻文的内容出自伊壁鸠鲁（见下）的著作，同时还包括其他的伊壁鸠鲁主义箴言，当然还有作者自己的话

Ephialtes（厄菲阿尔特，公元前5世纪）：雅典政治家与改革家，他推行改革以加强人民的权力；他得到了伯里克利（见下）及其他民主派领袖的支持，但是极富争议的政策最终使他惨遭谋杀

Epictetus（爱比克泰德，公元1世纪中期—公元2世纪）：斯多葛主义哲学家，曾经是一名奴隶；师从穆索尼乌斯·鲁弗斯（见下），受到了克律西波斯（见上）思想的深刻影响；他

的著作包括《爱比克泰德论说集》(*Dissertationes*)与《手册》(*Manual*)。这些著作反过来又影响了罗马皇帝马可·奥勒留（见下）

Epicurus（伊壁鸠鲁，公元前341年—公元前270年）：伊壁鸠鲁主义的创始人；该学说包括很多信条，但它一般认为灵魂是不朽的、一切物质都由无限原子排列构造而成、快乐尤其是与朋友在一起享受宁静生活的快乐是生命的适宜目标

Euripides（欧里庇得斯，公元前484年？——公元前406年）：雅典悲剧作家，他的作品包括《阿尔克斯提斯》(*Alcestis*)、《美狄亚》(*Medea*)与《特洛伊妇女》(*Trojan Women*)；尽管他一生大部分时间都在雅典度过，但他最终离开雅典，在马其顿国王阿克劳斯（Archelaus）的王宫中度过了自己晚年的创作时光

Herodotus（希罗多德，约公元前484年—公元前430年）：古希腊历史学家，来自哈利卡纳苏斯（Halicarnassus）；他的著作《历史》完整地记载了古希腊各城邦与波斯帝国之间的战争。在该著作中，他考察了古希腊人与波斯人之间的政制差异，还经常把古希腊的自由与波斯的专制主义进行对比

Hesiod（赫西俄德，公元前8世纪—公元前7世纪）：希腊早期诗人，他流传下来的著作——包括《神谱》(*Theogony*)和《工作与时日》(*Works and Days*)——为人们观察希腊早期的神话、文化与价值提供了珍贵的视角

Lycurgus（莱库古，公元前 11 世纪？—公元前 7 世纪）：传说中他是斯巴达的创建者与立法者；据说他既创立了斯巴达的生活方式，又创立了斯巴达的混合政制，包括两个国王、一个元老委员会（gerousia，见上）以及一个政治会议机构

Marcus Aurelius（马可·奥勒留，公元 121 年—公元 180 年）：罗马皇帝，安托尼乌斯·披乌斯的继任者，"罗马五贤帝"的最后一位贤帝；在自己的各位老师，以及爱比克泰德（见上）著作的影响下，他同时按照斯多葛主义与柏拉图式的准则规范而生活，并且创作了自己的哲学著作《沉思录》（*Meditations*）

Musonius Rufus（穆索尼乌斯·鲁弗斯，公元 30 年？—公元 101 年）：斯多葛主义哲学家、罗马骑士、爱比克泰德（见上）的老师；他流传下来的著作大多是简短的语录与对话

Nero（尼禄，公元 37 年—公元 68 年）：罗马皇帝以及重要的艺术赞助人；他起初的统治还算良好，但是后来坠入罪恶与无序的深渊之中；他臭名昭著的行径包括谋杀自己母亲，以及下令让自己的政治顾问塞涅卡（见下）自尽。终于他遭到了元老院的反抗，自己最后也自尽而亡

Octavian（屋大维，公元前 63 年—公元 14 年）：朱利乌斯·恺撒（见上）的继承人、罗马的第一任皇帝；在赢得了一系列的国内战争——先是对抗谋杀朱利乌斯·恺撒的势力，然后对抗马克·安东尼——以后，元老院授予他"第一人"（princeps）的称号，以及"奥古斯都"的头衔

Peloponnesian War（伯罗奔尼撒战争，公元前431年—公元前404年）：主要在雅典（见上）联盟与斯巴达（见下）联盟之间爆发的战争；雅典拥有海上的军事优势而斯巴达在陆上拥有优势，这使战争曾长时期陷入僵局之中，但战争最终以雅典的战败而结束

Pericles（伯里克利，公元前495年—公元前429年）：雅典政治家，在伯罗奔尼撒战争（见上）爆发之前，以及战争的早期阶段，他都是雅典的政治领袖；他对民主政治的支持几乎使他在雅典享有政治支配者的地位——尽管如此，他还是因为贪污公款而曾经受到过审判；一直到公元前420年代早期的雅典大瘟疫使他染病而死，他都具有重要的影响力

Persian War（波斯战争，公元前490年、前480—前479年）：波斯帝国在两位皇帝大流士和薛西斯的带领下两次试图征服希腊大陆，但均遭失败；很多古希腊城邦——最著名的是斯巴达（见下）与雅典（见上）——相互联合起来，最终成功地阻止了波斯的入侵

Plato（柏拉图，公元前424年—公元前348年）：雅典哲学家、苏格拉底（见下）的学生，曾经创建自己的学园；他以对话录的形式进行创作，其中很多都以苏格拉底为主要人物角色；其中最重要的政治著作包括《苏格拉底的申辩》《克力同》、《理想国》、《政治家篇》与《法律篇》

Plutarch（普鲁塔克，公元50年？—公元120年）：希腊

哲学家与传记作家，他的著作包括了道德论文与修辞学作品，其中最重要的是《希腊罗马名人传》（*Parallel Lives*）——罗马与希腊历史人物组成的系列传记作品

Polybius（波里比阿，公元前 200 年？—公元前 118 年）：希腊政治家与历史学家，作为人质从阿哈伊亚同盟被送至罗马；后来与西庇阿·埃米利安努斯（见下）成为亲密的朋友；为了解释罗马迅速崛起的原因，他写出了《历史》

Rome（罗马）：罗马共和国与后来的罗马帝国的首都，位于意大利的中部，以其尚武与尽忠的文化而闻名；通过自己的军事权力与公民身份的包容体制，罗马控制了地中海周边的广袤土地长达数世纪之久

Scipio Aemilianus（西庇阿·埃米利安努斯，公元前 185 年？—公元前 129 年）：罗马政治家与将军；公元前 146 年征服迦太基，在当时的罗马政治之下，他是一位拥有支配影响力的保守派人士；他还是波里比阿（见上）的学生与密友；他死后在西塞罗（见上）的著作中被刻画成理想的罗马政治家的形象

Seneca, Lucius Annaeus（吕齐乌斯·安涅·塞涅卡，公元元年？—公元 65 年）：斯多葛主义哲学家，起初是一名教师，后来成为罗马皇帝尼禄的政治顾问，一直到被这位皇帝下令自尽；他的著作既包括了戏剧作品，也包括了体现其斯多葛主义思想的各种伦理学论文

Socrates（苏格拉底，公元前469年—公元前399年）：雅典哲学家，他经常向自己的雅典同胞发起挑战，就他们的道德信念与他们辩论；他受到了雅典民主政治的审判，并被判处死刑；他的思想主要被保存在他的追随者柏拉图（见上）与色诺芬（见下）的著作中

Solon（梭伦，约公元前630年—约公元前560年）：雅典政治家、立法者与诗人；他曾数次推行政治改革，包括债务豁免与重新整合政治职位；这些措施使他被视为雅典民主政治的创立者，或至少是民主政治雏形的创立者

Sophocles（索福克勒斯，公元前496年？—公元前406年）：雅典悲剧作家，他的作品包括《俄狄浦斯王》(*Oedipus Turannos*)、《安提戈涅》(*Antigone*)与《俄狄浦斯在科洛诺斯》(*Oedipus at Colonus*)；除此以外，他还是雅典政治生活的积极参与者，曾担任过多个公共职位

Sparta（斯巴达）：古希腊城邦，位于伯罗奔尼撒半岛之上，因其严厉与尚武的古老文化、混合政制，以及对地方奴隶人群的剥削而闻名；它是雅典（见上）长期的竞争对手，伯罗奔尼撒战争（见上）的作战对象

Tacitus, Publius Cornelius（普布利乌斯·克奈里乌斯·塔西佗，公元55年？—公元118年）：罗马历史学家，他以一种尖刻的口吻记载了罗马帝国早期的历史，即他的《历史》与《编年史》；他既谴责了帝国早期皇帝们的罪恶，也谴责了元老院

在这些罪恶面前表现出来的奴性

Thucydides（修昔底德，公元前460年？—公元前400年）：雅典政治家与历史学家；在伯罗奔尼撒战争（见上）期间，他曾担任过雅典的将军，因此他富有权威地在他的《历史》中记录下了这场战争；在该著作中，他同时还考察了战争的起源与参战双方的行为

Xenophon（色诺芬，公元前430年—公元前354年）：雅典士兵、苏格拉底（见上）的追随者；他在外邦度过了自己大部分的时间——先是在波斯，后来在斯巴达或斯巴达附近担任一支雇佣军的指挥官；他创作了多部著作，其中《万人远征记》(*Anabasis*)记录他远征波斯的经历，以及《回忆苏格拉底》(*Memorabilia*)、《苏格拉底的申辩》(*Apology*)与《会饮篇》(*Symposium*)均记录了与苏格拉底的对话及苏格拉底的演讲

Zeno of Citium（斯多葛主义者，基提翁的芝诺，公元前355年—公元前263年）：斯多葛学派的创始人；该哲学流派包括了很多教义，但它一般认为个人应该追求自然的生活、德性是唯一的善、个人应该把自己视为整个世界共同体中的公民

参考文献与缩写

除特别标明或其他特别标明的学术汇编之外，所有希腊和拉丁文均援引自"牛津古典文本丛书"（Oxford Classical Texts）。大量的古代希腊和拉丁原本及其英文译本都可以在"柏修斯数字图书馆"（www.perseus.tufts.edu）的希腊和拉丁文文库在线查询。本书中大写的拉丁原文标题按照英文而非拉丁文的惯例。

本书所引原始文献按照标准希腊和拉丁文编号系统，这与古典文献的大多数编译版本相一致（不同古典作家之间存在较大差异，比如欧里庇得斯的引用遵从行编号；柏拉图和亚里士多德的引用分别采取了数字加字母的斯特凡努斯码和贝克码；希罗多德的引用则按照卷、节编号）。一些现代的编辑版本也有它们特定的惯例（West, M. L. 编辑的古代诗歌汇编按照古典作家对诗文残篇进行了编节，但在引用的时候则仅仅标明残篇号码）。

原始文献与古典作家缩写

Alex.	Plutarch, *Life of Alexander*
AP	Aristotle or his school, *Athenaion Politeia* (*Constitution of the Athenians*)
Apophth.	Plutarch, *Apophthegmata Laconica* (*Sayings of Spartans*)
B. Civ.	*Bellum Civile* (*Civil War*)
	(One work of this title written by Appian, another by Julius Caesar)
Cic.	Plutarch, *Life of Cicero*
D	Epictetus, *Dissertationes* (*Discourses*)
DL	Diogenes Laertius, *Lives of Eminent Philosophers*
De Alex. Fort.	Plutarch, *De Alexandri Magni Fortuna aut Virtute* (*On the Fortune or the Virtue of Alexander*)
De Leg.	Cicero, *De Legibus* (*On the Laws*)
De Rep.	Cicero, *De Re Publica* (*On the Commonwealth*) (Also given as *De Republica*; contrast *Rep.* = Plato, *Republic*)
EN	Aristotle, *Ethica Nicomachea* (*Nicomachean Ethics*)
Ep.	Seneca, *Epistulae Morales* (*Moral Letters*)
Fin.	Cicero, *De Finibus* (*On Moral Ends*)
Grg.	Plato, *Gorgias*
Lacae.	Plutarch, *Lacaenarum Apophthegmata* (*Sayings of Spartan Women*)
Met.	Aristotle, *Metaphysica* (*Metaphysics*)
Off.	Cicero, *De Officiis* (*On Duties*)
Or.	Aelius Aristides, *Orationes* (*Orationes*)
Per.	Plutarch, *Life of Pericles*
Phoen.	Euripides, *Phoenissae* (*Phoenician Women*)
Pol.	Aristotle, *Politikon* (*Politics*)
Rep.	Plato, *Politeia* (*Republic*)
	(English title, from Latin title *Respublica*; Greek title is *Politeia*; contrast *De Rep.* = Cicero, *De Re Publica*)
WD	Hesiod, *Erga kai Hemerai* (*Works and Days*)

当某古典作家的单一著作被广泛引用的时候,本书没有标出著作标题,比如希罗多德、修昔底德和波里比阿。在引用时

仅标出其缩写（分别用 Hdt., Thuc., Polyb. 表示）和章节号，或者当该作家著作清晰确定时，仅标出章节号。

原始文献汇编缩写

DK = Diels, Hermann, and Kranz, Walther. 1992. *Die Fragmente Der Vorsokratiker: Griechisch Und Deutsch*. Zurich: Weidmann.

EGPT = Gagarin, Michael, and Woodruff, Paul (eds.). 1995. *Early Greek Political Thought from Homer to the Sophists*. Cambridge and New York: Cambridge University Press.

KRS = Kirk, G. S., Raven, J. E., and Schofield, M. 1983. *The Presocratic Philosophers: A Critical History with a Selection of Texts*. 2nd edition. Cambridge: Cambridge University Press.

LS = Long, A. A., and Sedley, D. N. (eds.). 1987. *The Hellenistic Philosophers. Vol. 1: Translations of the Principal Sources with Philosophical Commentary; Vol. 2: Greek and Latin Texts with Notes and Bibliography*. Cambridge: Cambridge University Press. (When translations from LS are cited in the endnotes, they are always taken from Vol. 1.)

Perseus = Online free library of Greek and Latin texts and translations. Editor-in-chief, Gregory R. Crane, Tufts University. http://www.perseus.tufts.edu/hopper/

SEG = Hondius, J. J. E., et al. Ongoing from 1923. *Supplementum Epigraphicum Graecum*. Leiden: Sijthoff.

TGF = Snell, Bruno, and Nauck, August (eds.). 1986. *Tragicorum Graecorum Fragmenta*. Göttingen: Vandenhoeck & Ruprecht.

TLG = *Thesaurus Linguae Graecae*, online subscription-based library of Greek texts, *TLG* project of the University of California, Irvine. http://stephanus.tlg.uci.edu/inst/fontsel

W = West, M. L. 1989. *Iambi et Elegi Graeci ante Alexandrum Cantati*. 2nd edition. Oxford: Oxford University Press.

其他原始文献译本与汇编

Aristides, Aelius. 1976. *P. Aelii Aristidis Opera Quae Exstant Omnia*, edited by F. W. Lenz and C. A. Behr. Lugduni Batavorum: E. J. Brill.

Aristides, Aelius. 1976. *P. Aelii Aristidis Opera Quae Exstant Omnia*, edited by F. W. Lenz and C. A. Behr. Lugduni Batavorum: E. J. Brill.

—. 1981. *The Complete Works*, edited and translated by Charles A. Behr. 2 vols. Leiden: Brill.

Aristotle. 1984. *The Complete Works of Aristotle: The Revised Oxford Translation*, edited by Jonathan Barnes. 2 vols. Princeton, NJ: Princeton University Press.

—. 1998. *Politics*, edited and translated by C. D. C. Reeve. Indianapolis, IA: Hackett.

Bion. 1976. *Bion of Borysthenes: A Collection of the Fragments*, edited by Jan Fredrik Kindstrand. Uppsala: Acta Universitatis Upsaliensis.

Cicero, Marcus Tullius. 1991. *On Duties*, edited by M. T. Griffin and E. M. Atkins. Cambridge: Cambridge University Press.

—. 1999. *'On the Commonwealth' and 'On the Laws'*, edited by James E. G. Zetzel. Cambridge: Cambridge University Press.

—. [named in French as Cicéron]. 2002a. *Discours: Sur la loi agraire. Pour C. Rabirius*, edited and translated by André Boulanger. Paris: Les Belles Lettres (Budé Édition, Vol. 9).

—. [named in French as Cicéron]. 2002b. *Discours: Philippiques I-IV*, edited and translated by André Boulanger and Pierre Wuilleumier. Paris: Les Belles Lettres (Budé Édition, Vol. 19).

Cicero, Quintus Tullius. 2001. *Commentariolum Petitionis*, edited, translated and with commentary by Günther Laser. Darmstadt: Wissenschaftliche Buchgesellschaft.

—. 2012. *How to Win an Election: An Ancient Guide for Modern Politicians*, translated by Philip Freeman. Princeton, NJ: Princeton University Press.

Digest of Justinian. 1985. Edited by Theodor Mommsen with Paul Krueger, and translated by Alan Watson. Philadelphia, PA: University of Pennsylvania Press.

Diogenes Laertius. 1925. *Lives of Eminent Philosophers*, translated by R. D. Hicks. Cambridge, MA: Harvard University Press; London: William Heinemann Ltd.

Inwood, Brad, and Gerson, Lloyd P. (trans., introduction and notes). 1997. *Hellenistic Philosophy: Introductory Readings*. 2nd edition. Indianapolis, IN: Hackett.

— (trans.). 2008. *The Stoics Reader: Selected Writings and Testimonia*. Indianapolis, IA: Hackett.

J. Paul Getty Museum. Online catalogue of objects. http://www.getty.edu/art/

Marcus Aurelius. 1989. *The Meditations of Marcus Aurelius Antoninus; with Introduction and Notes, and Selection from the Letters of Marcus and Fronto*, edited by R. B. Rutherford, translated by A. S. L. Farquharson (*Meditations*) and R. B. Rutherford (*Letters*). Oxford: Oxford University Press.

Musonius Rufus. 1947. 'Musonius Rufus: The Roman Socrates', edited by Cora Lutz, *Yale Classical Studies*, Vol. 10, pp. 3–147.

'Old Oligarch'. 2008. *The 'Old Oligarch': The Constitution of the Athenians Attributed to Xenophon*, translated and edited by J. L. Marr and P. J. Rhodes. Oxford: Oxbow.

Philodemus. 1996. *On Piety*, edited with translation and commentary by Dirk Obbink. Oxford and New York: Oxford University Press.

Plato. 1997. *Complete Works*, edited by John M. Cooper, with associate editor D. S. Hutchinson. Indianapolis, IN: Hackett.

Plutarch. 1931. *Moralia*, Vol. 3, translated by Frank Cole Babbitt. London: William Heinemann.

—. 1949. *Moralia*, Vol. 10, translated by Harold North Fowler. Cambridge, MA, and London: Harvard University Press and William Heinemann.

—. 1973. *The Age of Alexander*, translated by Ian Scott-Kilvert. Baltimore, MD: Penguin Books.

—. 1988. *The Life of Cicero*, edited and translated by J. L. Moles. Eastbourne: Aris & Phillips.

—. 2005. *Plutarch on Sparta*, edited and translated by Richard J. A. Talbert. 2nd edition. London: Penguin.

Polybius. 1962. *The Histories of Polybius*, translated by Evelyn S. Shuckburgh. Bloomington, IN: Indiana University Press.

— [= Budé Polybius]. 2004. *Histoires*, edited and translated by Éric Foulon, with commentary by Michel Molin. Paris: Les Belles Lettres.

Seneca, Lucius Annaeus. 1995. *Moral and Political Essays*, edited by John M. Cooper and J. F. Procopé. Cambridge: Cambridge University Press.

—. 2007. *Seneca: Selected Philosophical Letters*, translated and edited by Brad Inwood. Oxford: Oxford University Press.

Smith, M. F. (ed.). 1974. *Thirteen New Fragments of Diogenes of Oenoanda*. Wien: Verlag der Österreichischen Akademie der Wissenschaften.

—. 1993. *The Epicurean Inscription*. Napoli: Bibliopolis.

—. 1996. *The Philosophical Inscription of Diogenes of Oenoanda*. Wien: Verlag der Österreichischen Akademie der Wissenschaften.

—. 2003. *Supplement to Diogenes of Oenoanda, The Epicurean Inscription*.

Napoli: Bibliopolis.

Tacitus, Cornelius. 2003. *'The Annals' and 'The Histories'*, edited by Moses Hadas, translated by Alfred John Church and William Jackson Brodribb. New York: Modern Library.

次级文献

Allen, Danielle S. 1996. 'A Schedule of Boundaries: An Exploration, Launched from the Water-Clock of Athenian Time', *Greece & Rome*, Second Series, Vol. 43, pp. 157–68.

—. 2000. *The World of Prometheus: The Politics of Punishing in Democratic Athens*. Princeton, NJ: Princeton University Press.

—. 2006. 'Talking about Revolution: On Political Change in Fourth-century Athens and Historiographic Method' in *Rethinking Revolutions through Ancient Greece*, edited by Simon Goldhill and Robin Osborne, pp. 183–217. Cambridge and New York: Cambridge University Press.

—. 2010. *Why Plato Wrote*. Chichester: John Wiley & Sons.

Anderson, Greg. 2005. 'Before *Turannoi* were Tyrants: Rethinking a Chapter of Early Greek History', *Classical Antiquity*, Vol. 24, pp. 173–222.

Ando, Clifford. 1999. 'Was Rome a Polis?', *Classical Antiquity*, Vol. 18, pp. 5–34.

Appiah, Anthony. 2006. *Cosmopolitanism; Ethics in a World of Strangers*. New York; W.W Norton.

Arena, Valentina. 2012. *Libertas and the Practice of Politics in the Late Roman Republic*. Cambridge and New York: Cambridge University Press.

Balot, Ryan K. 2006. *Greek Political Thought*. Malden, MA: Blackwell.

Baronowski, Donald Walter. 2011. *Polybius and Roman Imperialism*. London: Bristol Classical Press.

Benson, Thomas W., and Prosser, Michael H. (eds.). 1972. *Readings in Classical Rhetoric*. Bloomington, IN: Indiana University Press.

Bloom, Allan. 1991. 'Interpretive Essay' in Plato, *The Republic of Plato*, translated by Allan Bloom. 2nd edition. New York: Basic Books.

Bobonich, Christopher. 2002. *Plato's Utopia Recast: His Later Ethics and Politics*. Oxford: Oxford University Press.

Bosher, Kathryn. 2012. 'Infinite Variety: Ancient Greek Drama in Sicily' in *Theatre Outside Athens: Drama in Greek Sicily and South Italy*, edited by Kathryn Bosher, pp. 111–13, 116–21. Cambridge: Cambridge University

Press.

Bosman, P. R. 2008. 'Traces of Cynic Monotheism in the Early Roman Empire', *Acta Classica*, Vol. 51, pp. 1–20.

Bradley, Keith. 2011. 'Slavery in the Roman Republic' in *The Cambridge World History of Slavery*, edited by Keith Bradley and Paul Cartledge, Vol. 1, pp. 241–64. Cambridge: Cambridge University Press.

Brunt, P. A. 1977. 'Lex de Imperio Vespasiani', *Journal of Roman Studies*, Vol. 67, pp. 95–116.

—. 1988. *The Fall of the Roman Republic and Related Essays*. Oxford and New York: Oxford University Press.

—. 1993. *Studies in Greek History and Thought*. Oxford and New York: Oxford University Press.

Burnyeat, M. F. 1980. 'Aristotle on Learning to be Good' in *Essays on Aristotle's Ethics*, edited by Amélie Oksenberg Rorty, pp. 69–92. Berkeley: University of California Press.

Cammack, Daniela. 2013. 'Aristotle on the Virtue of the Multitude', *Political Theory*, Vol. 41, pp. 175–202.

Carter, L. B. 1986. *The Quiet Athenian*. Oxford and New York: Oxford University Press.

Cartledge, Paul. 2001. *Spartan Reflections*. London: Duckworth.

—. 2002. *The Greeks: A Portrait of Self and Others*. 2nd edition. Oxford and New York: Oxford University Press.

—. 2009. *Ancient Greek Political Thought in Practice*. Cambridge: Cambridge University Press.

Clay, Diskin. 2007. 'The Philosophical Inscription of Diogenes of Oenoanda' in *Greek and Roman Philosophy 100 BCE–200 CE*, edited by Robert W. Sharples and Richard Sorabji, Vol. 1, pp. 283–91. London: Institute of Classical Studies, University of London.

Constant, Benjamin. 1988. 'The Liberty of the Ancients Compared with that of the Moderns' in *Political Writings*, edited by Biancamaria Fontana, pp. 308–28. Cambridge and New York: Cambridge University Press.

Cooper, John M. 2012. *Pursuits of Wisdom: Six Ways of Life in Ancient Philosophy from Socrates to Plotinus*. Princeton, NJ: Princeton University Press.

—, and Procopé, J. F. 1995. 'General Introduction' in Lucius Annaeus Seneca, *Moral and Political Essays*, edited by John M. Cooper and J. F. Procopé, pp. xi–xxxii. Cambridge and New York: Cambridge University Press.

Denyer, Nicholas. 1983. 'The Origins of Justice' in *ΣΥΖΗΤΗΣΙΣ: Studi sull'epicureismo greco e romano offerti a Marcello Gigante*, Vol. 1, pp. 133–52. Naples: Biblioteca della Parola del Passato.

Downing, Francis Gerald. 1992. *Cynics and Christian Origins*. Edinburgh: T & T Clark.

Dorandi, Tiziano. 1999. 'Chronology' in *The Cambridge History of Hellenistic Philosophy*, edited by Keimpe Algra, Jonathan Barnes, Jaap Mansfeld and Malcolm Schofield, pp. 32–54. Cambridge and New York: Cambridge University Press.

Drogula, Fred K. 2007. 'Imperium, Potestas and the Pomerium in the Roman Republic', *Historia: Zeitschrift Für Alte Geschichte*, Vol. 56, pp. 419–52.

Dunn, John. 2005. *Setting the People Free: The Story of Democracy*. London: Atlantic Books.

Evans, J. A. S. 1981. 'Notes on the Debate of the Persian Grandees in Herodotus 3.80–82', *Quaderni Urbinati di Cultura Classica*, Vol. 7, pp. 79–84.

Finley, M. I. 1985. *The Ancient Economy*. 2nd edition. London: Hogarth Press.

Flower, Michael A. 2002. 'The Invention of Tradition in Classical and Hellenistic Sparta' in *Sparta: Beyond the Mirage*, edited by Anton Powell and Stephen Hodkinson, pp. 191–217. Swansea and London: The Classical Press of Wales and Duckworth.

Fornara, Charles W. 1971. *Herodotus: An Interpretative Essay*. Oxford: Oxford University Press.

Forsdyke, Sara. 2005. *Exile, Ostracism, and Democracy: The Politics of Expulsion in Ancient Greece*. Princeton, NJ: Princeton University Press.

Foucault, Michel. 2010. *The Government of Self and Others*. Basingstoke, Hants, and New York: Palgrave Macmillan and St Martin's Press.

Frank, Jill. 2005. *A Democracy of Distinction: Aristotle and the Work of Politics*. Chicago: University of Chicago Press.

Fritz, Kurt von. 1954. *The Theory of the Mixed Constitution in Antiquity: A Critical Analysis of Polybius' Political Ideas*. New York: Columbia University Press.

Gabrielsen, Vincent. 1981. *Remuneration of State Officials in Fourth Century BC Athens*. Odense: Odense University Press.

Gagarin, Michael. 1986. *Early Greek Law*. Berkeley and London: University of California Press.

—. 2008. *Writing Greek Law*. Cambridge: Cambridge University Press.

Garnsey, Peter. 1996. *Ideas of Slavery from Aristotle to Augustine*. Cambridge: Cambridge University Press.

—. 2007. *Thinking about Property: From Antiquity to the Age of Revolution.*

Cambridge: Cambridge University Press.
Gibbon, Edward. 1837. *The History of the Decline and Fall of the Roman Empire*. London: T. Cadell.
Gill, Christopher. 2007. 'Marcus Aurelius' in *Greek and Roman Philosophy 100 BCE–200 CE*, edited by R. W. Sharples and Richard Sorabji, Vol. 1, pp. 175–87. London: Institute of Classical Studies, University of London.
Goldhill, Simon. 1986. *Reading Greek Tragedy*. Cambridge and New York: Cambridge University Press.
Griffin, Miriam. 2013. 'Latin Philosophy and Roman Law' in *Politeia in Greek and Roman Philosophy*, edited by Verity Harte and Melissa Lane, pp. 96–115. Cambridge: Cambridge University Press.
Hadot, Pierre. 1995. *Philosophy as a Way of Life: Spiritual Exercises from Socrates to Foucault*. Oxford and New York: Blackwell.
Hall, Jonathan M. 2014. *A History of the Archaic Greek World, ca. 1200–479 BCE*. 2nd edition. Chichester: John Wiley & Sons.
Hansen, Mogens Herman. 1991. *The Athenian Democracy in the Age of Demosthenes: Structure, Principles and Ideology*, translated by J. A. Crook. Oxford: Blackwell.
—. 1993. 'The Polis as a Citizen-state' in *The Ancient Greek City-State: Symposium on the Occasion of the 250th Anniversary of the Royal Danish Academy of Sciences and Letters, July 1–4, 1992*, edited by Mogens Herman Hansen, pp. 7–29. Copenhagen: Munksgaard.
—. 2005. 'Direct Democracy, Ancient and Modern' in Mogens Herman Hansen, *The Tradition of Ancient Greek Democracy and Its Importance for Modern Democracy*, Historisk-filosofiske Meddelelser 93, pp. 45–69. Copenhagen: Royal Danish Academy of Science and Letters.
— (ed.). 1998. *Polis and City-state: An Ancient Concept and Its Modern Equivalent: Symposium, January 9, 1998*. Acts of the Copenhagen Polis Centre, Vol. 5. Copenhagen: Munksgaard.
—, and Nielsen, Thomas Heine. 2004. *An Inventory of Archaic and Classical Poleis*. Oxford: Oxford University Press.
Harries, Jill. 2006. *Cicero and the Jurists: From Citizen's Law to the Lawful State*. London: Duckworth.
Harris, Edward M. 2002. 'Did Solon Abolish Debt-Bondage?', *Classical Quarterly*, Vol. 52, pp. 415–30.
Harte, Verity. 1999. 'Conflicting Values in Plato's *Crito*', *Archiv Für Geschichte Der Philosophie*, Vol. 81, pp. 117–47.

—, and Lane, Melissa. 2013. 'Introduction' in *Politeia in Greek and Roman Philosophy*, edited by Verity Harte and Melissa Lane, pp. 1–12. Cambridge: Cambridge University Press.

Hatzistavrou, Antony. 2005. 'Socrates' Deliberative Authoritarianism', *Oxford Studies in Ancient Philosophy*, Vol. 29, pp. 75–113.

Hesk, Jon. 2007. 'The Socio-political Dimension of Ancient Tragedy' in *The Cambridge Companion to Greek and Roman Theatre*, edited by Marianne McDonald and J. Michael Walton, pp. 72–91. Cambridge: Cambridge University Press.

Hirschman, Albert O. 1991. *The Rhetoric of Reaction: Perversity, Futility, Jeopardy*. Cambridge, MA: Belknap Press.

Hoekstra, Kinch. Forthcoming. 'Athenian Democracy and the People as Tyrant' in *Popular Sovereignty in Historical Perspective*, edited by Richard Bourke and Quentin Skinner. Cambridge: Cambridge University Press.

Hornblower, Simon. 2006. 'Herodotus' Influence in Antiquity' in *The Cambridge Companion to Herodotus*, edited by Carolyn Dewald and John Marincola, pp. 306–18. Cambridge: Cambridge University Press.

Humfress, Caroline. 2005. 'Law and Legal Practice in the Age of Justinian' in *The Cambridge Companion to the Age of Justinian*, edited by Michael Maas, pp. 161–84. Cambridge: Cambridge University Press.

Inwood, Brad. 2005. 'Seneca on Freedom and Autonomy' in Brad Inwood, *Reading Seneca: Stoic Philosophy at Rome*, pp. 302–21. Oxford: Oxford University Press.

—. 2007. 'Introduction' in *Seneca: Selected Philosophical Letters*, translated and edited by Brad Inwood, pp. xi–xxiv. Oxford: Oxford University Press.

Kapust, Daniel J. 2011. *Republicanism, Rhetoric, and Roman Political Thought: Sallust, Livy, and Tacitus*. Cambridge: Cambridge University Press.

Keane, John. 2009. *The Life and Death of Democracy*. London: Simon & Schuster.

Kraut, Richard. 1984. *Socrates and the State*. Princeton, NJ: Princeton University Press.

Krentz, Peter. 1982. *The Thirty at Athens*. Ithaca, NY: Cornell University Press.

Laks, André. 1990. 'Legislation and Demiurgy: On the Relationship between Plato's *Republic* and *Laws*', *Classical Antiquity*, Vol. 9, pp. 209–29.

Lane, Melissa. 1998a. 'Argument and Agreement in Plato's *Crito*', *History of Political Thought*, Vol. 19, pp. 313–30.

— [as Lane, M. S.]. 1998b. *Method and Politics in Plato's Statesman*. Cambridge:

Cambridge University Press.
—. 1999. 'Plato, Popper, Strauss, and Utopianism: Open Secrets?', *History of Philosophy Quarterly*, Vol. 16, pp. 119–42.
—. 2001. *Plato's Progeny: How Plato and Socrates Still Captivate the Modern Mind*. London: Duckworth.
—. 2007. 'Virtue as the Love of Knowledge in Plato's *Symposium* and *Republic*' in *Maieusis: Essays in Ancient Philosophy in Honour of Myles Burnyeat*, edited by Dominic Scott, pp. 44–67. Oxford: Oxford University Press.
—. 2010. 'Persuasion et force dans la politique platonicienne', translated by D. El Murr, in *Aglaïa: autour de Platon. Mélanges offerts à Monique Dixsaut*, edited by A. Brancacci, D. El Murr and D. P. Taormina, pp. 165–98. Paris: Vrin.
—. 2011. 'Ancient Political Philosophy' in *The Stanford Encyclopedia of Philosophy*, edited by Edward N. Zalta. http://plato.stanford.edu/archives/fall2011/entries/ancient-political/
—. 2011/2012. *Eco-Republic*. Oxford: Peter Lang (2011); Princeton, NJ: Princeton University Press (2012). Each edition has its own subtitle.
—. 2012. 'The Origins of the Statesman – Demagogue Distinction in and after Ancient Athens', *Journal of the History of Ideas*, Vol. 73, pp. 179–200.
—. 2013a. 'Founding as Legislating: The Figure of the Lawgiver in Plato's Republic' in *Dialogues on Plato's Politeia (Republic): Selected Papers from the Ninth Symposium Platonicum*, edited by Noboru Notomi and Luc Brisson, pp. 104–14. Sankt Augustin: Academia Verlag.
—. 2013b. 'Lifeless Writings or Living Script? The Life of Law in Plato, Middle Platonism and Jewish Platonizers', *Cardozo Law Review*, Vol. 34, pp. 937–64.
—. 2013c. 'Platonizing the Spartan *Politeia* in Plutarch's *Lycurgus*' in *Politeia in Greek and Roman Philosophy*, edited by Verity Harte and Melissa Lane, pp. 57–77. Cambridge: Cambridge University Press.
—. 2013d. 'Political Expertise and Political Office in Plato's *Statesman*: The Statesman's Rule (*archein*) and the Subordinate Magistracies (*archai*)' in *Plato's Statesman: Proceedings of the Eighth Symposium Platonicum Pragense*, edited by A. Havlíček, J. Jirsa and K. Thein, pp. 49–77. Prague: OIKOYMENH.
—. 2013e. 'Claims to Rule: The Case of the Multitude' in *The Cambridge Companion to Aristotle's Politics*, edited by Marguerite Deslauriers and Pierre Destrée, pp. 247–74. Cambridge: Cambridge University Press.

—. Forthcoming. '"Popular Sovereignty" in Ancient Greek Democracy? Aristotle on Rule as Control of Magistrates' in *Popular Sovereignty in Historical Perspective*, edited by Richard Bourke and Quentin Skinner. Cambridge: Cambridge University Press.

Lear, Jonathan. 1988. *Aristotle: The Desire to Understand*. Cambridge: Cambridge University Press.

Ley-Pineda, Miguel. 2009. 'The Royal Expert: Plato's Conception of Political Knowledge', dissertation submitted for the degree of Doctor of Philosophy, University of Cambridge, and deposited in the University Library.

Lintott, Andrew. 1999. *The Constitution of the Roman Republic*. Oxford: Oxford University Press.

Long, A. [Alexander]. 2013. 'The Political Art in Plato's *Republic*' in *Politeia in Greek and Roman Philosophy*, edited by Verity Harte and Melissa Lane, pp. 15–31. Cambridge: Cambridge University Press.

Long, A. A. [Anthony A.]. 1995. 'Cicero's Politics in *De Officiis*' in *Justice and Generosity: Studies in Hellenistic Social and Political Philosophy: Proceedings of the Sixth Symposium Hellenisticum*, edited by André Laks and Malcolm Schofield, pp. 213–40. Cambridge: Cambridge University Press.

McCormick, John P. 2011. *Machiavellian Democracy*. New York: Cambridge University Press.

Mackay, Christopher S. 2004. *Ancient Rome: A Military and Political History*. Cambridge: Cambridge University Press.

McPherran, Mark. 2002. 'Elenctic Interpretation and the Delphic Oracle' in *Does Socrates Have a Method? Rethinking the Elenchus in Plato's Dialogues and Beyond*, edited by Gary Alan Scott, pp. 114–44. University Park, PA: Pennsylvania State University Press.

Manin, Bernard. 1997. *The Principles of Representative Government*. Cambridge: Cambridge University Press.

Marr, J. L., and Rhodes, P. J. 2008. 'Introduction' in *The 'Old Oligarch': The Constitution of the Athenians Attributed to Xenophon*, translated and edited by J. L. Marr and P. J. Rhodes, pp. 1–29. Oxford: Oxbow.

Meier, Christian. 1990. *The Greek Discovery of Politics*. Cambridge, MA: Harvard University Press.

—. 2011. *A Culture of Freedom: Ancient Greece and the Origins of Europe*. Oxford: Oxford University Press.

Millar, Fergus. 2002. *The Roman Republic in Political Thought*. Hanover, NH: University Press of New England.

Moles, John. 2000. 'The Cynics' in *The Cambridge History of Greek and Roman Political Thought*, edited by C. J. Rowe and Malcolm Schofield, pp. 415–34. Cambridge: Cambridge University Press.

Monoson, S. Sara. 2000. *Plato's Democratic Entanglements: Athenian Politics and the Practice of Philosophy*. Princeton, NJ: Princeton University Press.

—. 2011. 'Recollecting Aristotle: Pro-slavery Thought in Antebellum America and the Argument of *Politics*, Book I' in *Ancient Slavery and Abolition: From Hobbes to Hollywood*, edited by Edith Hall, Richard Alston and Justine McConnell, pp. 247–78. Oxford: Oxford University Press.

—. 2012. 'Dionysius I and Sicilian Theatrical Traditions in Plato's *Republic*: Representing Continuities between Democracy and Tyranny' in *Theatre Outside Athens: Drama in Greek Sicily and South Italy*, edited by Kathryn Bosher, pp. 156–73. Cambridge: Cambridge University Press.

Morgan, Kathryn. 2013. 'Imaginary Kings: Visions of Monarchy in Sicilian Literature from Pindar to Theokritos' in *Sicily: Art and Invention between Greece and Rome*, edited by Claire L. Lyons, Michael J. Bennett and Clemente Marconi, pp. 98–105, 108–9. Los Angeles: J. Paul Getty Museum.

Morris, Sarah. 2003. 'Imaginary Kings: Alternatives to Monarchy in Ancient Greece' in *Popular Tyranny: Sovereignty and Its Discontents in Ancient Greece*, edited by Kathryn A. Morgan, pp. 1–24. Austin, TX: University of Texas Press.

Morwood, James. 2012. 'Euripides' Suppliant Women, Theseus and Athenocentrism', *Mnemosyne*, Vol. 65, pp. 552–64.

Nails, Debra. 2002. *The People of Plato: A Prosopography of Plato and Other Socratics*. Indianapolis, IN: Hackett.

Nehamas, Alexander. 1998. *The Art of Living: Socratic Reflections from Plato to Foucault*. Berkeley: University of California Press.

Nightingale, Andrea. 1993. 'Writing/Reading a Sacred Text: A Literary Interpretation of Plato's Laws', *Classical Philology*, Vol. 88, pp. 279–300.

—. 1999. 'Plato's Lawcode in Context: Rule by Written Law in Athens and Magnesia', *Classical Quarterly*, Vol. 49, pp. 100–122.

North, J. A. 1990. 'Democratic Politics in Republican Rome', *Past & Present*, No. 126, pp. 3–21.

Nussbaum, Martha Craven. 1994. *The Therapy of Desire: Theory and Practice in Hellenistic Ethics*. Princeton, NJ: Princeton University Press.

Ober, Josiah. 1989. *Mass and Elite in Democratic Athens: Rhetoric, Ideology, and the Power of the People*. Princeton, NJ: Princeton University Press.

—. 1998. *Political Dissent in Democratic Athens: Intellectual Critics of Popular Rule*. Princeton, NJ: Princeton University Press.

—. 2000. 'Quasi-rights: Political Boundaries and Social Diversity in Democratic Athens', *Social Philosophy and Policy*, Vol. 17, pp. 27–61.

—. 2005. 'Aristotle's Natural Democracy' in *Aristotle's Politics: Critical Essays*, edited by Richard Kraut and Steven Skultety, pp. 223–43. Lanham, MD: Rowman & Littlefield.

—. 2008a. *Democracy and Knowledge: Innovation and Learning in Classical Athens*. Princeton, NJ: Princeton University Press.

—. 2008b. 'The Original Meaning of Democracy: Capacity to Do Things, Not Majority Rule', *Constellations*, Vol. 15, pp. 3–9.

—. 2013. 'Democracy's Wisdom: An Aristotelian Middle Way for Collective Judgment', *American Political Science Review*, Vol. 107, pp. 104–22.

Ogilvie, R. M. 2011. *The Romans and Their Gods*. London: Random House.

Pagden, Anthony. 1995. *Lords of All the Worlds: Ideologies of Empire in Spain, Britain and France, c. 1500–c. 1850*. New Haven, CT: Yale University Press.

Paine, Thomas. 2000. *Rights of Man* in *Paine: Political Writings*, edited by Bruce Kuklick. Cambridge: Cambridge University Press.

Patterson, Orlando. 1991. *Freedom. Vol. 1: Freedom in the Making of Western Culture*. New York: Basic Books.

Raaflaub, Kurt A. 2007. 'The Breakthrough of *Dēmokratia* in Mid-fifth-century Athens' in *Origins of Democracy in Ancient Greece*, edited by Kurt A. Raaflaub, Josiah Ober and Robert W. Wallace, pp. 105–54. Berkeley: University of California Press.

Reydams-Schils, Gretchen. 2005. *The Roman Stoics: Self, Responsibility, and Affection*. Chicago: University of Chicago Press.

Rhodes, P. J. 1981. *A Commentary on the Aristotelian Athenaion Politeia*. Oxford and New York: Oxford University Press.

Richter, Daniel S. 2011. *Cosmopolis: Imagining Community in Late Classical Athens and the Early Roman Empire*. Oxford: Oxford University Press.

Rihll, T. E. 2011. 'Classical Athens' in *The Cambridge World History of Slavery*, edited by Keith Bradley and Paul Cartledge, Vol. 1, pp. 48–73. Cambridge: Cambridge University Press.

Roberts, Paul. 2013. *Life and Death in Pompeii and Herculaneum*. London: British Museum Press.

Rousseau, Jean-Jacques. 2001. *Letter to Beaumont, Letters Written from the Mountain, and Related Writings*, edited by Eve Grace and Christopher Kelly, translated by Christopher Kelly and Judith R. Bush. The Collected Writings of Rousseau, Vol. 9. Hanover, NH: University Press of New England.

Rowe, Christopher, and Schofield, Malcolm (eds.). 2000. *The Cambridge History of Greek and Roman Political Thought*. Cambridge: Cambridge University Press.

Ryan, Alan. 2012. *On Politics: A History of Political Thought from Herodotus to the Present*, 2 vols. New York: Liveright Publishing Corporation.

Sacks, David. 1995. *A Dictionary of the Ancient Greek World*. Oxford: Oxford University Press.

Sailor, Dylan. 2008. *Writing and Empire in Tacitus*. Cambridge: Cambridge University Press.

Saxonhouse, Arlene W. 1975. 'Tacitus' *Dialogue on Oratory*: Political Activity under a Tyrant', *Political Theory*, Vol. 3, pp. 53–68.

—. 1992. *Fear of Diversity: The Birth of Political Science in Ancient Greek Thought*. Chicago: University of Chicago Press.

Schofield, Malcolm. 1991. *The Stoic Idea of the City*. Cambridge: Cambridge University Press.

—. 1999a. *Saving the City: Philosopher-Kings and Other Classical Paradigms*. London: Routledge.

—. 1999b. 'Social and Political Thought' in *The Cambridge History of Hellenistic Philosophy*, edited by Keimpe Algra, Jonathan Barnes, Jaap Mansfeld and Malcolm Schofield, pp. 739–70. Cambridge: Cambridge University Press.

—. 2003. 'The Presocratics' in *The Cambridge Companion to Greek and Roman Philosophy*, edited by David Sedley, pp. 42–72. Cambridge: Cambridge University Press.

—. 2006. *Plato: Political Philosophy*. Oxford: Oxford University Press.

Schwartzberg, Melissa. 2010. 'Shouts, Murmurs and Votes: Acclamation and Aggregation in Ancient Greece', *Journal of Political Philosophy*, Vol. 18, pp. 448–68.

Sedley, David. 1997. 'The Ethics of Brutus and Cassius', *Journal of Roman Studies*, Vol. 87, pp. 41–53.

Sen, Amartya. 1982. 'Equality of What?' in *Choice, Welfare, and Measurement*, Vol. 1, pp. 353–69. Cambridge, MA: MIT Press.

Sinclair, R. K. 1991. *Democracy and Participation in Athens* (1st edition, 1988). Cambridge: Cambridge University Press.

Staveley, E. S. 1972. *Greek and Roman Voting and Elections*. Ithaca, NY: Cornell University Press.

Stein, Peter. 1999. *Roman Law in European History*. Cambridge: Cambridge University Press.

Strauss, Leo. 1964. *The City and Man*. Chicago: Rand McNally.

Tarnopolsky, Christina. 2010. 'Mimêsis, Persuasion and Manipulation in Plato's *Republic*' in *Manipulating Democracy*, edited by John Parrish and Wayne S. LeCheminant, pp. 135–56. New York: Routledge.

Thomas, Rosalind. 2005. 'Writing, Law and Written Law' in *The Cambridge Companion to Ancient Greek Law*, edited by Michael Gagarin and David Cohen, pp. 41–60. Cambridge: Cambridge University Press.

Viroli, Maurizio. 1992. *From Politics to Reason of State: The Acquisition and Transformation of the language of Politics, 1250–1600*. Cambridge: Cambridge University Press.

Vlassopoulos, Kostas. 2007. *Unthinking the Greek Polis: Ancient Greek History beyond Eurocentrism*. Cambridge: Cambridge University Press.

Walbank, F. W. 1957. *A Historical Commentary on Polybius*. Oxford: Oxford University Press.

—. 1962. 'Introduction' in *The Histories of Polybius*. Indiana University Greek and Latin Classics. Bloomington: Indiana University Press.

—. 1981. *The Hellenistic World*. Brighton: Harvester Press; Atlantic Highlands, NJ: Humanities Press (reprinted with amendments, 1992).

Waldron, Jeremy. 1995. 'The Wisdom of the Multitude: Some Reflections on Book III, Chapter 11, of Aristotle's *Politics*', *Political Theory*, Vol. 23, pp. 563–84.

Wallace, Robert W. 2007. 'Revolutions and a New Order in Solonian Athens and Archaic Greece' in *Origins of Democracy in Ancient Greece*, edited by Kurt A. Raaflaub, Josiah Ober and Robert W. Wallace, pp. 49–82. Berkeley: University of California Press.

Wallach, John R. 2001. *The Platonic Political Art: A Study of Critical Reason and Democracy*. University Park, PA: Pennsylvania State University Press.

Weiss, Roslyn. 1998. *Socrates Dissatisfied: An Analysis of Plato's Crito*. New York: Oxford University Press.

—. 2006. *The Socratic Paradox and Its Enemies*. Chicago: University of Chicago Press.

White, Stephen A. 1995. 'Thrasymachus the Diplomat', *Classical Philology*, Vol. 90, pp. 307–27.

Whitmarsh, Tim. 2005. *The Second Sophistic*. Oxford: Oxford University Press, published for the Classical Association.

Williams, Bernard. 1993. *Shame and Necessity*. Berkeley: University of California Press.

Williams, J. M. 1983. 'Solon's Class System, the Manning of Athens' Fleet, and the Number of Athenian Thetes in the Late Fourth Century', *Zeitschrift Für Papyrologie Und Epigraphik*, Vol. 52, pp. 241–5.

Wilson, James Lindley. 2011. 'Deliberation, Democracy, and the Rule of Reason in Aristotle's *Politics*', *American Political Science Review*, Vol. 105, pp. 259–74.

Winton, Richard. 2000. 'Herodotus, Thucydides and the Sophists' in *The Cambridge History of Greek and Roman Political Thought*, edited by C. J. Rowe and Malcolm Schofield, pp. 89–121. Cambridge : Cambridge University Press.

Zetzel, James E. G. 1999. 'Introduction' in Marcus Tullius Cicero, *'On the Commonwealth' and 'On the Laws'*, edited by James E. G. Zetzel, pp. vii–xxiv. Cambridge: Cambridge University Press.

图书在版编目（CIP）数据

政治的起源/（美）梅丽莎·莱恩著；刘国栋译. -- 上海：上海文艺出版社，2018（2018.8重印）
（企鹅·鹈鹕丛书）
ISBN 978-7-5321-6089-1
Ⅰ.①政… Ⅱ.①梅… ②刘… Ⅲ.①政治哲学－研究 Ⅳ.①D0
中国版本图书馆CIP数据核字(2018)第044654号

Greek and Roman Political Ideas
Copyright © Melissa Lane, 2014
First published in the English language by PELICAN BOOKS, an imprint of Penguin Books Ltd.
All rights reserved.
Simplified Chinese edition copyright© 2018 by Shanghai Literature & Art Publishing House
Published under licence from Penguin Books Ltd.
Penguin(企鹅), Pelican (鹈鹕), the Pelican and Penguin logos are trademarks of Penguin Books Ltd.
封底凡无企鹅防伪标识者均属未经授权之非法版本。
著作权合同登记图字：09-2016-168

出 品 人：	陈　征
责任编辑：	肖海鸥
书　　名：	政治的起源
作　　者：	(美)梅丽莎·莱恩
译　　者：	刘国栋
出　　版：	上海世纪出版集团　　上海文艺出版社
地　　址：	上海绍兴路7号　200020
发　　行：	上海文艺出版社发行中心发行
	上海市绍兴路50号　200020　www.ewen.co
印　　刷：	上海盛通时代印刷有限公司
开　　本：	787×1092　1/32
印　　张：	12.5
插　　页：	5
字　　数：	229,000
印　　次：	2018年4月第1版　2018年8月第2次印刷
Ｉ Ｓ Ｂ Ｎ：	978-7-5321-6089-1/D · 0007
定　　价：	59.00元
告 读 者：	如发现本书有质量问题请与印刷厂质量科联系　T：021-37910000